尾張名所図会《おわりめいしょずえ》

謎解き散歩《なぞときさんぽ》

前田栄作 Eisaku Maeda ［著］
（八事・杁中歴史研究会会員）

風媒社

まえがき

お気に入りの散歩コースはありますか？ 子どもと一緒に、夫婦で買い物に出かけたついでに、自分自身の健康管理のため、ちょっとした気晴らしに、愛犬の健康維持のためなど、散歩をする理由は人それぞれです。

いつもほぼ決まった場所を歩いていても、毎回、何か新しい発見があるものです。例えば、季節によってそれまで気がつかなかった花を見つけたりすることがあります。もちろん街自体も変化し続けています。いつしか空き家になっていた家、新しくできた建物などもあるでしょう。近くの丘が削られ宅地になったり、田畑がいつしかなくなっていたり、ということもあるでしょう。少しずつの変化は意外と気づきにくいものです。気づいていても、あまり気に留めないものです。

ところが小さな変化であっても二十年、三十年経つと、大きく変わっていることに驚くことがよくあります。もしも、百年、二百年後にその場所を見ることができたとしたら、まったく違う光景になっているかもしれません。ただ、現在の風景を百年、二百年後に見ることができる人はいません。しかし、百年前、二百年前の風景なら写真や絵で確かめることが可能です。

日本に写真機が入ってきたのは江戸時代の後期ですが、大変に高価なものということもあり、使うことができたのはごく一部の大名などでした。写真によって昔の風景などがわかるのは明治になってからだといえるでしょう。でも、それ以前は絵によって昔の風景などを知ることができます。その一つが『尾張名所図会《ずえ》』です。この中の絵は、尾張地方の歴史について書かれた書物や観光パンフレットなどでよく引用されるので、『尾張名所図会』のことを知らない人でも、一度や二度は目にしたことがあるのではないでしょうか。

『尾張名所図会』に描かれているのは、いまからおよそ百八十年前の風景です。一部を除いて、当時と同じ姿の風景を見ることはできなくなっています。田畑や雑木林であったところに、道がつくられ、家が立ち並んでいます。大きな川の風景はそれほど変わっていないようですが、廃川となった川、改修によって流路を変えてしまった川、他の河川と統合されてしまい、名称が変わってしまった川などがあります。佐屋川のように廃川となり、田畑や住宅地になっている場所もあります。

自分が今住んでいる場所が、昔はどんな風景であったのか、図会から想像してみることはちょっとした楽しみです。二百年前はこんな風景ではなかったのだろうか、と想像しながら散歩に出かければ、これまで以上に散歩が楽しくなりそうです。

二〇〇六年に『尾張名所図会 絵解き散歩』(風媒社)を上梓してから十数年が経ちました。この間、「八事・杁中歴史研究会」の会員にさせていただき、尾張をはじめとした歴史についての知識を学ばせてもらいました。そこで『尾張名所図会』について、以前出版した本で紹介しなかったものを取り上げてみようということになりました。

「なぜだろう」「なんだろう」。歩いていると、そんな疑問がいっぱい見つかります。そもそも、歴史は謎だらけ、町の中にも謎はいっぱいです。そこで今回の本はあえて『尾張名所図会　謎解き散歩』としました。歴史の謎に迫るなどと大それた考えはありませんが、普段から「なぜだろう」とちょっと疑問に感じていたことの解決の糸口になるかもしれません。本書はガイドブックでも歴史書でもありません。もちろん『尾張名所図会』の解説書でもありません。あえて言えば「散歩のお供」です。

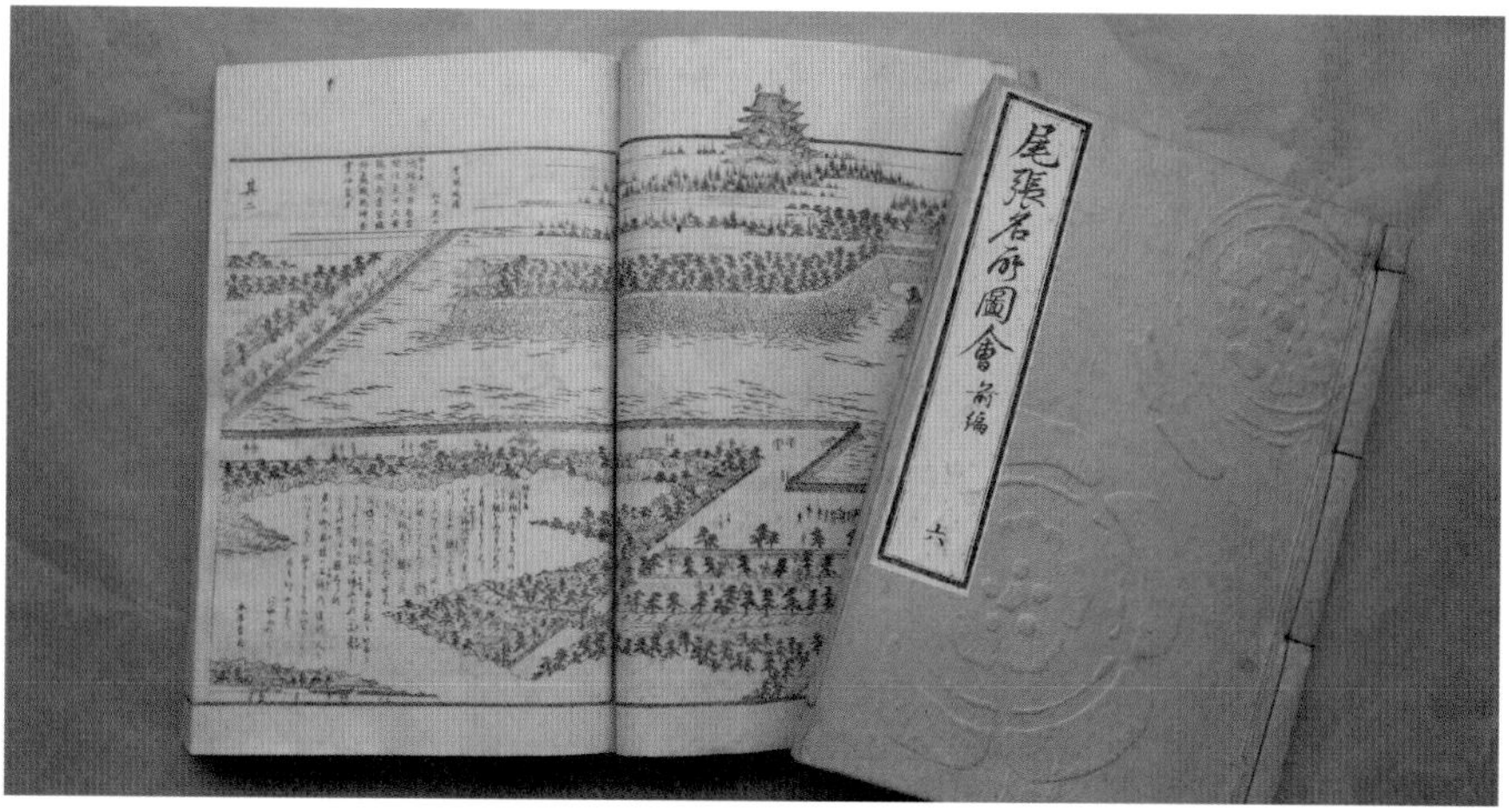

尾張名所図会　謎解き散歩◎目次

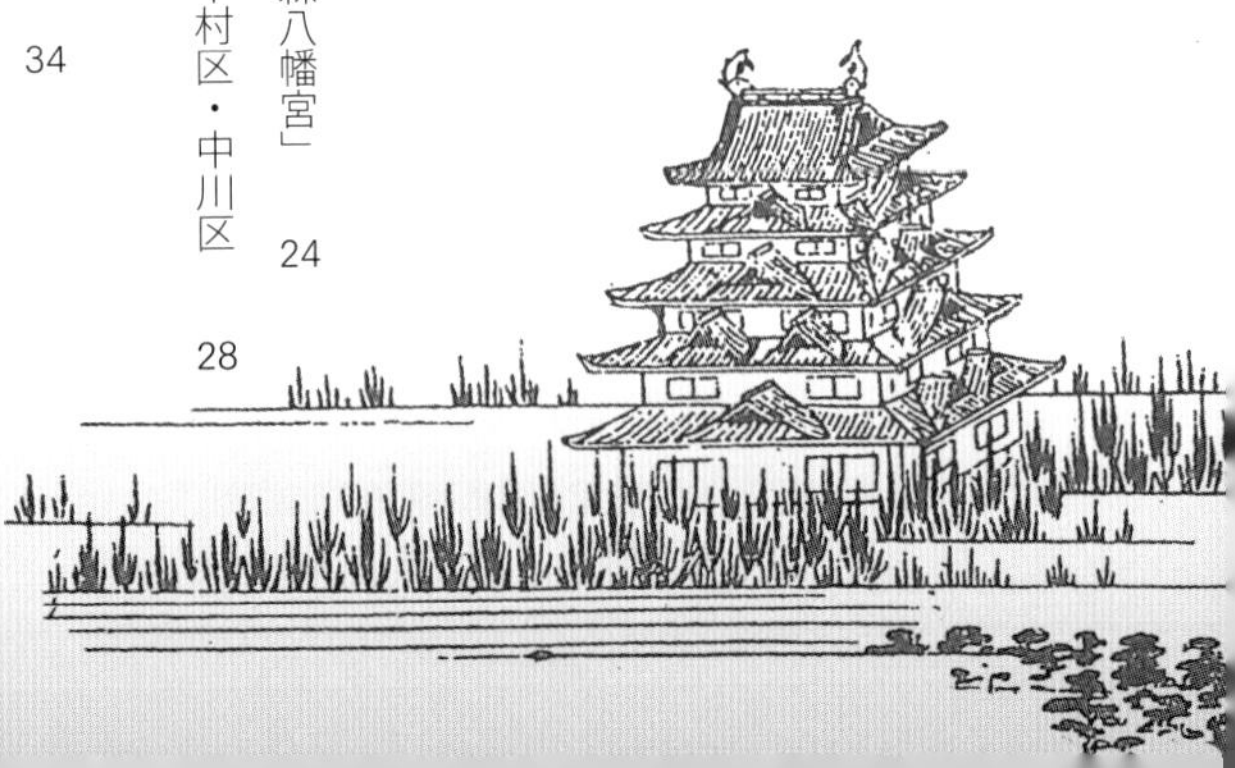

※漢字表記及びふりがなは『尾張名所図会』の再復刻版（昭和四十八年：愛知県郷土資料刊行会発行）による。ただし、地元で古くから使われている読み方がある場合は、この限りではない

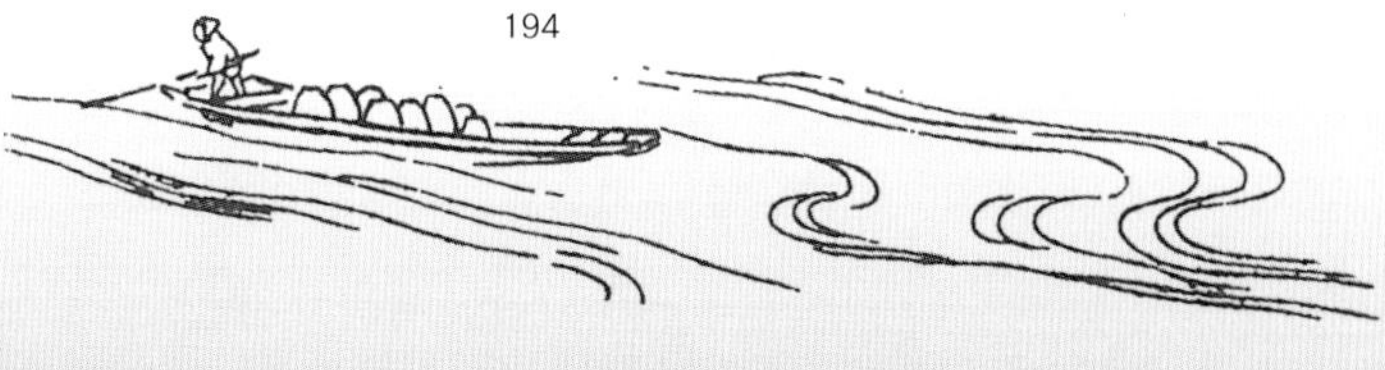

愛智郡

1.「巾下新馬場より御城を望む図」　2.「京町通茶屋町　伊藤呉服店」
3.「西本願寺掛所」　4.「古渡稲荷社 小栗街道 犬見堂 古渡橋 闇森八幡宮」
5.「椿の森　河童の怪」　6.「円頓寺　慶栄寺」　7.「政秀寺　白林寺」
8.「酔雪楼遊宴の図」　9.「熱田社享禄年中之古図」　10.「鈴御前」
11.「久玖利が妻の大力　舩を引き上げる図」　12.「鷲峯山」
13.「呼続浜古覧」　14.「高牟神社　物部神社」　15.「天道　高照寺」
16.「中根村　鼎池堤　畔の秋萩」　17.「岩木鑿」　18.「猪子石　蓬莱谷」
19.「山口神社　物見岩　本泉寺」　20.「成海神社」　21.「星の宮」
22.「桶狭間古戦場」

知多郡

23.「文章嶺」　24.「界川の継橋」　25.「延命寺　大府の三本松　石ケ瀬川」
26.「牛路塩竃の古覧」　27.「幡頭崎」　28.「虫供養」　29.「氷上神社」

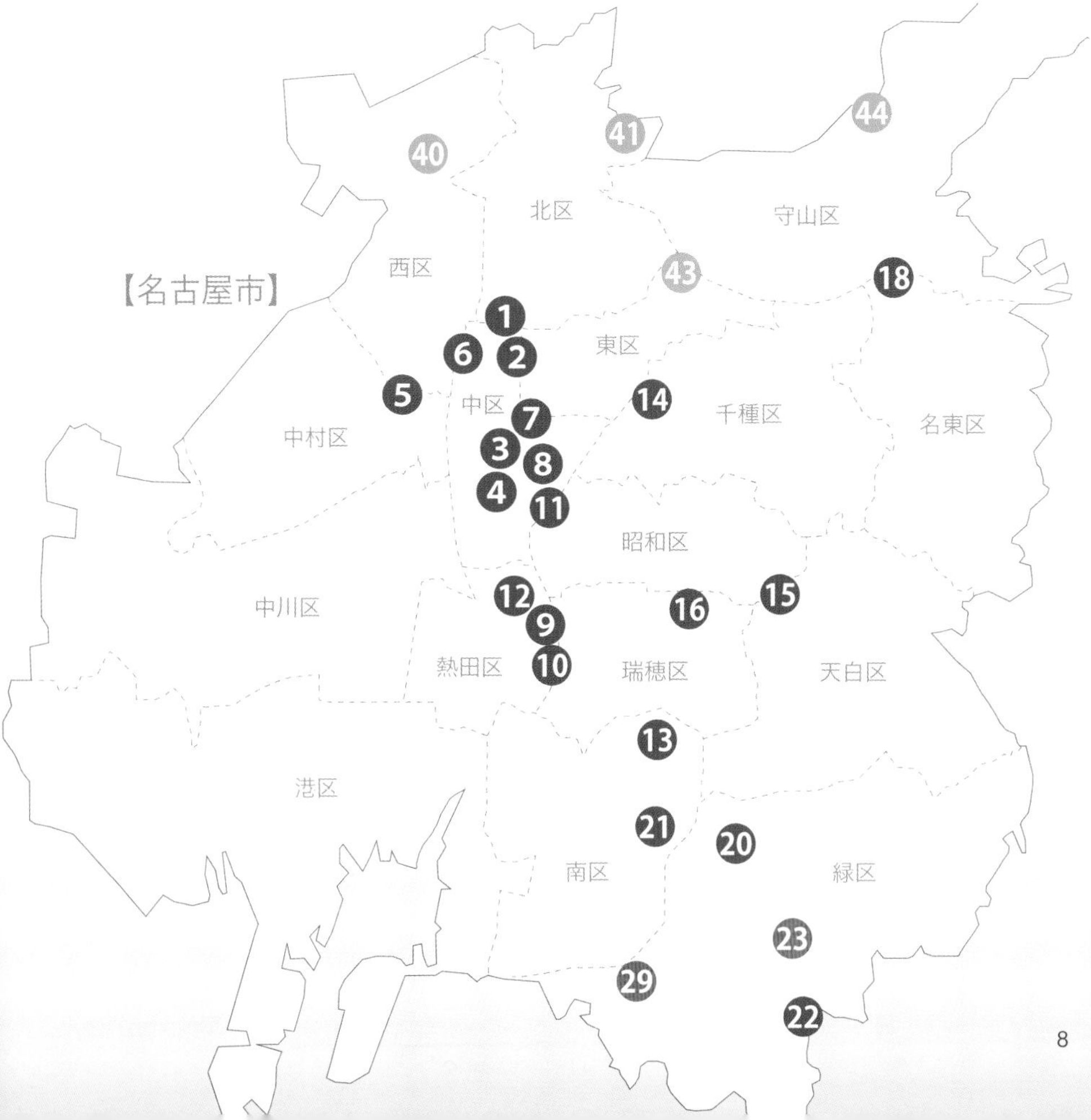

海東郡

30.「小町塚」　31.「馬島明眼院」

32.「蟹江川」　33.「佐屋　津島追分」

海西郡

34.「立田荷池の夏景」

35.「筏川の南涯桃林春興の図」

中島郡

36.「六角堂長光寺」　37.「国府宮」

春日井郡

38.「清須總図」　39.「中河原桃林」　40.「星宮　大乃伎神社　稲生渡」

41.「味鋺神社　天永寺　味鋺川」　42.「小牧山」　43.「長母寺」

44.「龍泉寺」　45.「密蔵院」　46.「玉野川下流　鹿乗淵」

47.「三国峠 雲見ケ峯 乗鞍岩」

葉栗郡

48.「圓城寺渡 大日社 妙性坊 宝行寺」

49.「宮田天王社　上郡　桑林」

50.「宮田二杁」

丹羽郡

51.「碑銘塚」

52.「岐蘓川北岸より乾峯城を望む図」

1

お城の桜が名所になったのは、いつごろからか

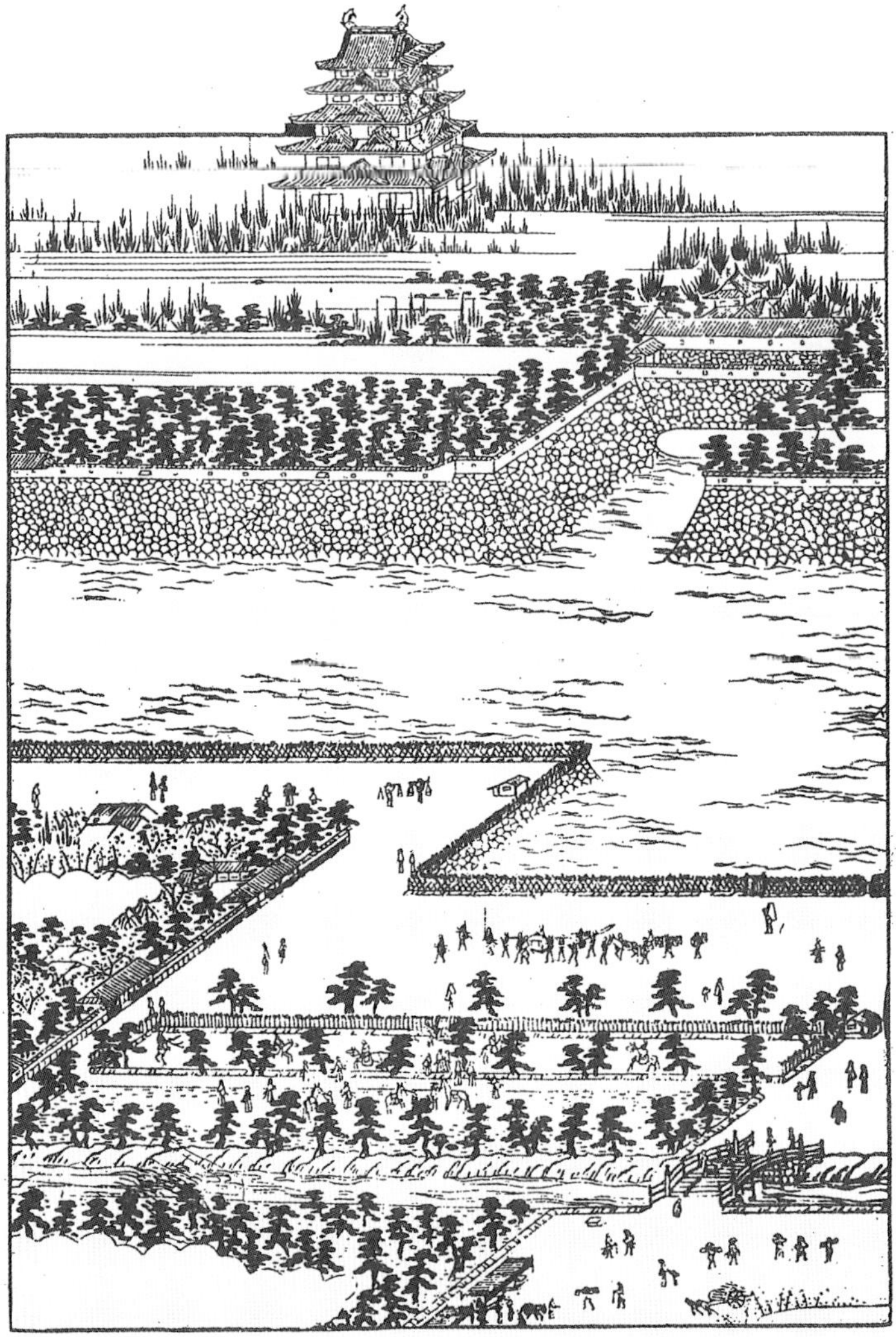

非常食にもなった松

名古屋城は桜の名所としても有名だ。名古屋城に限らず、桜の名所として知られる城は全国に多い。江戸時代の名古屋城はどうだったか、図会を見てもお堀の向こうにある西北隅と西南櫓が見えるが、桜らしき木は見当たらない。

城はあくまでも軍事施設である。いざとなれば籠城しなければならない。そうしたときに備え、食糧の確保が大切になる。例えば熊本城は畳に芋茎《ずいき》（里芋の茎、

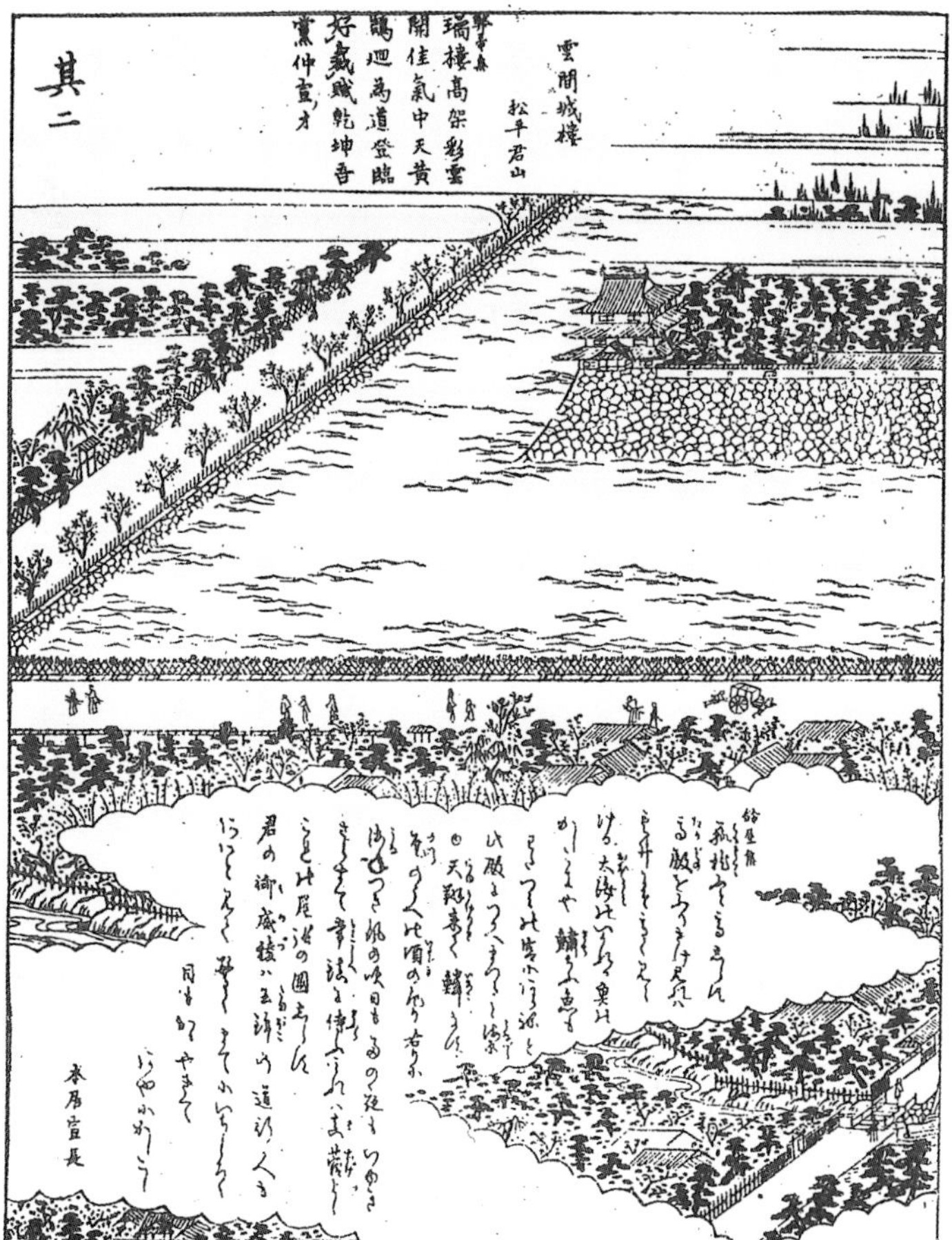

「巾下新馬場より御城を望む図」其二

名古屋市内や近郊にはたくさんの桜の名所がある。ただ、その多くは昔から桜の名所だったわけではない。名古屋城は江戸時代からすでに観光名所であったようだが、お城に桜の木はなかった。

食用になる）を織り込んだり、壁土に入れる藁の代わりに芋茎を使うなどの工夫が施されていた。また、女性や子どもの遊び道具のお手玉の中に小豆を使うという。

『尾張名所図会』（以下、図会と表記）巻一「巾下新馬場より御城を望む図」に

城の石垣の上には桜ではなく松が植えられていた

描かれているのは、桜ではなく松だ。城の中の植物は松竹梅が多いともいわれている。竹といっても矢竹である。細く、密生して生えるため、弓矢にしたり、敵の侵入を防ぐことができる。梅は解毒作用の薬に使うことができる。では松は何に使うのだろうか。燃料や松明《たいまつ》の明かりにもなるが、意外な利用法が食料である。食用にするのは松ぼっくりでも葉っぱでもない。実は幹である。もちろん、そのままでは食べられない。外皮を取り除き、その下にある薄い皮を集めて粉にする。それを煮るとトロっとしたものができるという。

　桜の名所と呼ばれる場所に植えられているのは、多くがソメイヨシノだ。この桜が全国に普及したのは基本的に、明治以降になってからだ。全国にある桜の名所の多くは江戸時代からのものではない。

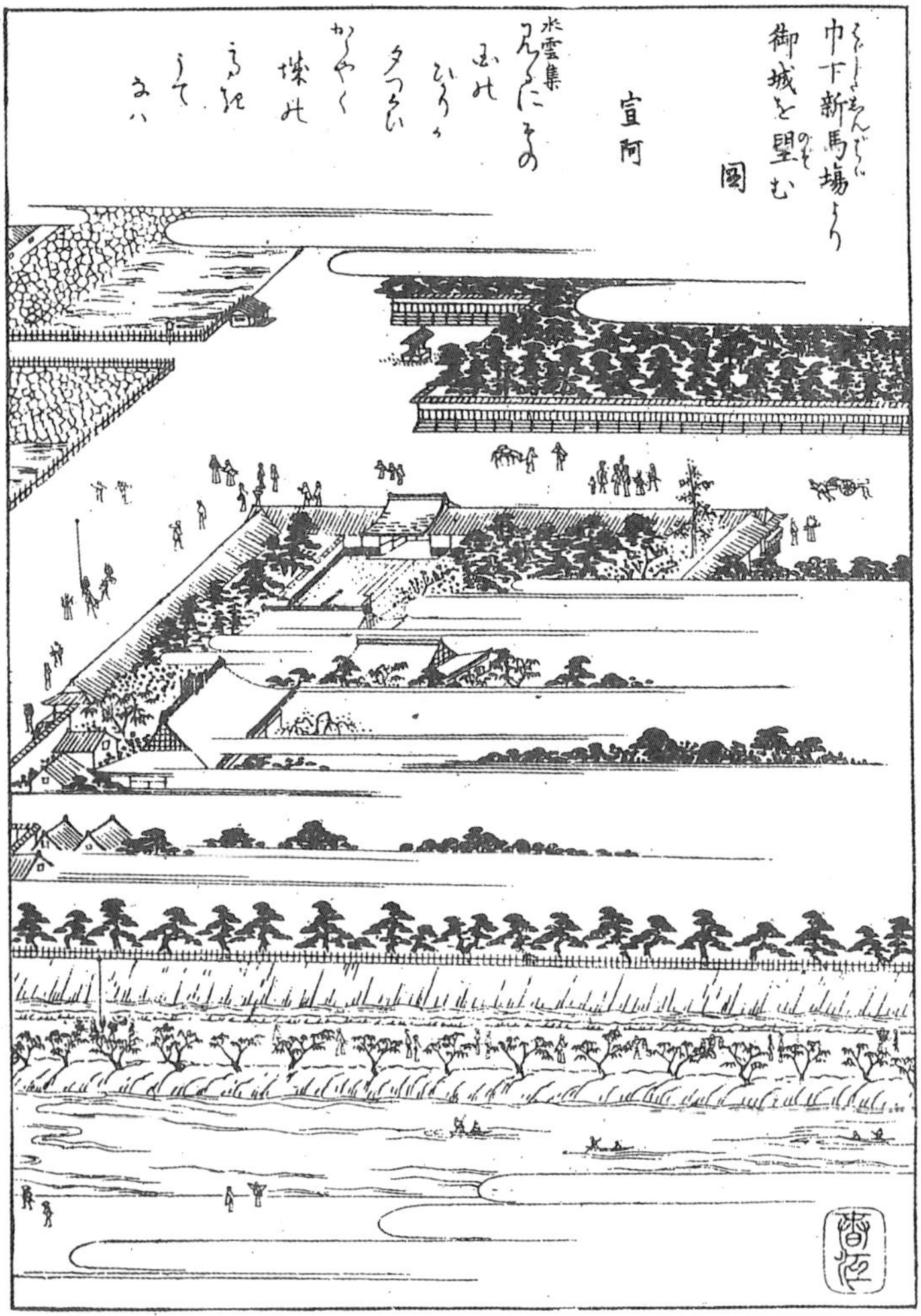

「巾下新馬場より御城を望む図」

江戸時代にも観光名所

名古屋の観光名所の一つに数えられる名古屋城は、江戸時代にも観光地として、多くの旅人を魅了していたようだ。江戸時代に多くの「道中記」がつくられているが、東国(関東・東北)地域に残る道中記を分析した石田泰弘氏の「道中記からみた宮・桑名間の交通について」(岸野俊彦編『尾張藩社会の総合研究7』清文堂出版)によると、多くの旅人が名古屋城を見るため、城下へ足を踏み入れていたという。

さらに、名古屋城二の丸へ入ると、植木屋、金魚売、飴屋、見世物などを楽しめた。城内へ入れるのは地域の人のみで、旅人は入城できなかったが、地元民のなりをすれば、たやすく入れたという。

ところで、図会のお堀の右横に見えるのが巾下門(13ページ)。巾下は「浜下」が訛《なま》った地名だともいわれている。お堀の手前を流れているのは御用水で、川幅が広くなったところからが堀川だ。図会「其二」(10ページ)のお堀と御用水の間に、何頭もの馬の見えるところが新馬場だ。

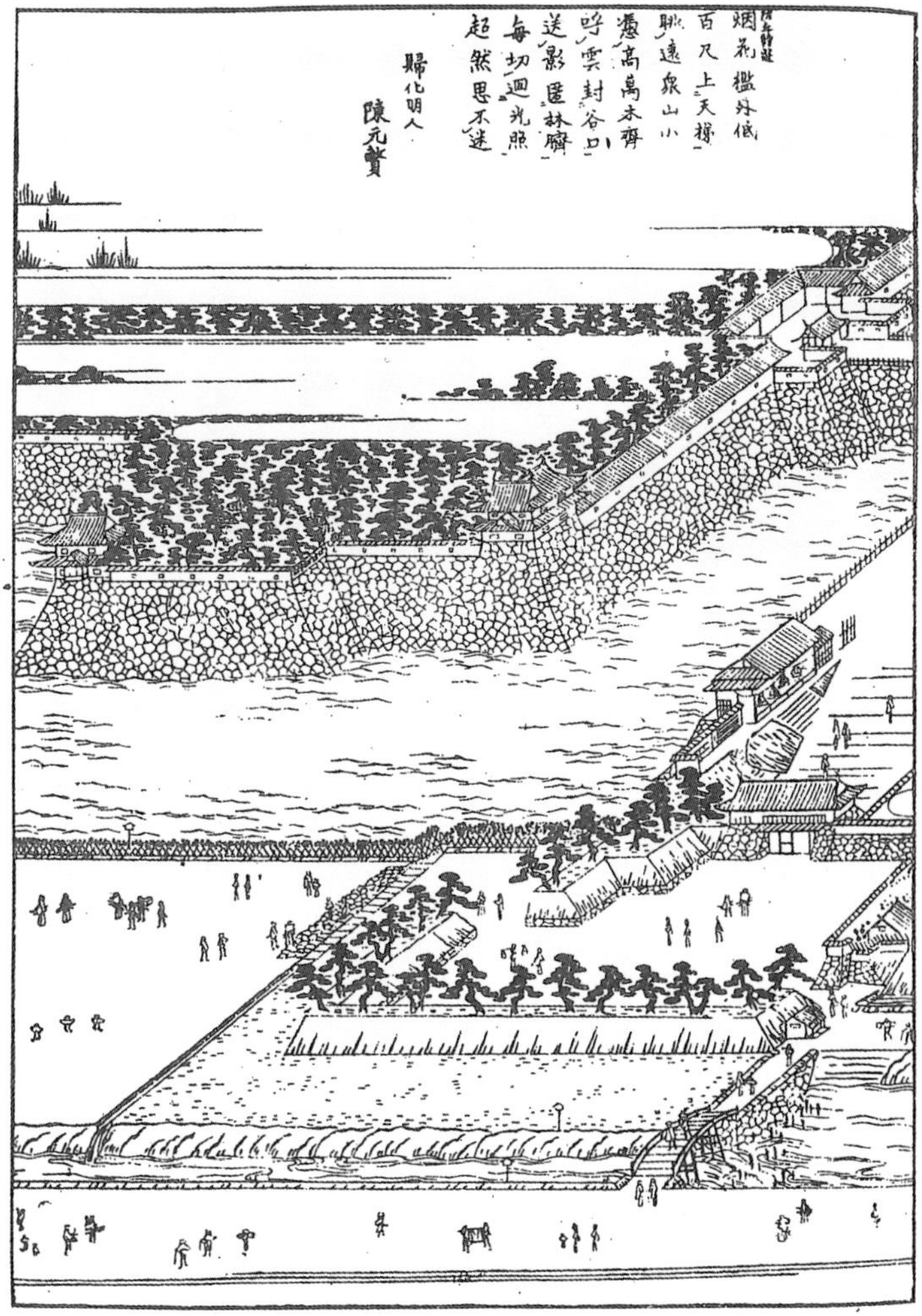

新馬場の左に現在はホテルナゴヤキャッスル(現在建て替え中)があるが、ここに明治十二年(一

八七九）、当時、私立としては中部地域で最大規模を誇る好生館病院が横井信之によってつくられた。二代日の院長・北川乙治郎は東京帝国人学医学部に入学し特待生となるか、中退し、ドイツへ留学。そこで森鷗外（森林太郎）、北里柴三郎らと出会う。北川は日本で最初にコカインやモルヒネを使った脊椎麻酔の研究をおこなっている。また、名古屋市会議員を務め、八事霊園の設立にも尽力した。好生館病院にはコレラ菌や結核菌の発見者であるコッホ博士も訪問している。

新馬場

右手のナゴヤキャッスルの向こうが新馬場。ホテルの建っている場所には好生館病院があった

好生館病院（写真提供／北川治代氏）

名古屋で最初の水道

御用水はお堀に清浄な水を供給し、さらに、巾下周辺の家の上水道としても利用された。地下に埋めた檜《ひのき》や竹でつくられた樋を通して水が流れ、各所に掘られた井戸から水を汲み上げた。

お堀の余水は堀川に落とされた。その名残で、この辺りは樋の口町と呼ばれている。御用水は明治になって埋められ、黒川が開削された。昭和の初期まで、堀の水の落口のところは、図会（13ページ）でもわかるように小さな滝（左下）のようになっていて、子どもたちは「どんど滝」といって水遊びをしていたという。

図会には描かれていないが、天守閣の左手の堀の奥の石垣の上に、万が一の時に藩主が脱出するための「埋《うずみ》門」があった。さらに堀の左手は御土居下と呼ばれ、藩主が脱出するのを助ける特殊な任務を持った武士がいた（御土居下十六人衆）。だが、彼らは自らの任務を妻にも教えることなく、代々嫡男のみに伝えた。

図会「其三」の御用水の流れている広場が現在の名城公園で、江戸時代は軍事演習場であった。明治六年（一八七三）に名古屋城内に名古屋鎮台が置かれ、明治二十一年に第三師団と改称し、歩兵連隊、騎兵連隊、砲兵大隊、輜重大隊、師団司令部、旅団司令部などを置き、広場は練兵場として使われた。

柳の木が生えている辺りからお堀の余水が掘川に落とされていた

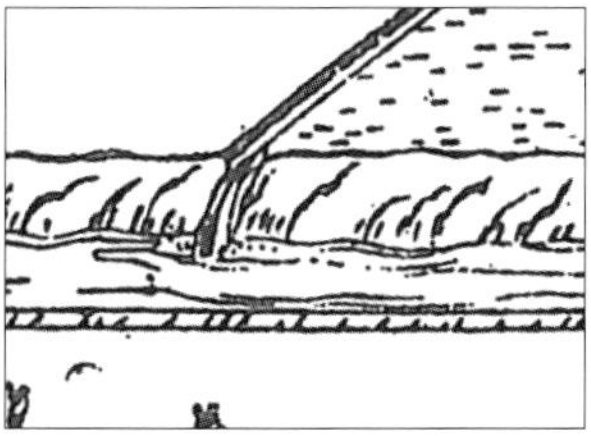

お堀の水が「堀川」へ落水している

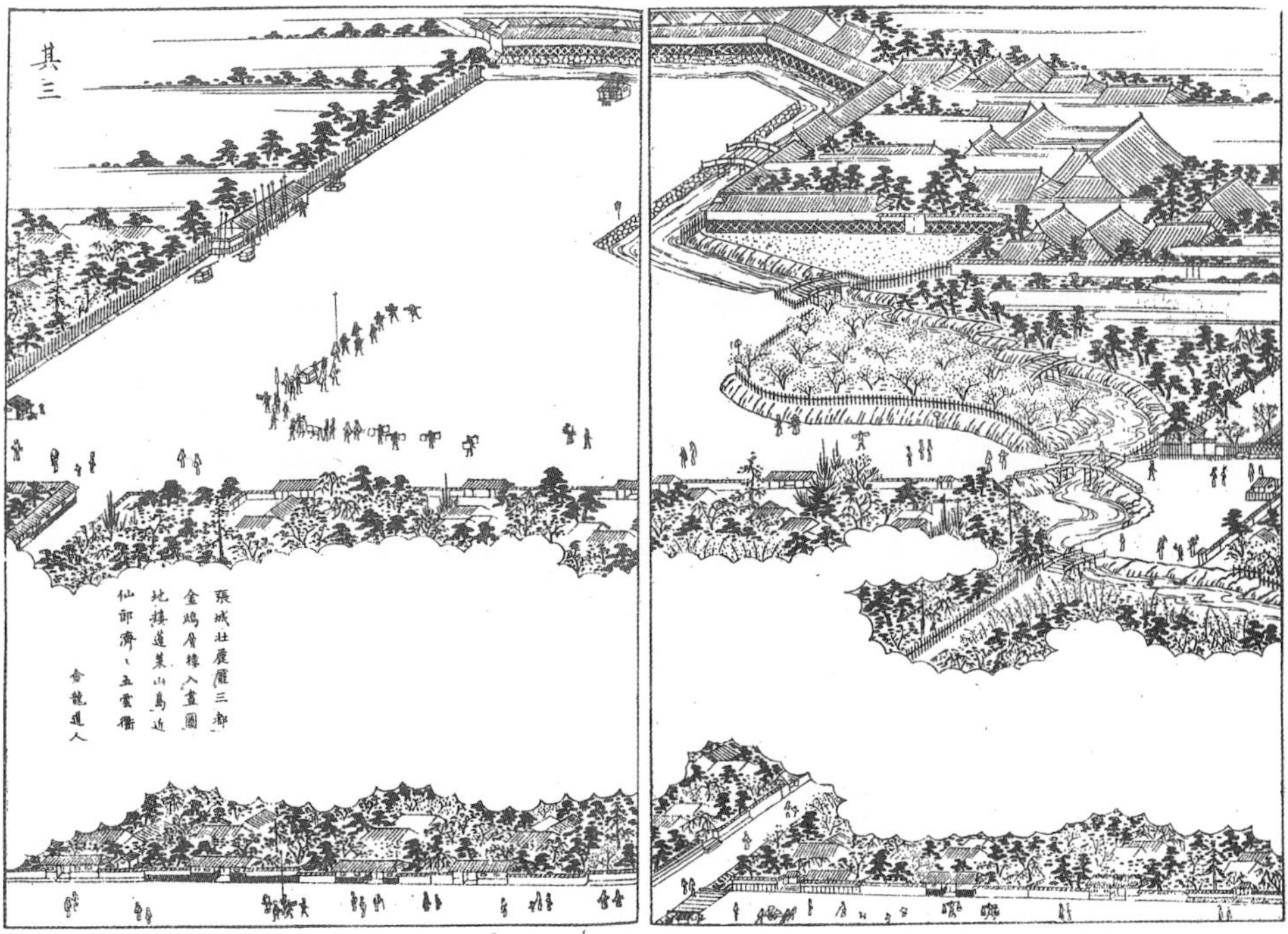

「巾下新馬場より御城を望む図」其三

2 かつてのメインストリートも今はオフィス街

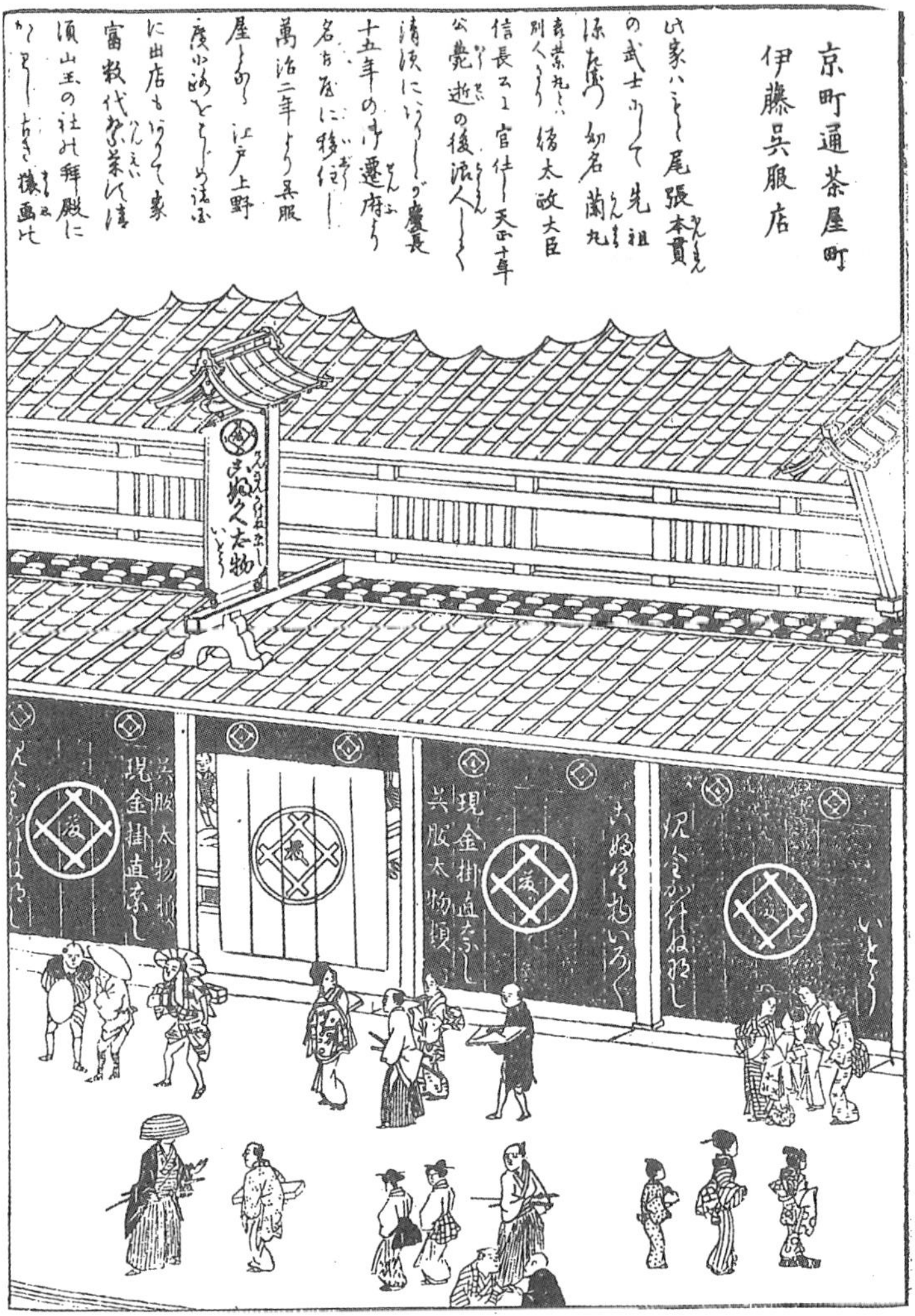

画期的な商売だった「現金掛け値なし」

伊藤呉服店といえば名古屋の老舗百貨店・松坂屋の前身である。名古屋のメインストリートといえば、現在では広小路通となっているが、江戸時代は、本町橋から南へ延びる本町通であった。外堀通から二本目が京町筋である。図会には店の前を武士や町人、僧侶、女性など多くの人が行き交う様子が描かれているが、いまでは繁華街のイメージはなくオフィス街だ。

江戸時代の商取引はいわ

江戸時代は士農工商という厳しい身分制度があったというが、
豪商とされる商人の多くは戦国時代に武士として活躍した人が多い。

左手前から右奥へ延びる本町通と交差する京町通（中日病院の交差点）

ゆるツケが一般的で、盆や暮に現金で支払った。集金を済ませる前に夜逃げされることもあるため、その分商品価格は高くなる。しかし、現金払いであればそうしたリスクがないので最初から掛け値なしで安く売ることができる。「現金掛け値なし」と書かれた間口の大きさからも、かなりの財力を誇っていたことがうかがえる。

京町の辺り

松坂屋の当主は初代が伊藤源左衛門蘭丸祐道《すけみち》で、二代目祐基《すけとも》からは代々伊藤次郎左衛門の名跡を襲名している。

祐道の父・祐広《すけひろ》も蘭丸と名乗り、親子そろって織田信長に仕えていた。祐広は天正元年（一五七三）十一月の三好義嗣の若江城攻めで討ち死にする。祐広が討ち死にした後、祐道は親戚に引き取られ、成長して清須に移り、織田信長のもとで他国から来る商人の取り締まりや城下の商人を統率する商人司を命じられ八百石を賜った。信長の小姓としては森蘭丸が有名だが、ほかにも早川蘭丸がいて、三蘭丸と呼ばれている。本能寺の変のとき、信長に同行していたのは森蘭丸で、伊藤蘭丸祐道、早川蘭丸は軍資金の調達及び財務的な役を仰せつかって本能寺にはいなかった。ただ、伊藤蘭丸の「蘭」はもともとは「乱」であったともいわれている。

松坂屋の称号は買収から始まった

信長が本能寺で倒れた後、祐道は清須日吉神社の近くで絹布を商う商人を営み、清須越しが始まると、慶長十六年（一六一一）に名古屋へ移り、名を源左衛門と改めて、本町で呉服小間物商を始めた。このとき、祐道の妻と祐道の二男・祐基が一緒に移り、本町で呉服小間物商を続け、祐道の長男・伊藤兵衛は清須で商いを続けた。

祐基は万治二年（一六五九）、茶屋町で「いとう呉服店」として再興し、元服して伊藤次郎左衛門と名乗った。松坂屋の商号は十一代目の祐恵《すけよし》が明和五年（一七六八）に江戸へ進出したとき、上野の松坂屋を買収し「いとう松坂屋」と称したことからはじまるという。

　大坂夏の陣で豊臣方として出陣し、戦死した祐道の菩提を弔うため、元和六年（一六二〇）前後に祐道の妻と次男の祐基（二代目伊藤次郎左衛門）が西光院（昭和十八年に中区白川町から昭和区山手通へ移転）の塔頭《たっちゅう》として仙松院をつくった。仙松院は現在昭和区前山町にある。

　清須で商いを続けた祐道の長男・伊藤兵衛家の歴代墓碑、次郎左衛門家の先祖供養碑は西光院の境内にある。

伊藤呉服店のあった京町通から500メートルほど南にある伝馬町通と本町通が交わる「札ノ辻」は江戸時代の名古屋の中心地であった

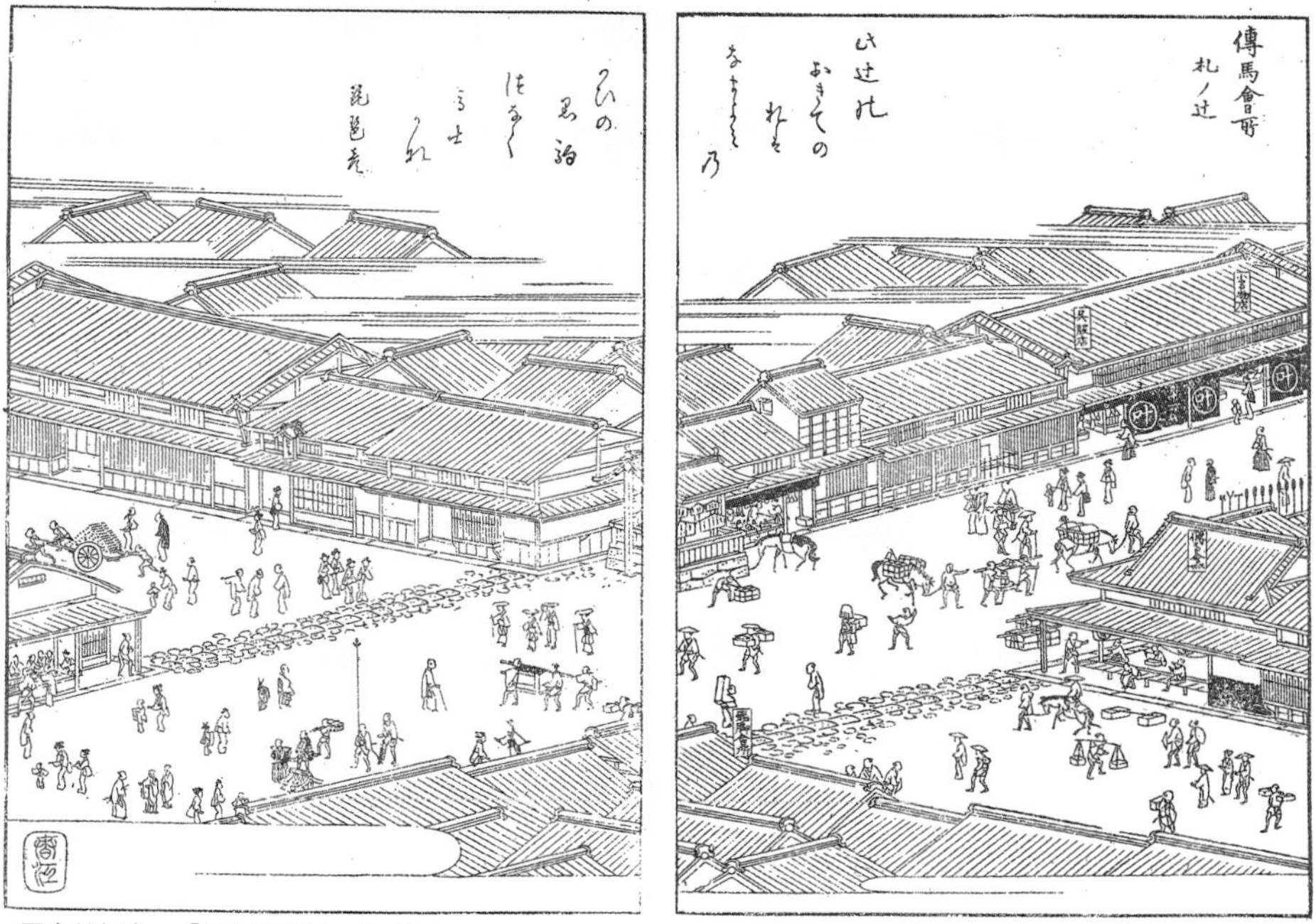
図会前編巻一「伝馬町会所　札ノ辻」

3 数々の歴史の舞台となった大須・西本願寺

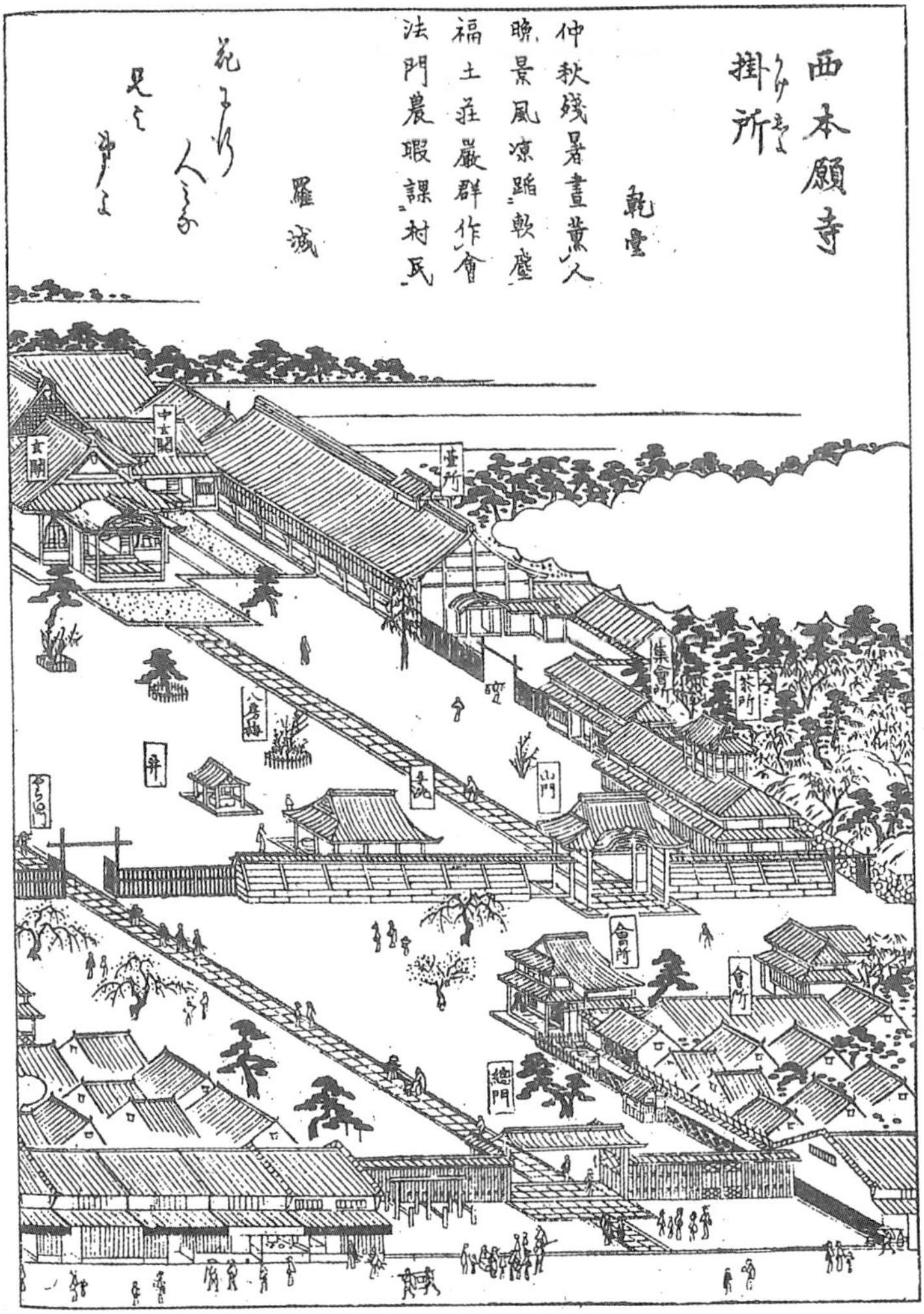

プロ野球公式試合にも使われた大須球場

大須スケートリンクは、これまで数多くのフィギュアスケートの名選手を輩出している。開業したのは昭和二十八年（一九五三）。それ以前には昭和二十二年につくられた大須球場があり、プロ野球の公式試合に使われたこともある。また昭和二十七年（一九五二）にはデモ隊と警察が激しく衝突し、死者まで出した一大公安事件（大須事件）の舞台にもなった。もともと

飾らない庶民の街。大須は寺の多い地域として有名だ。西本願寺名古屋別院区域は、なぜか「大須エリア」に入っていない。

この場所は西本願寺の境内であった。

現在、大須というと若宮大通、伏見通、大須通、南大津通に囲まれた区域を指すようだ。大須通を一本挟んだ西本願寺のある区域は大須エリアと呼ばれていない。江戸時代の大須は寺の

大須スケートリンク

西本願寺鐘楼

集まる場所であったが、現在はさまざまな店舗や施設の中に寺が点在する繁華街だ。西本願寺のある区域は繁華街とはいえないことが、大須エリアに入っていない理由なのだろう。
　太平洋戦争の時、アメリカ軍の空襲によって西本願寺が焼失した。そこで西本願寺を再興し、大須地区の発展も願い、境内地を利用して野球場が造られた。昭和二十八年に野球場が閉鎖され、跡地は西本願寺に返却された。
　浄土真宗は東本願寺（大谷派）と西本願寺（本願寺派）の二つに分かれているが、どちらも親鸞を宗祖としている。戦国時代には各地で時の権力者たちに抵抗し、激しく戦う一向一揆を繰り広げたこともある。一向宗の力を恐れ、徳川家康の策略によって東と西に分かれたとされる。
　西本願寺名古屋別院の起源は、伊勢国桑名郡長島に願証寺として創設されたのが始まりだ。元亀元年（一五七〇）から天正二年（一五七四）にかけて織田信長との間で戦われた有名な長島一向一揆で敗退する。天正十二年ごろ、清須に願証寺を再興する。長島にあった願証寺も桑名に再興し桑名願証寺と称した。

日置神社と千本松原

　徳川義直が初代尾張藩主となり名古屋城を築城して清須越しがおこなわれた時、清須の願証寺も現在の地に移転した。その後、桑名願証寺は真宗高田派へ転派したため、名古屋の願証寺が本山の坊舎と定められ「西本坊」「西掛所」と呼ばれるようになった。そして明治九年（一八七六）に本願寺名古屋別院に改称された。

　西本願寺のある場所に二子山と呼ばれる古墳があったが、清須越しの時に平らにならされたという。さらに、太平洋戦争末期の昭和二十年（一九四五）五月十七日の空襲によって、鐘楼と南門以外の建物が焼失した。

　西本願寺の少し南にある日置神社は日置八幡宮とも呼ばれ、延喜神名式に従三位日置天神として記されている。織田信長が桶狭間の合戦の時、ここで戦勝を祈願し、戦に勝った後、松の木千株を植えたので、この辺りを千本松と呼ぶようになったという。松原町の地名はその名残だ。

　鐘楼と本堂の位置が江戸時代と同じであれば、図会（21ページ）に描かれている本堂の右後ろが現在の大須スケートリンクで、20ページの雲の描かれている辺りが、現在の大須通になる。手前の店が並ぶ辺りが門前のメイン通りであったのだろう。現在は仏具、仏壇関係の店が並んでいる。

西本願寺の門前町。桶狭間の戦いの時、西本願寺の少し南にある日置神社で織田信長が戦勝祈願をし、戦の後、この辺りに千本の松を植えたという

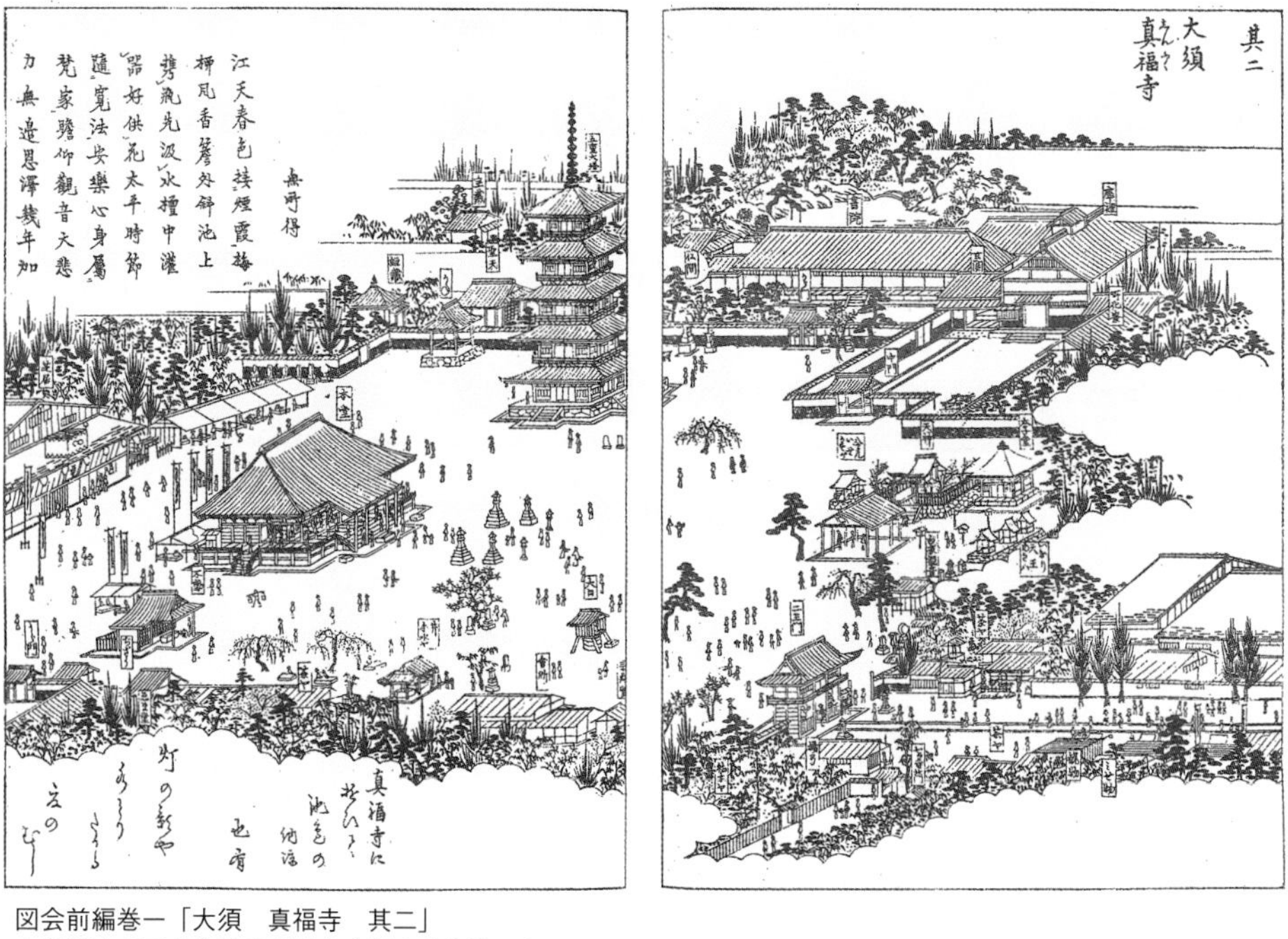

図会前編巻一「大須　真福寺　其二」
大須観音の正式名称は北野山真福寺宝生院である

4　名古屋の南の果ての海であった古渡

上前津まで津波がやって来た

西本願寺のある西大須交差点から伏見通を南へ約六〇〇メートルで古渡の交差点に着く。図会によると、古渡は名古屋の南の果てで、「舊（＝旧）渡」とも表記されていたという。その昔、海潮によって岸が没した跡だという。つまり、潮の加減によって、ここで渡ったということだろうか。大須の一角に「那古野山公園」というビルに囲まれた小さな公園がある。ここは江戸明治二十二年に名古屋市ができた時の面積は現在の二十五分の一。江戸時代の名古屋の範囲はもっと狭く、中区古渡は名古屋の郊外であった。

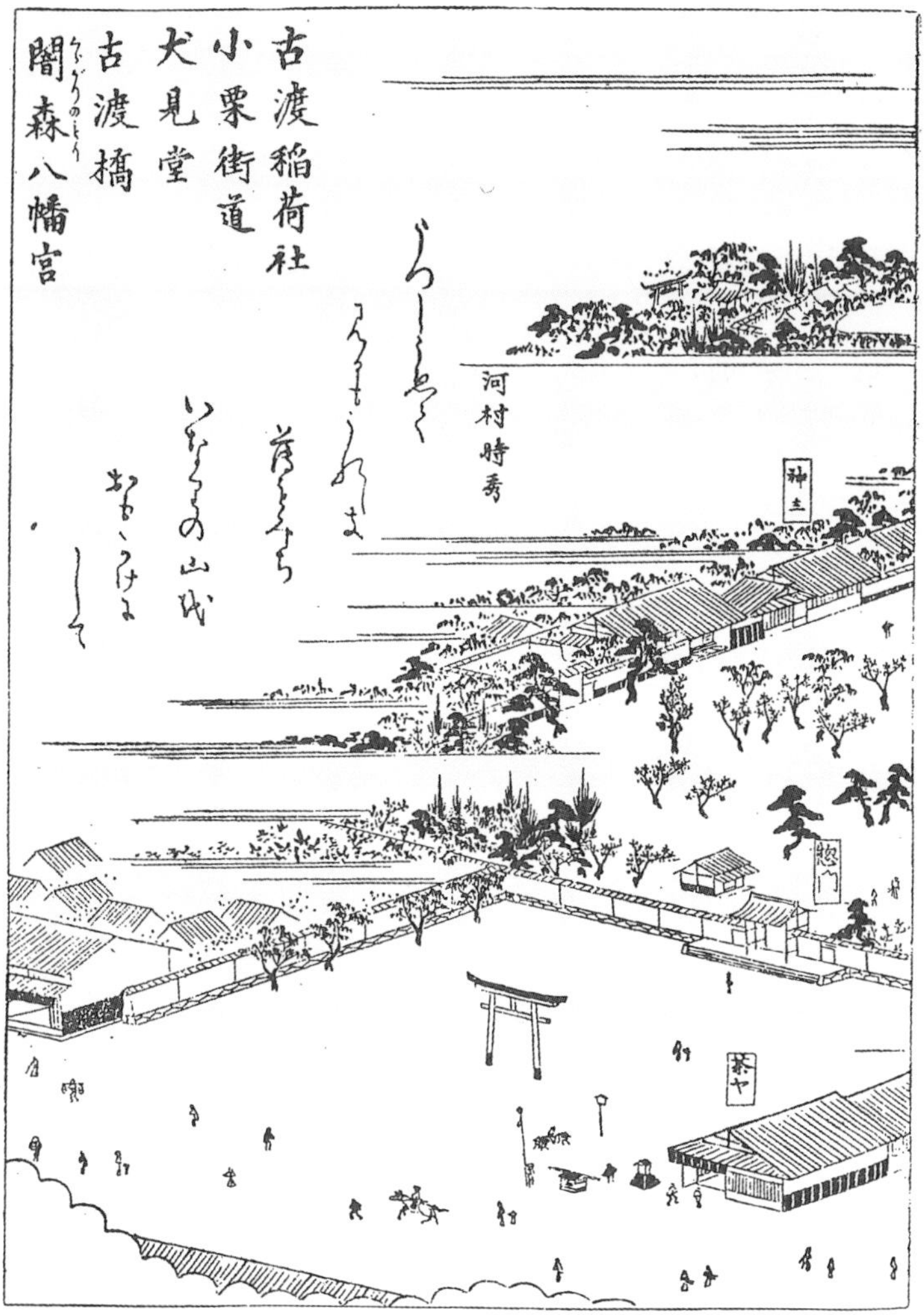

時代に修験道の寺であった清寿院の後園があった場所で明治十二年（一八七九）に浪越《なみこし》公園として整備された。この「浪越」というのは、昔、津波がここまで来たことから名づけられたといわれている。

古渡村は一女子《いちにょし》村と言っていたこともある。七人の娘を持つ長者が、成長した

浪越公園跡（那古野山公園）

娘にそれぞれ土地を与え、一女子村から七女子村と名づけ、長女の住んだところが一女子村になった。二女子村、四女子村、五女子村は古渡より西南に、三女子は露橋村、小塚村の字、六女子は丸米野村、七女子は人口が少なく小さな村であったため、小塚村の支配であった。一女子、五女子はいまも中川区にそのままの地名として残されている。

城下への南の出入り口

犬見堂の横を小栗街道が通っている。ここでいう小栗街道は鎌倉街道の一部で、この道は鎌倉と京都を結んでいた。現在は山王通の一部になっている。二女子村から七女子村は山王通を西へ進み、東海道新幹線を越えた南側の辺りとなる。小栗街道は小栗判官（伝説上の人物）が熊野（和歌山県）まで行くときに通ったという伝承からつけられた名前である。

城下町の主要な街道には城下と城外とを分ける大木戸が設けられ、夜には閉じられて自由な通行はできなかった。名古屋にも四カ所の大木戸があった。その一つが名古屋のメインストリートであった本町通の南端となる中区橘町にあった。現在の国道二十二号に斜めに交差する辺りだ。図会でいうと、「小栗街道」と記されたところから少し左下の辺りだ。その大木戸の南西にあったのが犬御堂。図会では「犬見堂」となっているが、本文に「犬御堂法浄寺華光院」として説明がある。修行のため諸国を行脚していた僧が疲れ果て、息絶えんとしていた時に、黒と白の二匹の犬が草の葉に水を浸して口

右斜めの道の入口のところが、かつて大木戸のあった場所。左の道が国道22号

左の鳥居が古渡稲荷神社、右に見える高速道路の高架の下の道が小栗街道

に注ぎ、僧は生き返った。犬は高野大明神の使者だと考え、この地に草庵を結び、阿弥陀仏と黒と白の犬の姿を写して安置し「犬御堂」と名づけたとされる。

犬御堂の南の西側には稲荷社がある。この稲荷社は正徳三年（一七一三）、稲荷を産土神《うぶすながみ》として崇敬していた尾張藩四代藩主徳川吉通の命によって丹羽郡石枕村（江南市）から遷座された。境内には楓が多く、「秋霜これを染むる時は、紅二月の花を欺き（霜にあたった葉は二月の花〈桃の花〉よりも赤い）…占秋《せんしゅう》の奇観、実に府下の第一なり」とある。

江戸でも大ヒットした浄瑠璃「名古屋心中」

右上には堀川と古渡橋が見える。堀川が開削された時、お城のところから五条橋、中橋、伝馬橋、納屋橋、日置橋、古渡橋、尾頭橋の七つの橋が架けられた。そのうちの一つである。古渡橋の手前には闇森《くらがりのもり》八幡宮が見える。古木森々として、白昼も暗い神祠であった。元禄の頃、石黒某の母が「その昔　植にしきぎの年を経て　つきさえもらぬ　くらがりの森」と詠んだという。

この森で享保十八年（一七三三）心中未遂事件が起きた。当事、心中事件は重罪とされ、未遂で終わっても三日間のさらし者にされたうえ、身分を奪われ追放となった。ところがこの時の尾張七代藩主宗春はさらし者にした後で二人を親元へ帰らせ、結婚させた。これが浄瑠璃「名古屋心中」として江戸でも大ヒットした。現在の国道二十二号は図会の下部になる。

堀川と遠くに見えるのが現在の古渡橋

闇森八幡宮

5

名古屋にも河童や巨大魚がいた

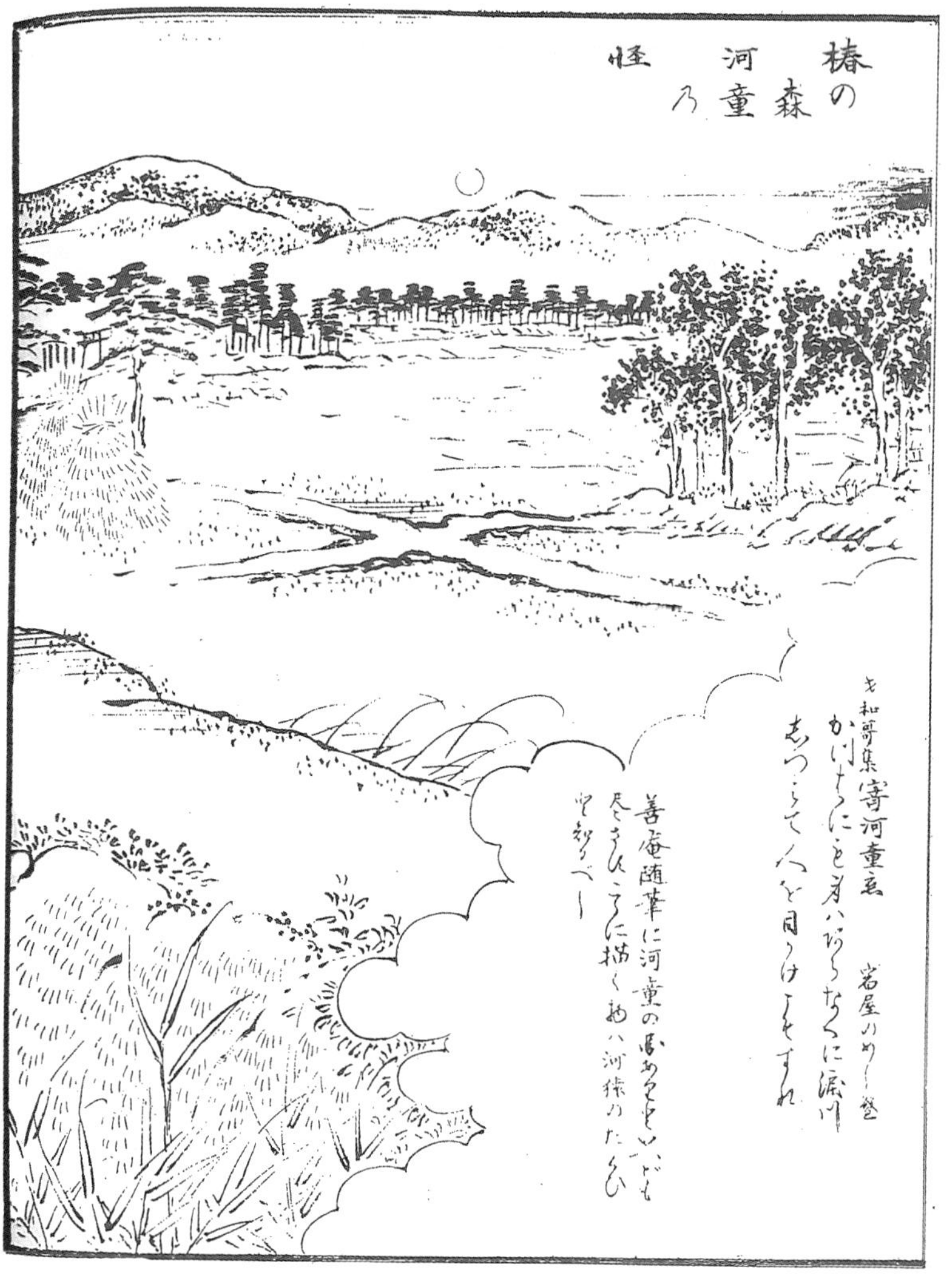

椿の森に住んでいた河童

河童といえば岩手県遠野市が有名だ。しかし日本の各地に河童伝説は残されている。惣兵衛川（庄内用水）から取水した笈瀬《おいせ》川は現在の名古屋駅の西を通り、笈瀬通を南下し、かつての熱田新田（熱田神宮の東）を経て中川に合流していた。

中川は大正時代に中川運河に改修され、笈瀬川はいまはない。その笈瀬川に河童がいたのだ。図会によると、宝暦六年（一七五六）

各地に伝わる河童伝説。人に悪戯をするが、どこか憎めない存在だ。
そんな河童ばかりか巨大魚さえも身近なところで人と共存していた。

七月三日、巾下（幅下‥現西区）に住んでいた河合小傳治が早朝に目覚めてしまい、曙の景色を見ようと押切（西区）の辺りを歩いていたところ、七、八歳の子どもが後をつけてきたのでどこへ行くのかと聞いた。

河童の像の背後に続く笈瀬通は、かつて笈瀬川が流れていた

附録巻二「大鰻鱺の奇事」

「われは椿の森に住むもので、押切の水車までいくところだ」という。その子どもは河童であった。突然、小傳治の肩に手をかけ、ものすごい力で引き倒そうとしたので、「昔の我であれば一挙小打殺するところだが、今は念仏修行の老人であり、許してやる」と言ってにらみつけると、河童は笈瀬川へ飛び込んで逃げていったという。椿の森は名古屋駅の西にある椿神明社だ。

　また中川には鰻が多く、大きな鰻もいた。縄で括って五、六人で引き上げようとしても縄を切って逃げられてしまうほどの大鰻もいたという。

かつての笈瀬川。正面の高層ビルの右のほうに、河童がすんでいたという椿の森がある

河童が住んでいたという椿の森（椿神明社）。現在（令和３年）、境内はリニア中央新幹線開業に伴う用地取得により整備工事中

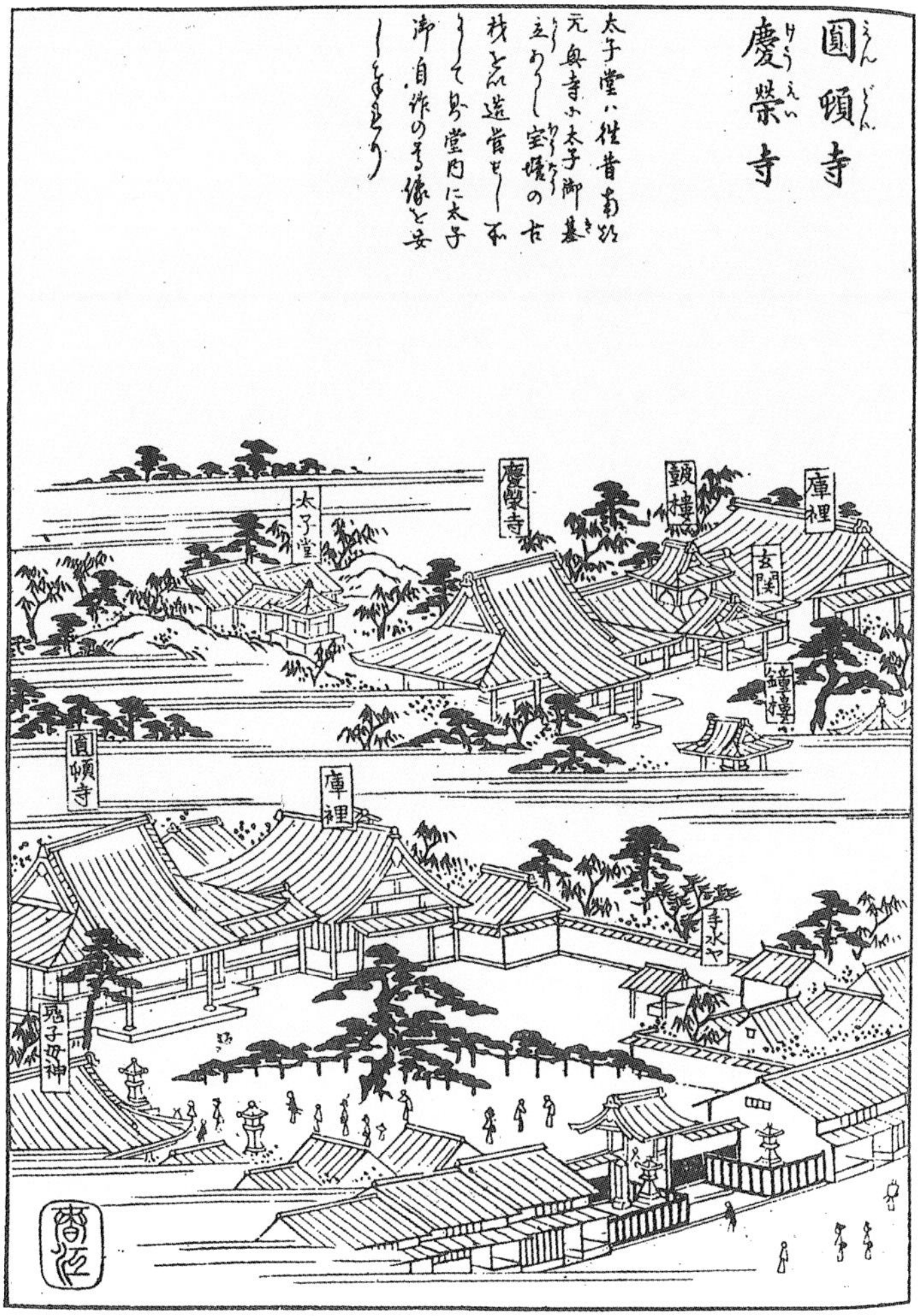

6

商店街の真ん中を横切る川があった

押切の辺りには水車があった

名古屋市内は東京や大阪に比べ、川が少ない。名古屋の都心を流れる川といえば堀川、新堀川、中川運河くらいしかない。しかし、かつて川の流れていたところが地名として残されている。中村区のすぐ東には笈《おい》瀬《せ》川筋が、西区秩父通交差点から名古屋港へは市道江川線が通っている。いずれも笈瀬川、江川という川が流れていたところだ。笈瀬川も江川も庄内川から取水した庄内用水（別名惣兵衛川）から分かれた用水だ。他にも大幸川の流れていた場所が東区の大幸という地名として残されている。江川も笈瀬川も西区の稲生《いのう》の辺りで

堀川に架かる五条橋の上から円頓寺商店街を見る

現在では都市を流れる川は安らぎの場となっているが、邪魔者扱いされ、埋められたり暗渠化された時代があった。

惣兵衛川から取水していた。

江川は堀川の西を並行するように流れ、昭和の後期頃まで、江川端町、江川横町などの町名があったが、現在は花ノ木町となっている。江川の幅は約二間（三・六メートル）であった。押切の辺りには油を搾る水車も設けられていた。

戦前から戦後にかけ、名古屋の三大商店街の一つに数えられていた円頓寺《えんどうじ》商店街の真ん中を市道江川線が横断しているが、この道がかつての江川の流路であった。また現在の景雲橋の少し北から明道町の交差点の辺りで堀川とつながっていた。お堀の水量を調整する役目をしていたのだろう。江川は最終的には中川（現中川運河）に合流し伊勢湾へと流れていた。

堀川の五条橋の西から円頓寺商店街が延びているが、五条橋はもともと清須の城門にあった橋で御城橋といわれていたのを、慶長十五年（一六一〇）に堀川へ移した。

図会の円頓寺の前の道が今の商店街の通りだ。その南にある高田本坊は高田一身田専修寺の別院で明暦三年（一六五七）にこの地に移された。

円頓寺の辺りは昔海だった

円頓寺の辺りを巾下（幅下）というが、浜下が訛って巾下になったともいわれている。この辺りは低地でその昔、海浜であったという。一方、巾下より北を上宿とい

う。上宿の名前の由来は清須越しの時、各地から多くの人夫が集まり宿泊した場所に、昔の上街道があったためと言われている。一般に、名古屋の上街道は木曽街道と呼ばれ、東片端（東区）から犬山を経て中山道伏見宿（岐阜県御嵩町）へ至る道で清須越しの後で整備された街道である。上宿の地名のもとになった上街道は清須越し以前にあった道である。

　また、江川の岸を北上する稲生街道があったが、これは庄内川の堤へと続いていた。この道も清須越し以前からあった道で、熱田と岩倉街道を結んでいた。上小田井へは矢田川を歩いて、庄内川は渡し船で渡った。

　途中にある浄心交差点の東北角にある浄心観音の辺りから加賀の白山や御嶽山、乗鞍岳、恵那山、伊吹山、多度山などを望むことができたという。

江川線。ここを江川が流れていた

浄心寺。江戸時代はここから加賀白山、御嶽山、恵那山などを望むことができたという

高田本坊（左）。道の奥に見えるのが円頓寺商店街沿いにある慶栄寺

7 都心に残る織田家と徳川家の重臣の寺

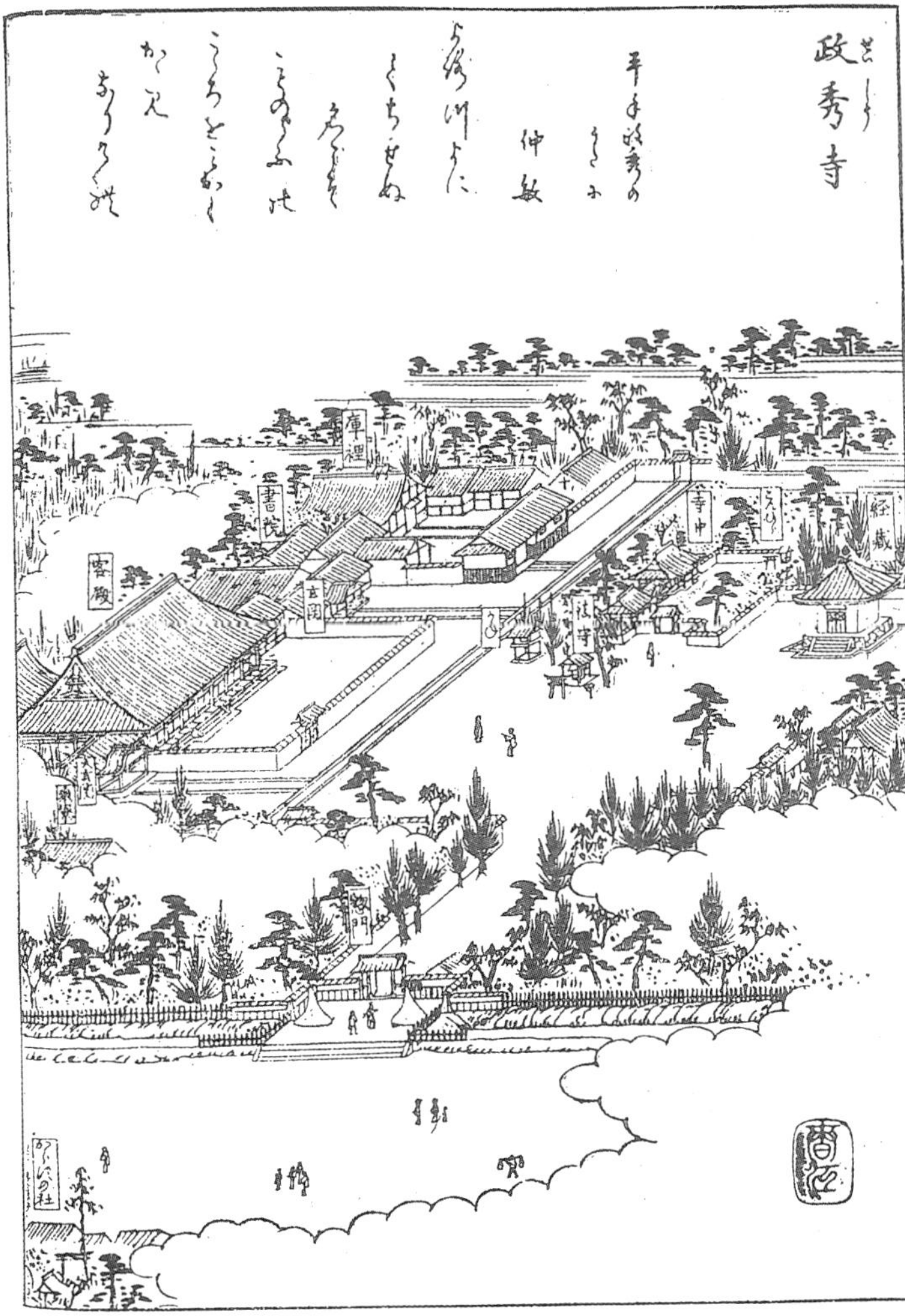

名古屋名物 一〇〇メートル道路

名古屋は道が広いことで知られているが、それは第二次世界大戦後の復興によるものだ。その代表が南北に走る久屋大通と東西に走る若宮大通。通称一〇〇メートル道路と呼ばれている。これは中央に緑地帯や公園などを設け、その両側を車道としたものだ。

一〇〇メートル道路が計画されたのは終戦後である。名古屋の中心部はアメリカ軍の空襲によって焼け野原

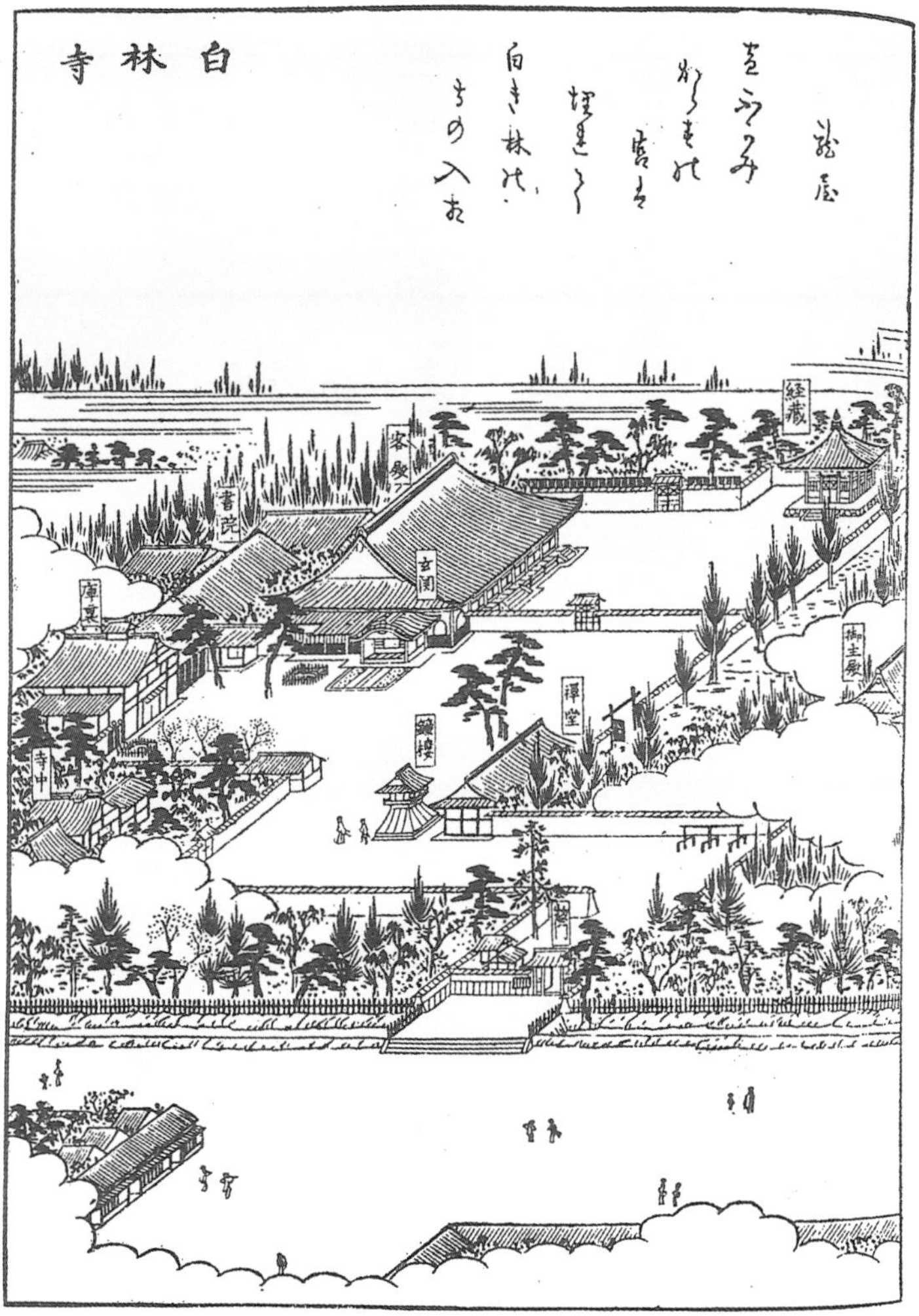

いかにすぐれた武将といえど、一人で戦に勝つことはできない。リーダーには優れた参謀がつきものだ。戦国大名を支えたのも優れた家臣たちであった。

となり、焼け出された人たちが粗末なバラック小屋を建て雨露をしのいでいた。そのまま人々が家を建てて住みつく前に、計画的に都市を復興させようとしたのである。一〇〇メートル道路の建設は日本各地の都市

織田家の家老平手政秀の菩提寺、政秀寺。手前の道が通称100メートル道路と呼ばれる若宮大通

政秀寺の西にある若宮八幡社。毎年２月には、明治時代に立田村から移された神御衣神社で「針供養」が行われることでも有名

で計画されたが、実際につくられたのは名古屋の二本と広島の一本だけであった。

大須は清須越しの時につくられた寺町である。いざというとき、寺は多くの兵隊の宿泊場とすることができるため、城下を守る軍事施設の一つになる。名古屋には大須と新栄に、大きな寺町がつくられた。

寺に墓所はつきものである。戦災復興の時、名古屋市はこの二つの寺町にある墓所を平和公園（千種区）に移した。こうして都市を復興させた。

ところで、墓場であった場所で飲食店を始めると繁盛するといわれている。新栄の寺町の近くに飲み屋が多いのはそのためである。

戦後、大きく変わった都心の区画

若宮大通の矢場町近辺に三つの寺がある。

政秀寺は織田信秀の家臣で信長の後見役を務め、信長の「うつけ」ぶりを諫めるため自刃したことで知られる平手政秀の菩提を弔うために織田信長が建立した寺である。平手政秀の城は北区の志賀公園にあった。遺構はないが石碑が立っている。

白林《びゃくりん》寺は尾張藩家老の成瀬正成の菩提寺である。昭和区にある檀渓通は白林寺の檀渓和尚が庵を結び隠居したところからつけられた名前だ。

守綱寺は山号を渡辺山という。尾張藩の家老渡辺守綱の菩提寺である。守綱は徳川十六神将の一人として数々の戦績をあげ、「槍の半蔵」とも呼ばれた。豊田市の寺部城は渡辺家の所領であった。慶応四年（明治元年）に起きた「青松葉事件」の主謀格とされる渡辺新左衛門は守綱の兄弟の子孫である。

この三カ寺だが、守綱寺は寺部の守綱寺の名古屋別院で、住吉町の突き当たり、その南東に白林寺、白林寺の南隣に政秀寺がある。その位置関係は現在も同じである。

一見すると単なる民家だが、守綱寺は尾張藩の家老職を勤めていた渡辺家の所領豊田市の寺部にある守綱寺の名古屋別院としてつくられた

尾張藩の付け家老成瀬正成の菩提寺、白林寺

住吉町というよりも飲食店の立ち並ぶプリンセス大通といった方がわかりやすいかもしれない。

守綱寺の絵の右下に「其服町下」の文字が見える。江戸時代の文章には当て字が使われていることがある。「其服町」という町名はないから、「呉服町」の「呉」を「碁」に置き換え、さらに原版の彫師が「其」と間違えたのかもしれない。

戦後の都市開発によって道の位置などはかなり変化しているが、其服町が呉服町のことであれば、この道がほぼ現在のプリンセス大通になる。政秀寺は一〇〇メートル道路沿いにあり、西に若宮八幡、北に白林寺がある。政秀寺の絵の下に鳥居が見える。これが若宮八幡だと思われる。となると、図会下部の広い道がかつてのメインストリートの本町通だ。政秀寺の上に見える林は鶴舞公園の方角ということになる。

図会前編巻一「守綱寺」

8 上前津は名古屋の奥座敷

池もあれば川も流れるのどかな地

酔雪楼は「富士見のほとりにあり。東郊にのぞめる亭にして、風景たぐいなき貸座敷なり」とある。八事方面まで一望できたようだ。はるか彼方には頂を少しだけのぞかせた富士山が描かれている。恵那山や御嶽なども、見えていた。

酔雪楼は文政（一八一八―一八三〇）の頃につくられた料亭である。上前津の東側はゆるい下り坂になっている。いわゆる名古屋台

高層マンションの上層階に憧れる人は多い。遠くまで見渡せることが大きな理由のようだ。高い建物がなかった時代でも遠方まで見渡せる高台に人は惹きつけられていた。

地と熱田台地のへりにあたる。雪を頂いた富士山を愛でながら酔うといった意味で酔雪楼と名づけられたようだ。

左側の図会の中央少し上に「ふじみや」と書かれた建物が見える。図会の「富士見原」の図会にも富士山

上前津交差点から見た鶴舞公園方面。緩やかに下っている

図会前編巻二「富士見原」

七本松交差点から見た上前津方面

精進川を改修してつくられた新堀川

が描かれている。この辺りから富士山が本当に見えたのか、いろいろと検証され、その結果、この山は南アルプスの聖岳（三〇一三メートル）だとされている。

「酔雪楼」の左手にある「大池」は現在、愛知県警中署のある辺りで、その手前を今は新堀川が流れている。新堀川は、明治になって精進川を改修してつくられた運河だが、江戸時代には大池の向こうを流れていた。

中区上前津の辺りはかつて不二見原と呼ばれ、大池の辺りは春になれば多くの人が訪れ、子どもたちは凧揚げを楽しんでいた。図会は、名古屋の凧は「制作の巧みなること他国にまさり、名古屋の名産というべし」と書いている。図会の「富士見原」の項には尻尾をつけた角凧、鴉《からす》、蜂、扇、虻などの凧が描かれている。

「七本松」は現在の中区千代田三丁目、四丁目になる。現在でも郵便局やJR中央線との交差点に七本松の名前が使われている。ところで七本松とは書いてあるものの、絵には二本しか描かれていない。もともとは七本あったが、図会がつくられた頃には二本しか残っていなかった。

上前津から南に行くと東別院があり、その近くに栄国寺がある。この辺りは織田信長が桶狭間の戦いに勝利した後、一千本の松を植えたので千本松原と呼ぶようになった。

キリシタン悲劇の地

江戸時代初期の寛永二十一年（一六四四）から正保二年（一六四五）にかけ、幕府の命令によって尾張藩でもキリシタンの弾圧がおこなわれた。尾張藩二代藩主の徳川光友《みつとも》はキリシタンに寛容であったが、それでも二百余人のキリシタンを千本松原で処刑した。処刑場がつくられるのは人里離れた場所だ。その後、千本松原にあった処刑場を土器野（清須）に移し、処刑されたキリシタンたちの菩提を弔うために西光院（昭和区山手通り）住職の提言によってつくられたのが栄国寺だ。境内には切支丹灯篭をはじめとした切支丹遺跡があり、切支丹遺跡博物館もある。

さらに西へ進むと西本願寺名古屋別院を通り、白山神社へと向かう。現在は大須一丁目に編入されているがこの辺りをかつて鶯谷町といった。図会では鶯谷を「今も人家まばらなる陋巷《ろうこう》なれば、鶯の啼く音もひとしお静かに聞きなさるる所なり」と紹介している。

大須を過ぎた辺りから熱田までは田畑や雑木林の多い、静かな場所であったのだろう。

栄国寺

切支丹灯篭

9

熱田神宮はかつて海岸にあった

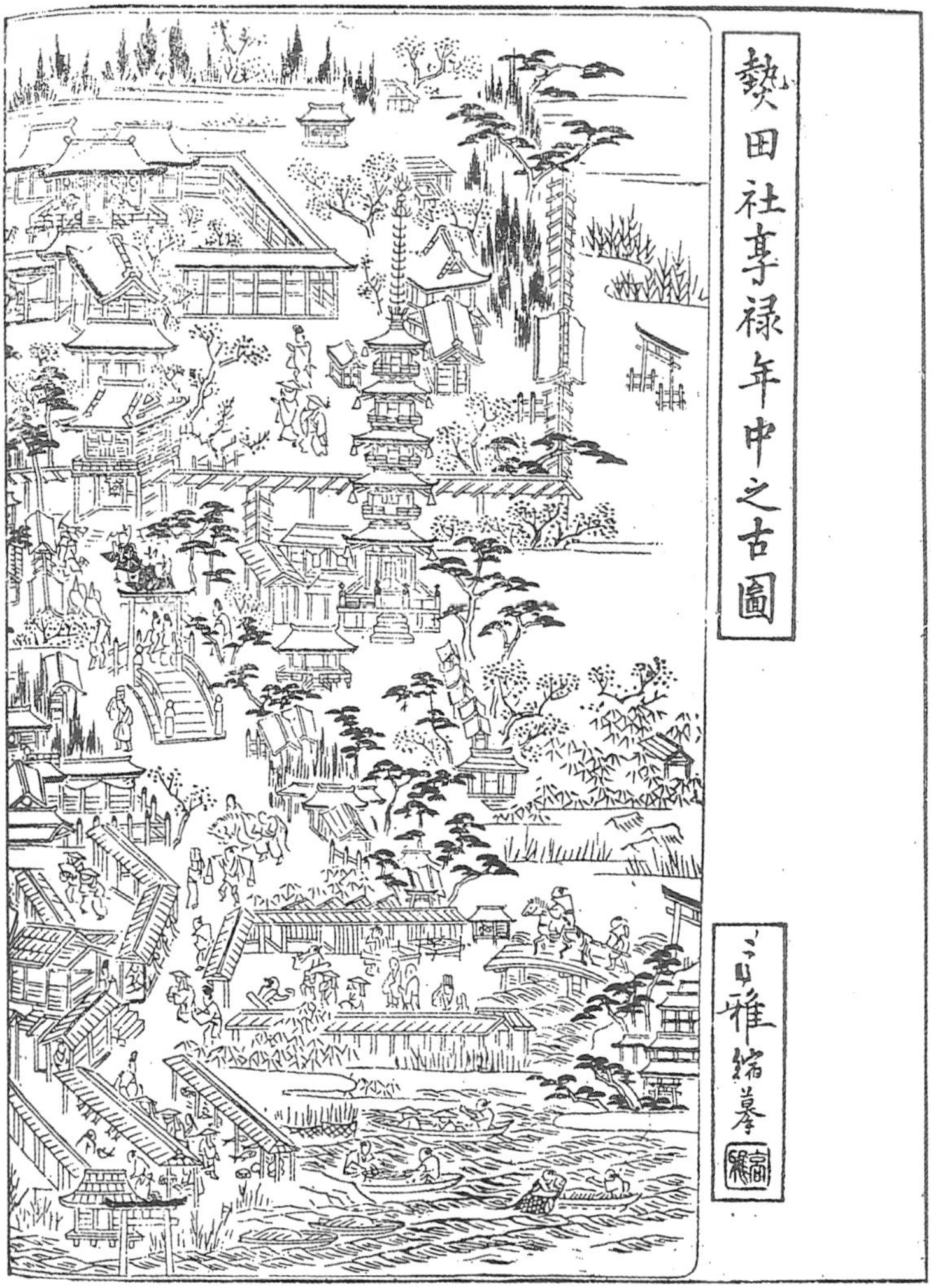

熱田は蓬莱島

三種の神器の一つである日本武尊《やまとたけるのみこと》の草薙神剣をご神体としている熱田神宮。現在は熱田神宮の名で親しまれているが、江戸時代までは熱田社、熱田大社、あるいは「あったさん（熱田さん）」とか単に「宮」と呼ばれていた。それが三種の神器が祀られており、伊勢神宮と同格だということで明治になってから熱田「神宮」と称するようになった。なお伊勢神宮の正式な名称は「神宮」であっ

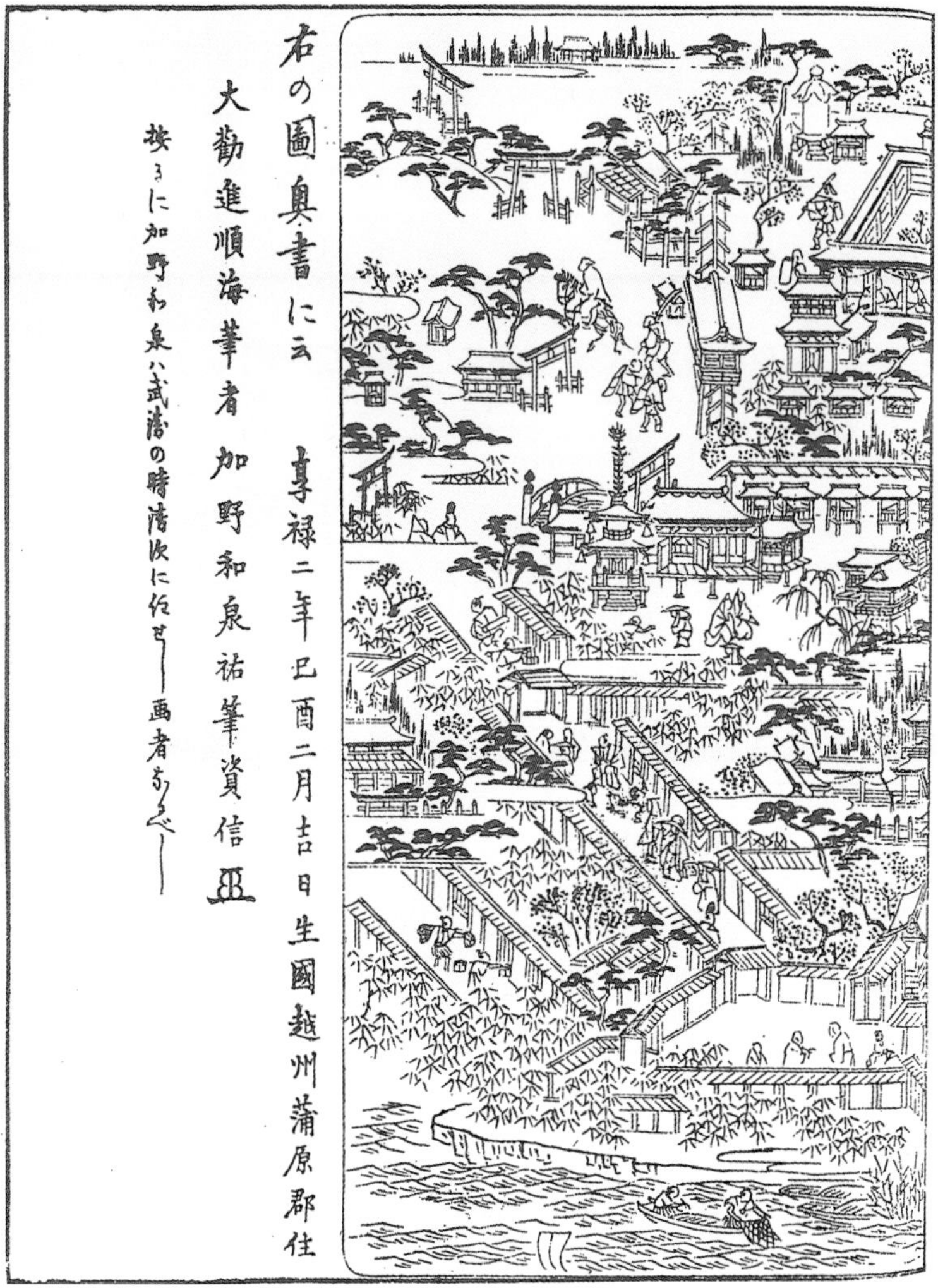
右の圖奥書に云　享禄二年己酉二月吉日生國越州蒲原郡住
大勧進順海華者　加野和泉祐筆資信

古くからの名古屋の名所といえば「名古屋城」に「熱田さん」。
しかし、現在の熱田区が名古屋市に編入されたのは明治四十年（一九〇七）。
熱田神宮は名古屋城よりもはるかに古い歴史を持っている。

て、「伊勢」の名は付けない。

　言い伝えによると日本武尊が伊吹山の悪神退治に出かける折り、尾張氏の館（現：氷上姉子神社）の宮簀媛《みやずひめ》に草薙神剣を預けたが、武尊は亡くなってしまう。宮簀媛がこの神剣を熱田の地に祀ったのが熱田神宮の始まりとされる。伝説通りであれば、二千年近い歴史を持つことになる。史実としての信憑性は別として、熱田神宮は尾張で古い歴史を持っていることだけは確かである。

　境内には最近パワースポットとして知られるようになった、楊貴妃石塔跡がある。楊貴妃石塔は清水社のほとりにあったが、貞享三年（一六八六）に南新宮本殿、清雪門、西楽所などが修理・新設され、その時、廃絶して、今はその旧地だけが残されていると図会に書かれている。

熱田神宮の楊貴妃伝説というのは、唐の玄宗帝が日本を侵略しようと思ったが、それを熱田の神が察知し、楊貴妃となって玄宗帝に近づき、その企てを阻止し、目的を果たした楊貴妃は再び熱田へと戻ったというものだ。熱田は蓬莱の島だという伝説から生まれた俗説のようだ。熱田は島ではないが、その昔は熱田台地の南の端にあった。なお、名古屋城は別名を「蓬左城」というが、これは京都から見て蓬莱島の左にある城という意味である。

熱田神宮の現在の正門第一鳥居。手前の道が国道１号。かつては国道１号の辺りから手前は海であった

境内には五重塔や多宝塔も

「熱田社享禄年中之古図」では、手前に海が描かれている。海の中に鳥居が見える。実際に宮のすぐ前がこのように海であったのかどうかは疑問だが、かなり近かったことは確かだ。

享禄は室町時代の西暦一五二八年から一五三二年である。この絵をよく見ると、現在とはさまざまなところが異なっている。五重塔や多宝塔がある。描かれている人物も馬に乗った武士や町人、神官に交じって僧侶らしき人物もいる。

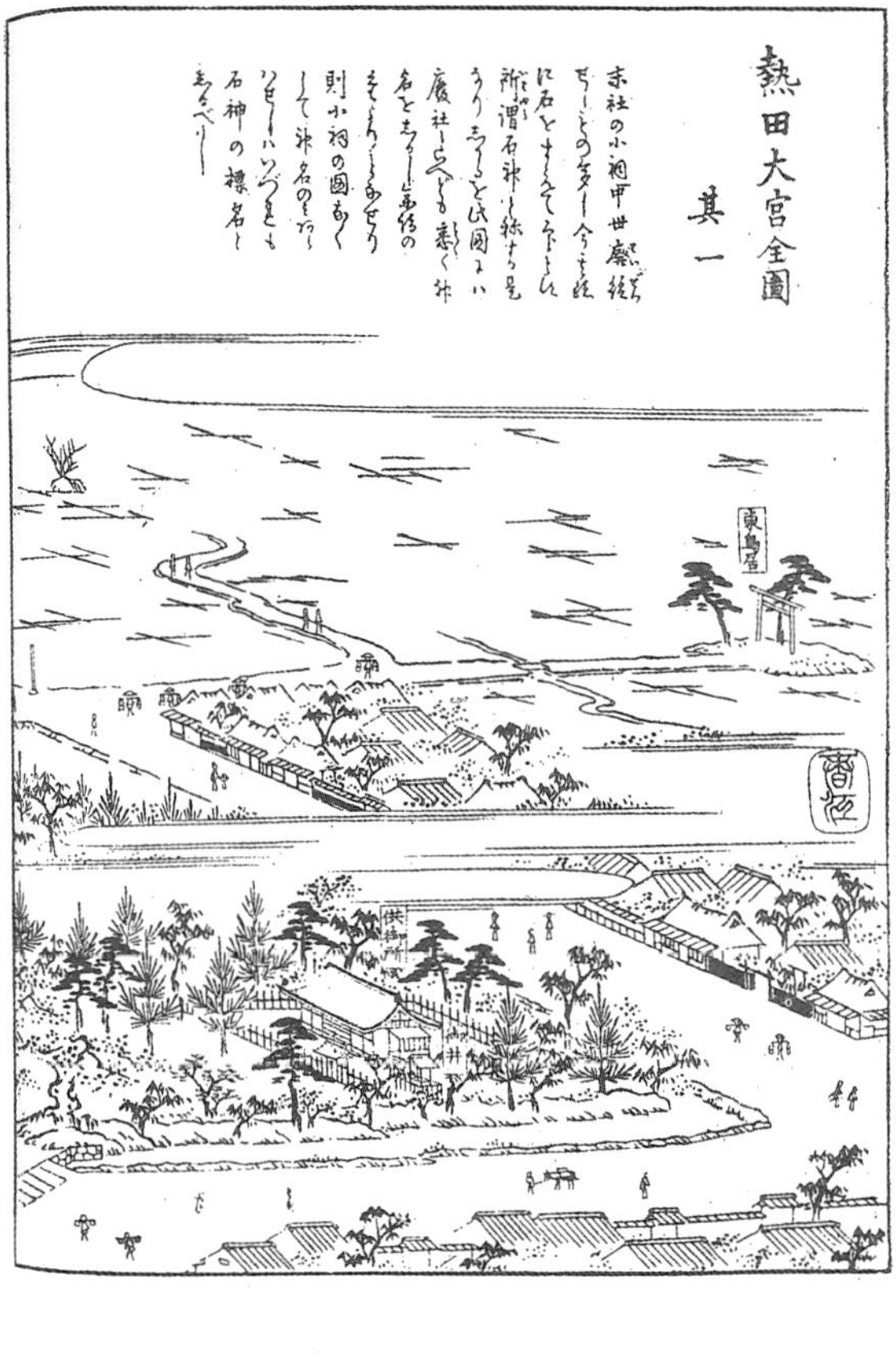

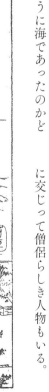

この時代は神仏習合で神社と寺が一緒になり、神社の中にある寺は神宮寺と呼ばれていた。熱田神宮寺に祀られていたのは薬師如来。神宮寺は何度も衰退と再興を繰り返し、天保の時に描かれた図会「熱田大宮全図 其一」には載っていない。つまり、天保の頃には廃絶となっていたようだ。熱田神宮のすぐそばにある「円通寺」は熱田社創建当時の神宮寺であったとされる。

社殿の配置も現在とはかなり違

宮簀媛が草薙神剣を熱田神宮に奉納し、その境内に秋葉大権現を祀ったのが円通寺の始まりと伝えられている

僧侶らしき人たち（43ページ）

う。明治二十三年（一八九〇）にそれまでの「宮」ではなく、「熱田神宮」という呼称が付けられ、社殿のつくりや配置がそれまでの「尾張造」から伊勢神宮と同じ「神明造」となった。

尾張造とはこの地方の大社に見られる特有の配置と建物形である。現在も一宮の真清田神社（再建）、津島神社、緑区の氷上姉子神社などに残されている。尾張造の特徴としてよく言われるのが、拝殿、祭文殿、本殿が南北に直線的に並び、それらの両脇に回廊があるという配置である。

図会前編巻三「熱田大宮全図　其一」

10 精進川は三途の川だった？

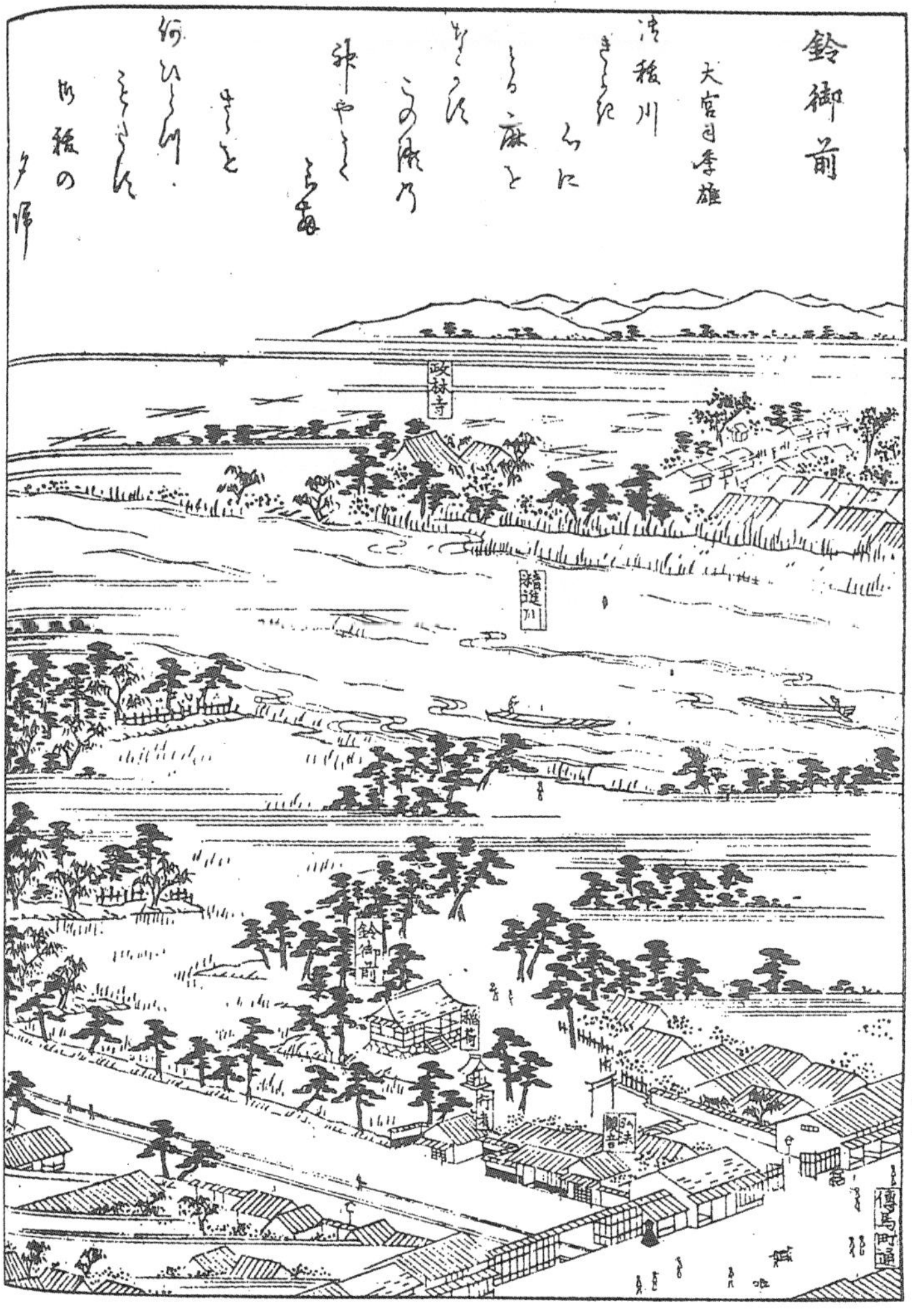

精進川にまつわる二つの話

名古屋市内には伝馬町通と伝馬町と、「伝馬」と名のつく場所が二カ所ある。伝馬町通は、中区の真ん中にあり、江戸時代には本町通と伝馬町通が交差する場所に「札ノ辻」という城下の中心ともいうべき場所があった。町名変更によって現在は錦となっている。

もう一つの伝馬町は熱田区の旧東海道の宮の宿のあった場所だ。いずれも歴史のある名前だが、風景は

新堀川は明治になってから精進川を改修して新たにつくられた。精進は一般には仏教用語として使われることが多い。どうして精進川と呼ばれていたのだろうか。

今とは大きく異なっていた。

東海道唯一の海路であった七里の渡し（現宮の渡し公園）から東へ直線距離で約四〇〇メートルのところに「姥堂《うばどう》」がある。姥堂の横には精進川が流れ、その向こうには伊勢湾を挟んで鈴鹿の山並みが見える。そこに裁断橋《さいだんばし》が架かっていた。

復元された現在の姥堂

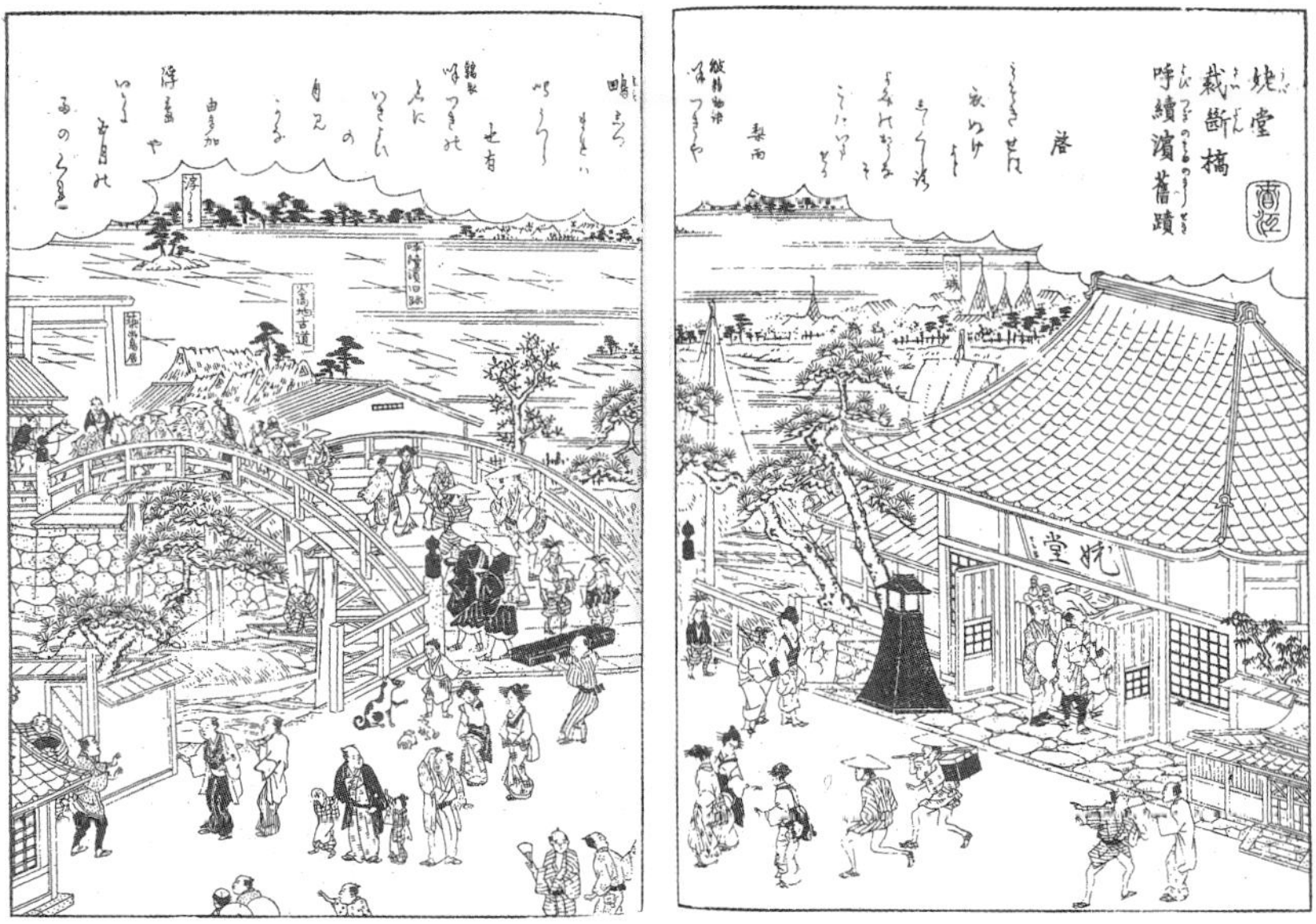

図会前編巻四「姥堂　裁断橋　呼続濱舊跡」

姥堂の前には縮小して復元された裁断橋がある

裁断橋は豊臣秀吉の小田原攻めの時に出征して戦死した堀尾金助を弔うために母親が、精進川に架かっていた橋を改修し、擬宝珠に息子を悼む碑文を刻んだことで知られている。宝珠の実物は現在、名古屋市博物館に収蔵されている。『東海道中膝栗毛』で喜多さん弥次さんが「おんばこ」様の手水鉢建立にといわれて銭を出すシーンがある。この「おんばこ」様は姥堂のことである。

図会によると、永禄の頃（一五五八―一五七〇）、この辺りにどん欲な老婆がいた。ある時、精進川を歩いて渡ろうとして溺死した僧の衣を老婆が剥ぎ取った。しかし老婆は間もなく死に、霊が夜な夜なこの辺りをさまよったので、老婆の像を安置したという。そこでこの川は僧都《そうず》川、三途《そうず》川と呼ばれていたという。

鶴の舞う、風光明媚な地

姥堂の西北約三十メートルのところにあるのが鈴御前だ。かつて鈴御前は正覚寺の東にあったが、戦後になって、国道一号を挟んだ南側へ移転した。

新堀川は明治になって精進川を埋め立て、新たに掘られたものだ。

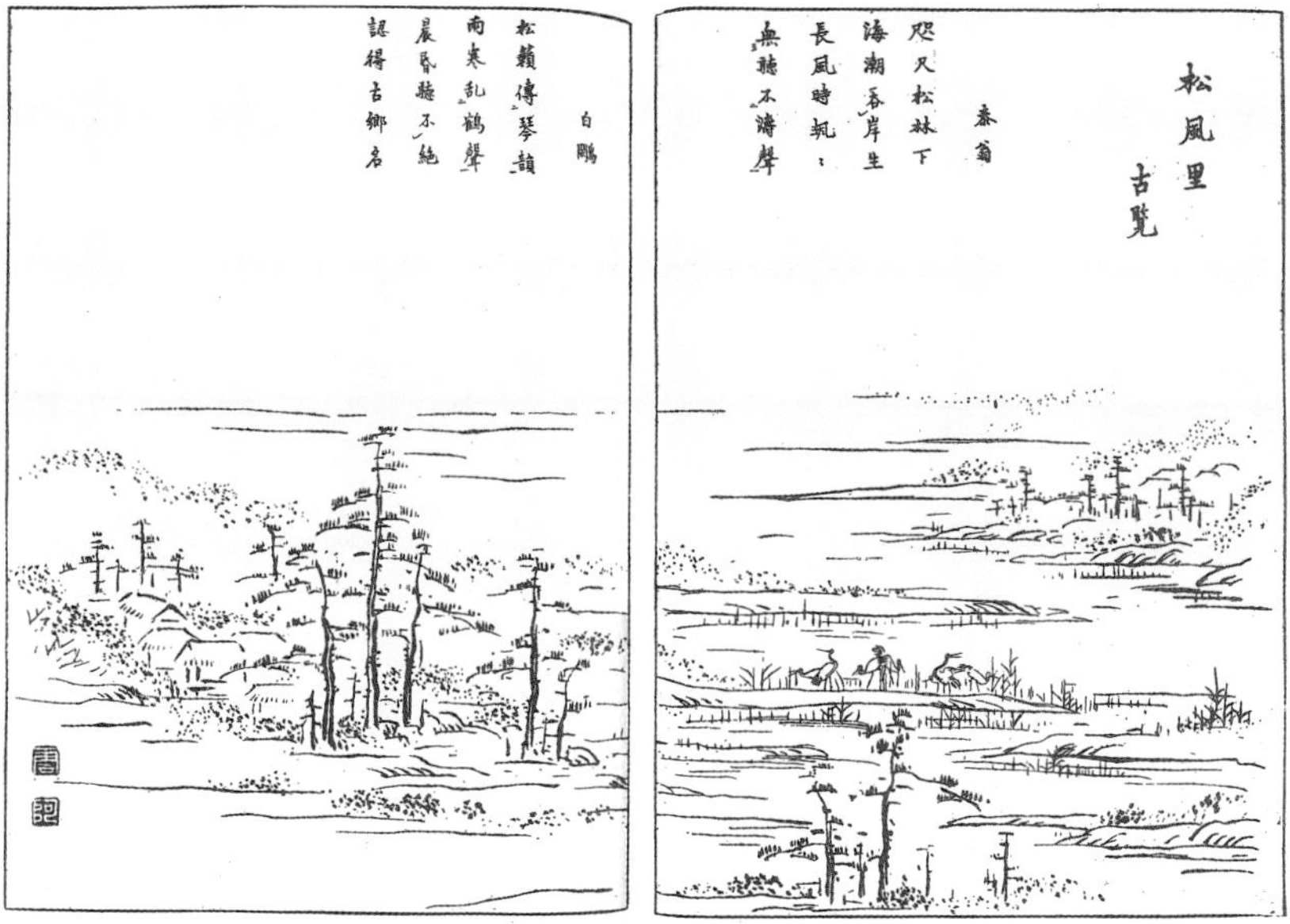

図会前編巻四「松風里　古覧」

図会では鈴御前と正覚寺の向こうに精進川が流れている。いま、精進川と鈴御前、正覚寺との間を名鉄本線が走っている。

鈴御前は熱田神宮の摂社で天細女命《あめのうずめのみこと》を祭神とする。この神様は天照大神《あまてらすおおみかみ》が天岩戸《あまのいわと》に隠れた時、岩戸の前で踊って誘い出したことで知られ、日本で一番古い踊り子ということになっている。鈴御前は東海道を往来する旅人が熱田の宮にお参りする前に精進川で身を清め、ここでお祓いを受けていた。また、図会によると正覚寺の辺りは「松風の里」ともいわれ、尾張の名所であったというが、横須賀村（現東海市）、現在の南区、大高村（現緑区大高）であったなどの説もある。また、図会では、

「浦近く　ここに馴れ来て真名鶴の　千代呼ぶ声を　松風の里」

（冷泉為泰卿）

の歌が紹介されている。

この辺り（現在の南区の西半分）は精進川の河口で鶴が飛来し、人があまり住んでいない、風光明媚な場所であったようだ。

鈴御前

正覚寺とその前の国道１号

11 気は優しいが力持ちの女

舟を軽々持ち上げる五百人力の女性

四人もの男を乗せたまま、船を土手へと引っ張り上げている女性と、おそれおののき手を合わせ許しを乞う五人の男。『日本霊異記』と『今昔物語』に載っている話を描いたものだ。

その話とは、奈良時代の聖武天皇（701―756）の頃、大力《ごうりき》の女性がいた。ところが強力にもかかわらず夫の久玖利《くぐり》に逆らわず、物腰も柔らかで織物が得意で素敵な着物をつくっては

女性はか弱い存在といったイメージはいつごろからつくられたのだろう。
昔の女性は男たちに交じって力仕事もやっていた。

夫に着せていた。その女性がいた国の国司は久玖利の着ているきれいな着物を取り上げてしまった。久玖利が家に帰ってそのことを妻に話すと「私が取り返してきます」といって国司の館へと向かった。女は国司に「着物を返してほしい」と訴えたが、国司は部下たちに、この女を引きずり出せと命じた。ところが何人もの男たちがかかっても女を引きずり出すことができない。逆に女は国司の座っている床を両手で持ち上げそのまま門の外まで運び出した。国司は恐れて着物を返した。

　久玖利の両親は国司の怒りを買うことを恐れ、その女と離別させた。女は故郷に帰った。

久玖利が妻が船を引っ張り上げたのはこのあたりだろうか。右上に見えるのはＪＲ中央線の鉄橋

実家に戻った女が草津川《そうづ》で洗濯をしていると大きな船に乗った商人たちが女をからかった。女は無視していたが、あまりにも煩わしいので「顔をひっぱたいてやる」と言った。商人たちは怒って女を殴ろうとした。ところが女は船をつかむと土手の上へ半町ほど引き上げてしまった。船主は仕方なく近くにいた人を頼み荷物を下ろし、何とか船を川へ戻し、荷物を積んで逃げようとした。すると女は「無礼なことを言って、そのまま逃げようとは、簡単には助けてやらないぞ」と言って、今度はその船を一町ほど引き上げた。

男たちは嘆嗟《たんさ》（嘆き）し、恐れおののき大いに詫びた。そこで女は男たちを許し、船を川の中へ戻してやった。後で女の力がどれほどのものか試そうとしたが、その船は五百人がかりでも動かすことができなかったという。

さて、この久玖利の妻の出身地は愛智郡片輪《かたわ》の里とある。片輪とは現在の中区古渡《ふるわたり》である。この話は図会の「裁断橋」の項で紹介されている。

「草津川」は「僧都川《そうず》」（三途川《そうず》）のことだろう。だが、古渡と裁断橋のある場所はかなり遠い。古渡には織田信秀の古渡城があった。現在は東別院の中に古渡城址の碑が建っている。裁断橋の辺りは河口に近い。この絵から見る限り、川の流れはかなり早く、河口とは考えにくいので、古渡の近くだと思う。

12 年に一度だけ、登ることが許された丘山

眼下に見下ろす熱田の海

この絵の山は現在の熱田区内にあった、というか現在もある。このように遥か海の遠くまで見渡せる山がどこにあるのか、首をかしげる人も多いだろう。よく見ると、女性や子どもも登っているから、それほど高い山ではなさそうだ。図会では旗屋町の西にあると書いてある。南が高く、北が低いとも書いてある。さらに「陵墓の形をした丘山

なり」とある。この山は鷲峯山と書いてある。鷲峯の名を持つ山は京都や鳥取、北九州にもあるが、もともとは仏教の経典にある霊山の名前である。ただし鷲峯山をジュノサンあるいはジュウブサンと読ませているが、図会ではダンプヤマと読ませている。断夫山は、日本武尊の妻であった宮簀媛《みやずひめ》の墓

断夫山古墳。手前の道は国道 22 号

と伝えられてきた古墳である。

なぜ鷺峯山の字を当ててダンプヤマと読ませているのだろうか。断夫山古墳は全長約一五〇メートル、後円部の径約八〇メートル、前方部の幅約一二〇メートル、高さ十六メートルで、東海地方では最大の大きさの古墳として知られている。つくられたのは五世紀末から六世紀初め頃とみられている。

山と呼ぶほどは高くないが、丘より高いのが「丘山」だろうか。マンションの一階あたりの高さは三・二メートル以上といわれる。五階部分くらいの高さの場所を丘山というのだろうか。

鷺峯山は熱田社の神域とされ、江戸時代でも人の立ち入りが禁止されていた。ただし、三月三日だけはこの山に登ることが許され、多くの人がこの山から見下ろせるあゆち潟の風景を楽しんでいた。

図会では鷺峯山について「断夫ともかけり」とし、高貴な人の廟

ではあるが、誰のものなのかわからない、白鳥の陵（日本武尊の墓）ともいわれているがこれも確かな証拠はないと書いている。

日本武尊は伊吹山の悪神を退治したが、その時のケガがもとで能褒野《のぼの》（現三重県亀山市）で亡くなった。断夫とは日本武尊への思いを抱き続け宮簾媛は二夫にまみえなかったという意味である。もともとはこの古墳は鷲峯山と表記していたが、そこに宮簀媛の話が加わり、ダンプと読ませるようになったのだろう。ただ、昔から高貴な人の墓であり、神聖な場所とされてきたことだけは確かなようだ。

古代史へのロマン

それにしてもこれだけ大きな規模の古墳をつくることができるのは、かなり強大な力を持っていたものだ。この地域では尾張氏のほかには考えられない。

　尾張氏は天火明命《あめのほあかりのみこと》を祖とするとの説があるが、詳しいことはよくわかっていない。宮簀媛は尾張国造《くにのみやつこ》の娘で、住まいは氷上姉子神社（緑区大高町：118ページ）にあったとされている。

　天白区植田にある植田八幡宮の境内に、古墳の跡とされる小山がある。戦国時代以降、この地を治めた横地氏の築城とそれに伴う道路建設などにより、今日までに幾度か古墳が改変されてきたが、令和元年（二〇一九）、東海工業専門学校金山校建設学部測量学科（名古屋市中区）が、残された古墳を緻密に計測した。その結果、もともと全長八〇メートルの前方後円墳である可能性が高まった。これは名古屋市でも有数の規模を誇る。同じ天白区には天火明命の十四世孫にあたる尾治針名根連《おはりはりなねのむらじの》命《みこと》を主祭神とする針名神社がある。熱田と大高は古代では対岸の地、天白川をさかのぼれば大高から平針、植田は近い。この辺りは尾張氏の勢力範囲であったのだろう。尾張氏については謎の部分が多いとされる。断夫山古墳は果たして誰の墳墓であったのだろうか。

図会前編巻四「夜寒里古覧」

夜寒の里

伏見通（国道二十二号）を挟んで断夫山古墳の北東に夜寒町《よさむ》（熱田区）がある。図会で「夜寒里古覧」として紹介している場所だ。「はたやの東のかた、高蔵森の南方なり。今は里なく田畑のみにて其旧名のこれり」とある。現在も夜寒町のすぐ北には高座結御子神社がある。図会では夜寒の里は「なるみあたりの名所という説もあって定かではないが、ここ（現夜寒町）を夜寒の里ということにしておく」とある。

13
南区の浜辺は塩の名産地

呼続の名は海があったから付けられた

南区には、鯛取通、塩屋町、汐田、浜田、前浜、大磯、荒崎、荒浜、上浜、星崎、浜中、鳴浜など海を連想させる地名が多い。さらに道徳新田、源兵衛新田、又兵衛新田、弥次衛新田など新田のつく町名もたくさんあった。塩屋とか汐田というのは塩づくりがおこなわれていた場所である。磯や浜はもちろんそのままの意味、崎は海に突き出た場所である。

地球の歴史は何万年、何十万年の単位で語られる。
図会に描かれている古覧はせいぜい何百年単位だ。
しかもこの変化は自然によるものではなく、主に人がつくり出したものだ。

南区の前浜通交差点。この辺りでも、かつて塩がつくられていたのだろう

こうした地名から、現在の南区の多くの地域が、その昔は海であったことがわかる。いつごろから海ではなくなったのかといえば、主に江戸時代からだ。尾張藩は新田開発を盛んにおこなった。熱田区も、新田開発された場所が多い。

南区に呼続《よびつぎ》という地名がある。この名前からだけでは海を連想することはできないが、これも海に関係しているという。図会によると、呼続から笠寺の辺りまでは入海になっていた。日本武尊が氷上（氷上姉子神社：緑区大高町）に通った時の古い道がこの辺りにあり、火高地古道と呼んでいた。「火高」は本居宣長の古事記伝によると「比多加地」であるとしているので、「ひたかち」と読んでいたと思われる。ただ地元大高町では「火高」を昔から「ほだか」と読んでいるという。そして干潮の時は歩いて渡ることができたが、満潮になると渡ることができなかった。そこであちらこちらへ呼び継いだことから「呼続」になったという。

昔は呼続の浜には海士《あま》の家があり、塩屋（塩をつくるところ）がたくさんあった。つまり、呼続は浜辺の道であった。松林の向こうに田んぼを挟んで鳴海潟が見える。図会で見ると呼続の辺りは、結構入り組んだ様子の海岸線が描かれている。

山崎川か天白川か

古覧とあるので、図会がつくられた天保年間よりも古い時代の風景である。いつごろ、どの辺りから見た風景なのか、元になった絵があるのかどうか、判然としない。

手前に描かれている波の荒いところは川のようにも見える。これが川で昔と同じ流路だと仮定すると、昔の山崎川か天白川ということになるだろう。

現在の名鉄本線呼続駅や呼続公園などがある呼続と、図会で呼続といわれている位置がほぼ同じであれば、この川は山崎川ということになり、前方の島のような場所は笠寺公園の辺りということになる。しかし笠寺辺りまで入海に

天白川と鳴海、大高方面。奥にかすかに見える樹々のある方向が鳴海、写真には写っていないが右には新幹線の鉄橋が架かっている

なって、満潮時は歩いて渡ることができない。干潮時には歩くことができたとしても、現在の呼続から火高（大高）までは遠すぎる。

　距離的に考えると荒い波の描かれている場所が火高地古道の辺りではないかと思われる。現在、天白川に東海道新幹線の鉄橋の架かる辺りだ。前方の島のような場所が火高（大高）で、右手の遠くに見える山は鈴鹿方面だろうか。そして手前が天白川なのかもしれない。

笠寺公園から臨む大高方面。昭和40年ころまでは建物ではなく水田が広がっていた

　笠寺公園にある見晴台遺跡は縄文から弥生にかけての住居跡などが見つかり、海辺の高台であった。

信州へも運ばれた塩づくりの産地

笠寺の南に位置する星崎は塩の産地として図会でも紹介されている。知多半島も塩の産地で、東浦で採れた塩は生路《いくじ》塩と呼ばれ、上質な塩として有名であった。これらの塩は塩付街道などを経て、遠く信州方面へも運ばれていた。足助町（現豊田市）は各地から運ばれてくる塩の中継地で、荷崩れしないように、梱包し直された。しかもそれぞれの塩をブレンドし、「足助塩」のブランドで運ばれた。

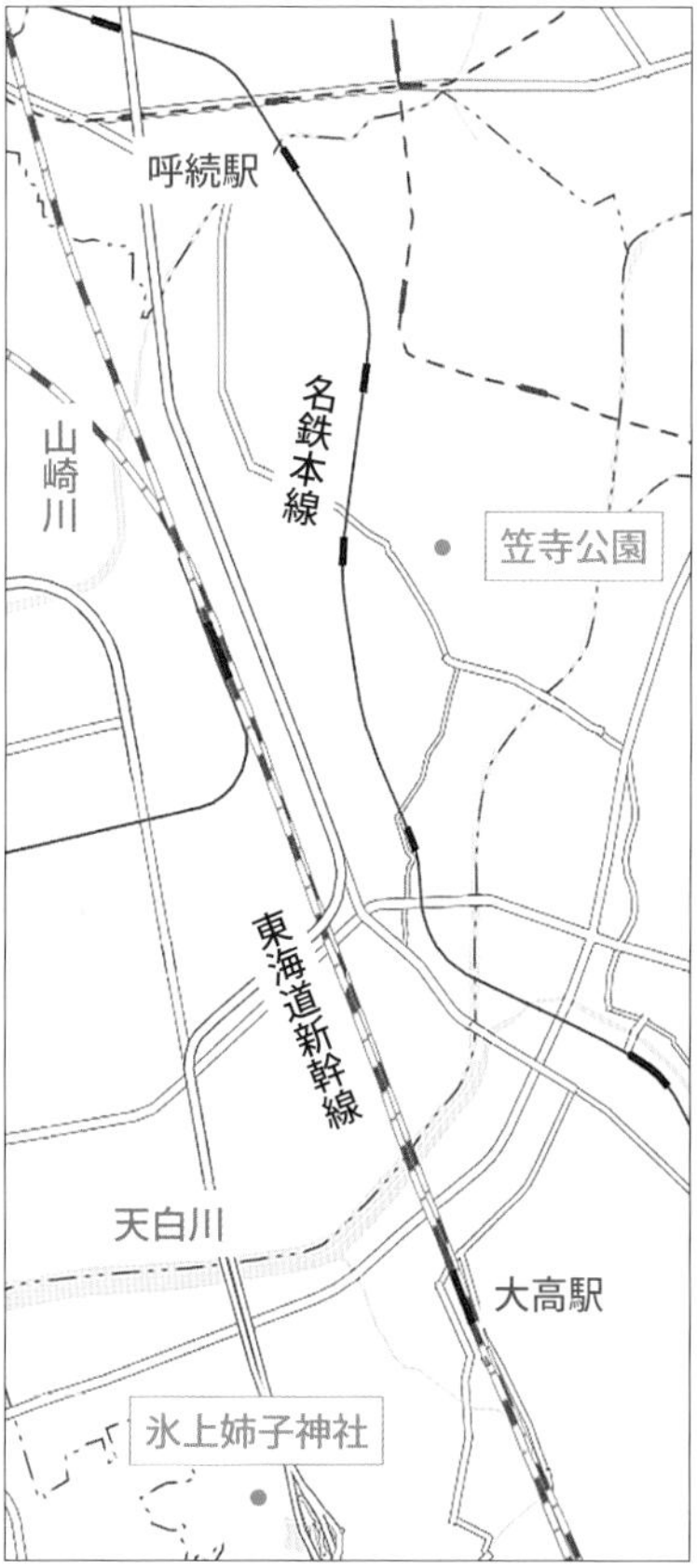

地理院地図 Vector より一部加工

14 繁華街今池の意外な一面

古代日本の物部氏とつながりの深かった地

今池は馬池が訛《なま》ったとされる。現在は今池中学校となっている場所にため池があり、名古屋城から八事や植田方面に巻狩りや松茸狩りなどに出かけた藩士たちが、馬に水を飲ませたり身体を洗うときに立ち寄ったことから馬池と呼ばれていたという。

今池は庶民の町として戦後になって繁栄した。隣接する大久手の久手は湿地を表す言葉だ。そうしたこと

から、戦前までの今池は田畑の広がる農村地域で、これといった歴史がないように思われている。ところがこの近辺はかなり古い歴史を持っている。

　図会に二つの神社が描かれている。両神社は直線距離にして約四〇〇メートル離れた場所にある。高牟《たかむ》神社があるのは千種区今池で、物部《もののべ》神社はJR中央線を挟んだ東区筒井町に位置している。絵のほぼ真ん中あたりを、今は中央線が走っている。

　現在は千種区と東区という二つの区に分かれているが、江戸時代は二つの神社は同じ古井村に所属していた。高牟神社は景行天皇の息子である成務天皇の御宇《ぎょう》（治めていた期間、一三一年？―一九〇年？）の鎮座（創建）と伝えられる。成務天皇の兄は日本武尊とされている。高牟神社の近くに「古井の坂」という交差点がある。かつて、この辺りは古井ノ坂町という町名であった。古井の由来は高牟神社に清く冷たい水が湧き出ていた古井があったことに由来するという。

　物部神社について図会では「自然に地より出でたる一巨石の上に社を建てた」と紹介している。古代において、古井村の辺り一帯は、軍事や警察裁判などを司る物部氏の勢力下にあった。物部氏は六世紀に日本に伝来した仏教を受容するかどうかの対立で蘇我氏に敗れ

新しく発展してきたと思われた地域でも、古い歴史を持っていることがある。何百年もの時間を飛び越え、さらに千年もの歴史をさかのぼると意外な出来事が現れる。

画面中央に見えるのが高牟神社、その向こうのビル群の後ろに物部神社がある（写真提供／ワインプラザマルマタ）

物部神社。手前の道は桜通

滅亡していった。高牟神社は物部氏の時代には武器や農具を納めた倉があったともいわれている。

図会では物部神社の横を川が流れている。この川は池下の辺りを源とする精進川である。新栄の寺町辺りを通り、現在の新堀川方面へと流れていた。しかし、生活用水で汚れ洪水を引き起こすなどのため、明治十六年（一八八三）に改修されることになり、明治四十三年（一九一〇）に新堀川が新たに完成し、今は存在していない。

今池にも城があった？

図会では同じ古井村にある延命地蔵で知られている芳珠寺についての記述がある。かつては寶珠寺と号していたが、数度の兵火にかかり荒廃、天和二年（一六八二）に僧眠嶺が再興したとなっている。一方、芳珠寺の略縁起によると、口伝では豪族の小井出氏の城があり、寺を構えて守りとしたのが始まりとしている。

その後、慶長二年（一五九七）に地蔵堂のみとなっていたが、光正院の塔頭として再興され、さらに「参詣の諸人常に絶ゆることなし」（図会）といわれるほどに繁栄した。

芳珠寺。かつてここに今川氏豊の家臣・小出氏の城があったと伝えられている

小井出氏とは今川義元の弟で那《な》古野《ごや》城の城主であった今川氏豊の家臣の小出山城守が考えられる。那古野城は天文七年（一五三八）に織田信長の父信秀に攻め落とされている。小出氏もその時に討たれたようだ。芳珠寺のある場所は周囲よりも少し小高く、城を築くには適した地形だ。

ところで、今池には意外と多くの寺がある。今池公園のすぐ近くにある曹洞宗の善久寺は、明治六年（一八七三）の地租改正反対運動の時、小作人たちによって結成された愛農社の本部が置かれた。その愛農社を指揮し地租反対運動をおこなったのが名古屋新田の地主、小塚家の次男・鉞助《えつすけ》であった。ところが鉞助は、官憲に連行され、翌日、今池の畔で死体で見つかった。

善久寺境内にある義民・小塚鉞助の碑（お地蔵様の左の細長い石碑）

善久寺には義民・小塚鉞助の碑がある。なお、墓は八事の香積院にある。

　光専寺は加藤清正の弟である加藤兵部少輔祐正が文禄二年（一五九三）に創建したとされる。

光正院

光専寺

　曹洞宗の光正院は永正年中（一五〇四—一五二一）の創建で、古井村の中で一番古い寺とされる。かなり広大な寺領を持ち、JR中央線の千種駅付近まで領していたという。戦国時代に芳珠寺が荒廃し地蔵堂のみとなっていたのを、光正院が塔頭とした。芳珠寺は延享二年（一七四五）に曹洞宗から臨済宗となった。善久寺も天正十九年（一五九一）に光正院の塔頭として創建されたのが始まりとされている。

　明治時代の地図を見ると、現在の今池交差点の辺りは田畑ばかりである。一方、これらの寺や高牟神社のある辺りが一つの集落となっていて、かつて今池の中心であったことがわかる。

今池は名古屋を代表する大衆的な歓楽街、繁華街であり、ライブハウス、ミニシアターなどもある。名古屋のカウンターカルチャーの発信地ともいわれている

15

八事にあるもう一つのコウショウジ

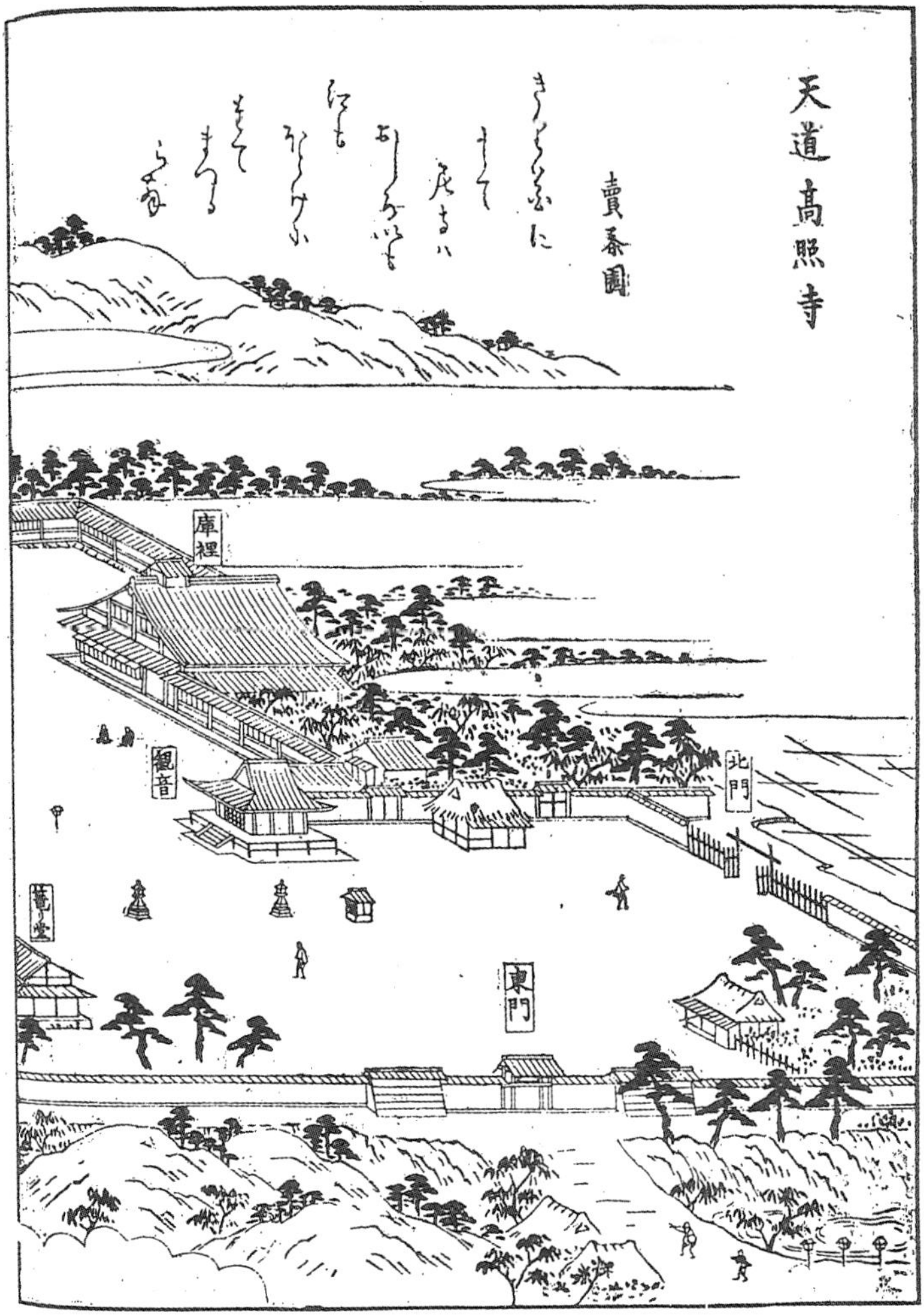

高照寺はもともとは神社であった？

八事には多くの寺があるが、江戸時代からこの地にある寺はそれほど多くない。昭和十二年（一九三七）、名古屋市が市制五十周年を迎えるにあたり名古屋を近代的な文化都市にふさわしい街にしようと、市議会で都心にある寺や墓を、名古屋の郊外であった八事へ移転する計画が決議された。しかし、移転費用や移転先などの問題があり、実行する寺がなかなか現れな神社と寺院の関係はおもしろい。
時代の流れの中でくっついたり離れたり、それぞれの歴史が交差する。

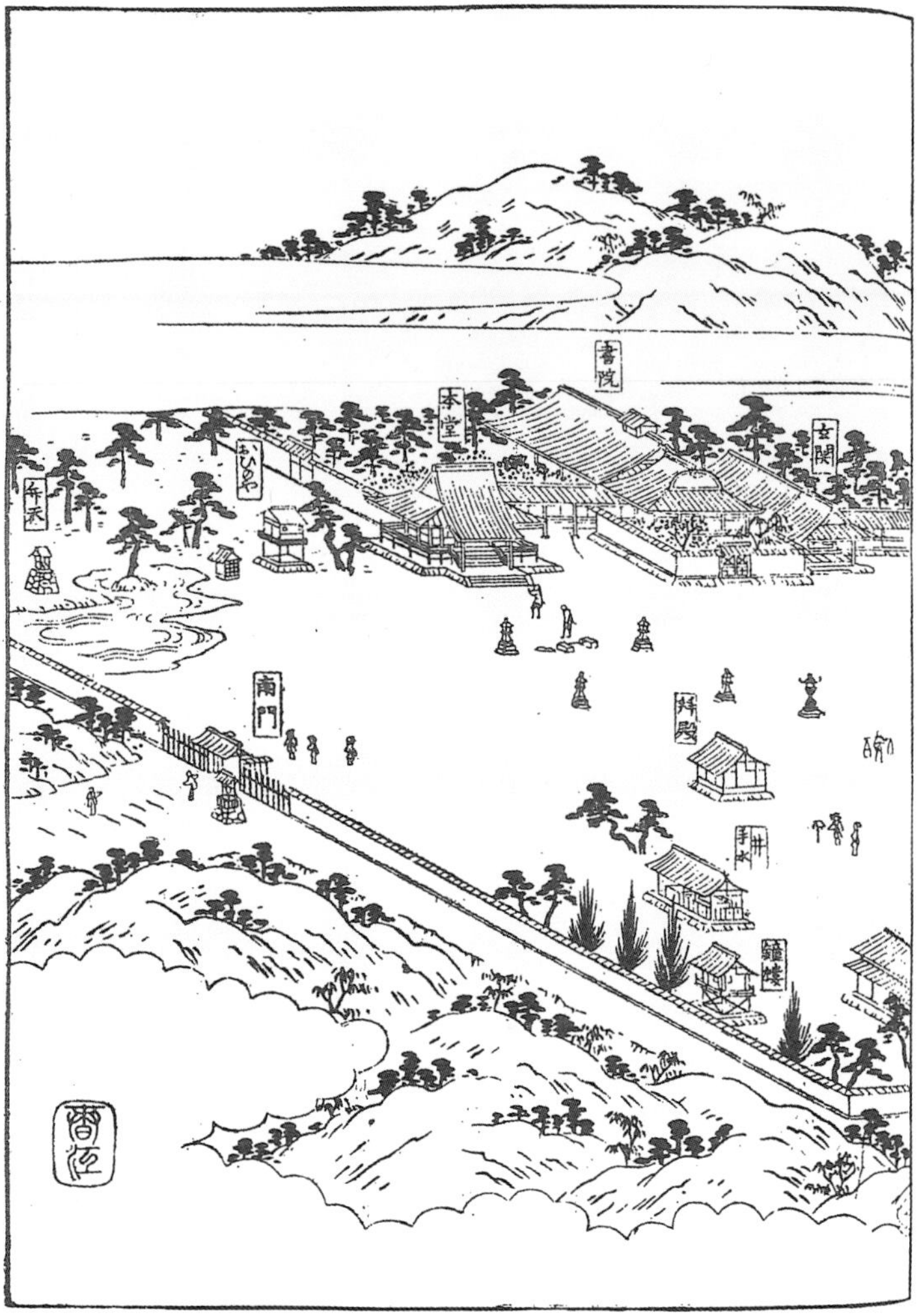

かった。

昭和十六年（一九四一）に太平洋戦争が始まると、中区白川町（現栄二丁目）を防空公園として整備することになった。こうして都心からの寺の移転が始まった。最初に移転を実行したのは西光院、徳林寺、桜誓願寺であった。

八事には八事山・興正寺、

縁日でにぎわう興正寺

味岡山・香積《こうじゃく》院、天道山・高照《こうしょう》寺と三つの大きな寺がある。興正寺は貞享三年（一六八六）に天瑞和尚が建立を発願、貞享四年（一六八七）に香積院が開山する。二つの寺は広大な寺領を与えられるなど、尾張藩の手厚い保護を受けた。高照寺は少し遅れて寛保元年（一七四一）に丹羽郡稲木荘寄木村（現江南市）にあった稲置《いなぎ》神社を藩命によって現在地へ移転、やはり広大な寺領が与えられた。

左の木のある所が高照寺、道の先の木が生えているところが五社の宮。江戸時代には五社の宮は高照寺の中にあった

境内の中央に拝殿がある珍しい配置

もともと丹羽郡寄木村に「お天道さん」として親しまれていた稲置神社という古い神社があった。そこにあった不易山天道寺の尼僧が社務を司っていた。享保九年（一七二四）に山号を譲り受けて天道山高照寺と改めた。寛保元年（一七四一）に寺と末社の五社（日宮・月宮・星宮・神明社・八坂社）を含めた神社を現在地（天白区八事天道）に移した。寄木の稲木神社は元宮としてその後も存続している。

絵の中に「きり花にして尼寺は、おしろいも紅もほとけにたてまつらむる」と詠まれている。八事の高照寺は明治になるまで、ずっと尼寺であった。神社と寺を一緒に移してきたため、拝殿が境内の中央にある。現在は本殿のすぐ前に拝殿が移されている。神社は明治元年（一六六八）の神仏分離により天道山高照寺から五社の宮を名乗って分離独立し、元宮である寄り木の稲木神社でも祀《まつ》られるよう

左の建物が高照寺の本堂、右の建物が拝殿。図会では二つの建物の間はもっと広くなっている

になった。江南市の地元でも、今も「お天道さん」として親しまれている。

五社の宮

かつて、このあたりに大遊園地があった

高照寺の近くにある音聞《おとき》山（御幸山）は伊勢湾を望むことができ、周辺は春になるとツツジが咲き誇った。また高照寺の前の道を南に向かって少し下ったところに「表山一丁目」というバス停がある。このバス停は平成二年（一九九〇）まで「八事遊園地」という名前であった。この遊園地は大正元年（一九一二）に開園し、大運動場や貸しボートのある池などがあった。

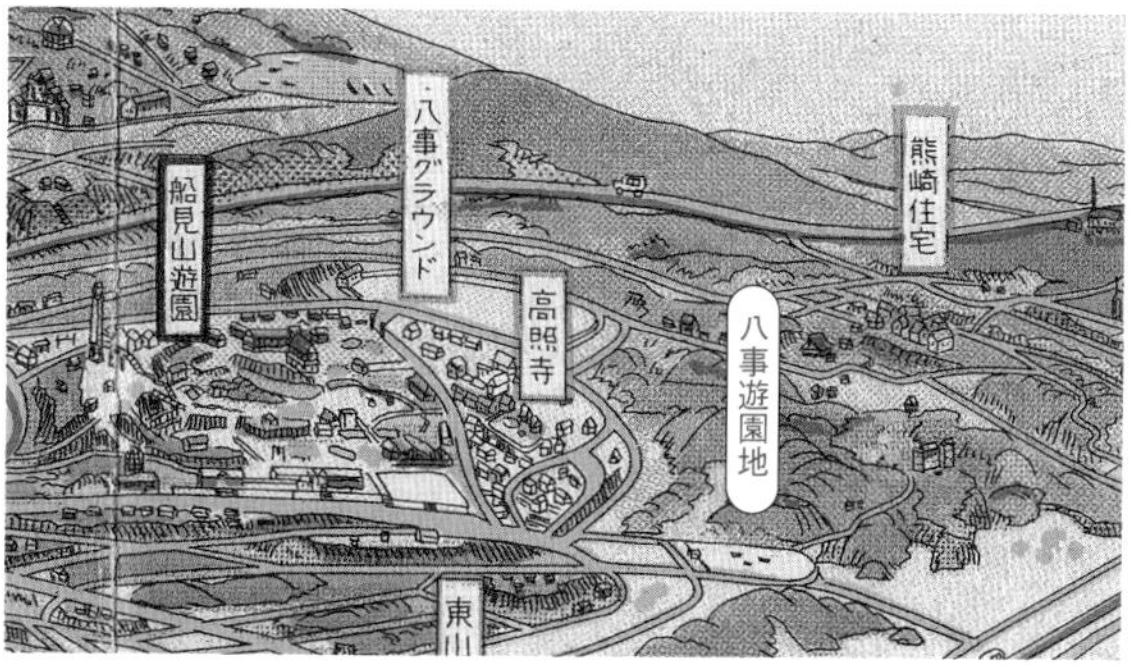

高照寺の南側（右）が八事遊園地。北側には船見山遊園があった
吉田初三郎『名古屋名勝交通鳥瞰圖』（昭和８年）より一部加工

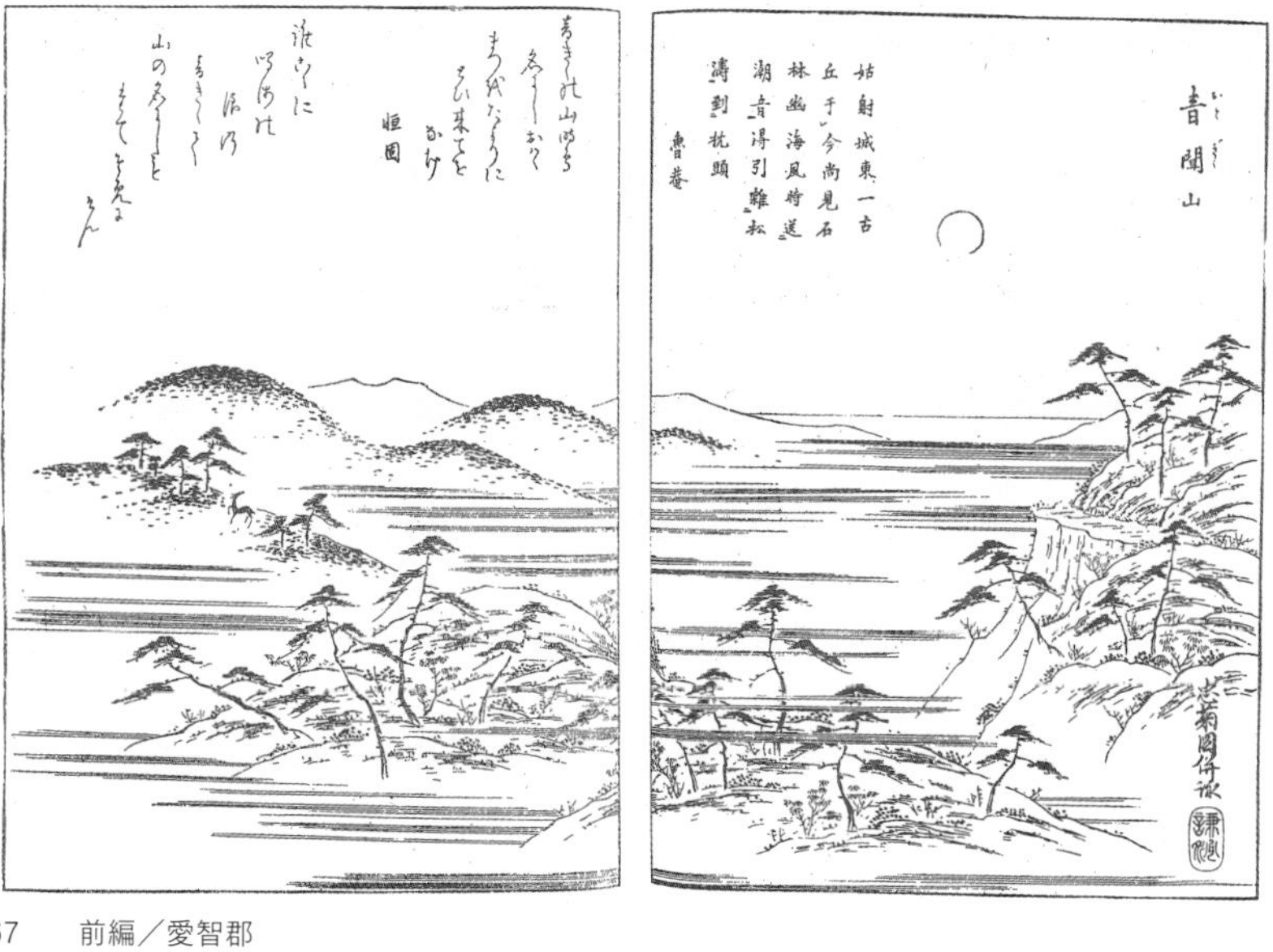

図会前編巻五「音聞山」よく見ると鹿が描かれている

16 昔は秋の萩、今は桜の名所・山崎川

伊勢湾台風と経済成長で枯れた桜

桜の季節になると多くの花見客でにぎわう山崎川。桜が有名になったのは昭和二十年（一九四五）頃からだ。川岸に桜が植えられたのは昭和の初めだった。当事の土地整理組合が苗木を植え、地域の人たちによって大切に育てられてきた。

桜の名所として知られるようになると、花見の頃には川沿いにはいくつもの露店が並ぶようになった。当事、川底から岸までは現在

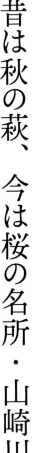

の半分程度しかなく、水量も現在よりは多かったといわれる。山崎川上流の千種区内の川沿いにある見附小学校は、かつて稲船山という小高い山になっていた。また、入船山と呼ぶ人もい

時はさまざまなものを変えていく。
田畑や山が住宅地になることもあれば、かつて名所と呼ばれた場所がいまや別のものの名所になっていることも……。

山崎川。現在は桜の名所となっているが、江戸時代は萩の名所であった

た。船がそこまで入ってきたからだといわれている。農作物の運搬などに使用された底が平たい田船ならば、山崎川を上り下りすることは可能だろう。

ところが昭和三十四年（一九五九）の伊勢湾台風によって下流部の堤防が崩壊したため、河川改修工事がおこなわれた。さらに高度経済成長に伴い、山崎川の水質が悪化、戦前に植えられた桜の老木化などによって、山崎川の桜は衰退しかけた。そこで新たな桜が植えられ、見事な桜が復活し、平成二年（一九九〇）には「日本のさくら名所100選」にも選ばれた。

山崎川に水車が回っていた

桜の名所となっているのは石川橋から落合橋までの約二・五キロメートルの区間で、途中に木造の鼎《かなえ》小橋が架《か》かっている。檀渓からこの辺りまで、山崎川左岸（東側）は山になっていた。この辺りの右岸（西側）にあったのが鼎池である。右岸には新田があった。現在は、住宅が建ち並んでいるとはいえ、山崎川左岸は山で、右岸は平地となっている地形は昔と変わらない。

池は上流に沿って、北側が細長く、堰堤の南側が四角い形をしていた。池の対岸が山になっているところから、この絵は北から南東を望んだものである。山の麓のところを山崎川が流れていたことになる。

大正十一年（一九二二）の地図を見ると、池の少し上流に水車があった。昭和十八年（一九四三）の地図にも鼎池が載っている。池があったのは、現在、瑞穂児童館が建っている辺りだ。

図会を見ると、たくさん

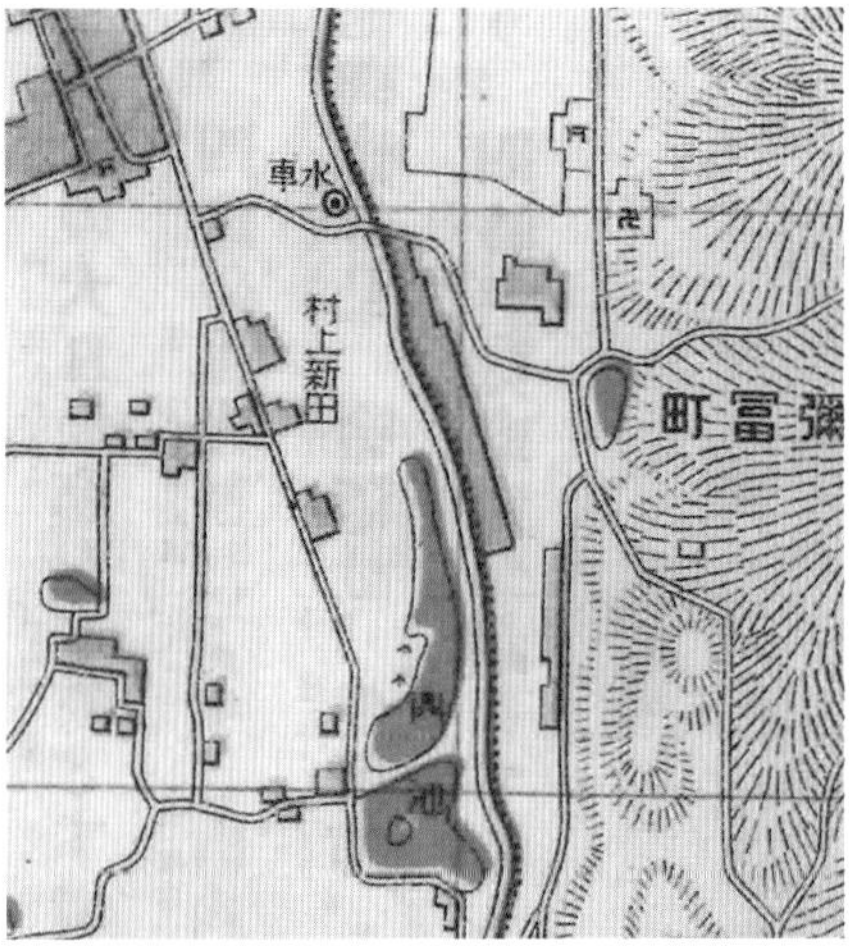

水車（上）と鼎池（下）
「大名古屋市街地図」（大正 11 年）より

木で造られた鼎小橋

鼎小橋近くにある「従是東南鼎池地内」の碑

石川橋から北を望む。このあたりに水車があったと思われる

山崎川の左手の辺りに鼎池があり、萩の名所であったという

愛知の語源となったともいわれるあゆちの水

の人が池堤の上を萩を愛でながら散策を楽しんでいる。人物の一人は手にヒョウタンをぶら下げている。中には酒が入っているのだろう。

右手に見える山は中根山と呼んでいたようだ。この山の続きを琵琶峰といっていた。平清盛によって都から井戸田（瑞穂区）に流された藤原師長が琵琶を弾いていたと伝えられる場所だ。ここから南の方に海を望むことができたという。琵琶峰の麓には愛知水《あゆちのみず》と呼ばれる名井があった。現在は、瑞穂運動場の東に「あゆち水」と刻まれた石碑が建っている。

「池邊一面に萩多く、秋の頃は遊人の来賞殊に多し」といわれたこの辺りは、今では「桜多く、春の頃には遊人の来賞殊に多し」となっている。

17

燃料として使われていた亜炭の採掘現場も「名所」だった

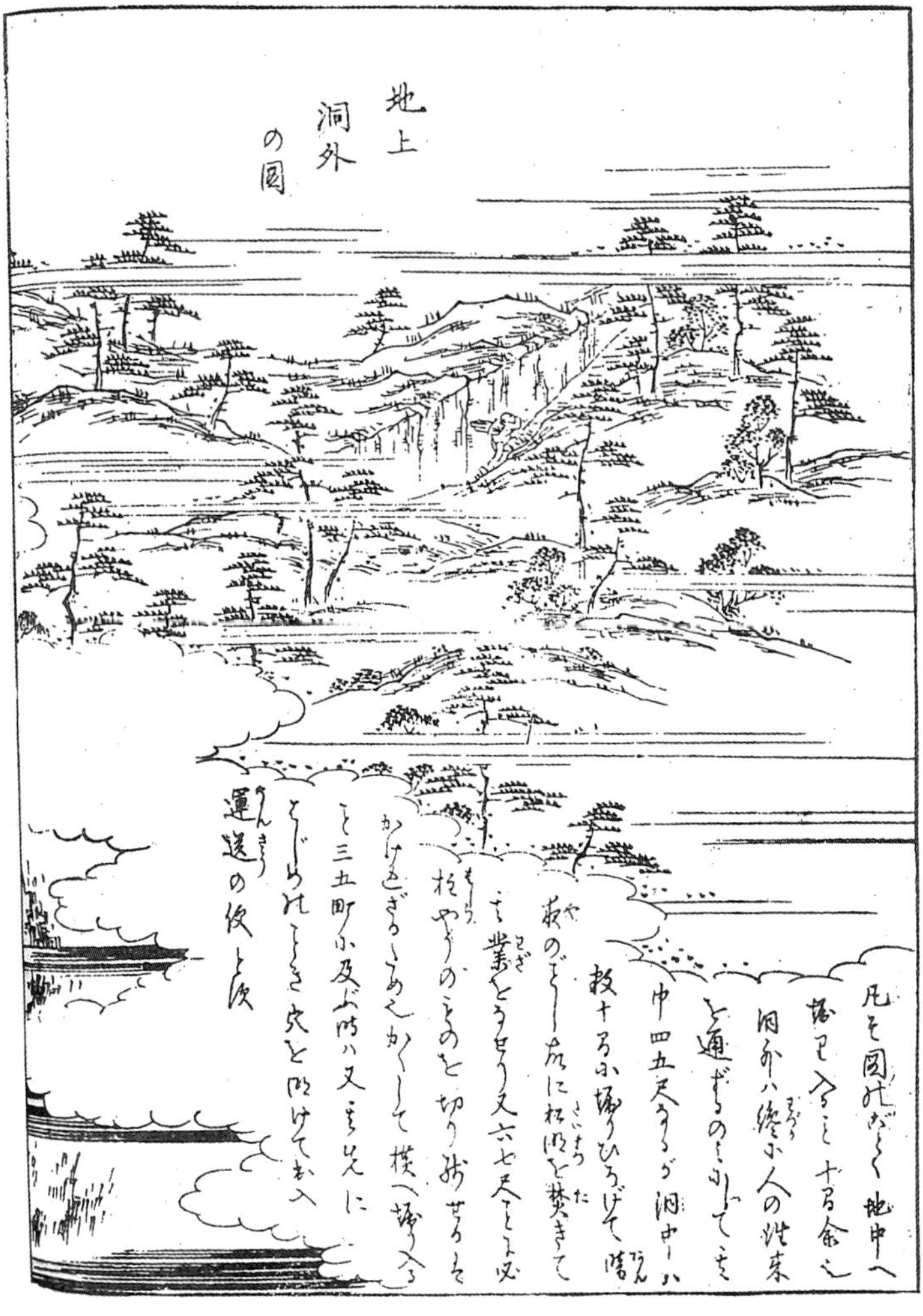

地表から浅い場所で採掘

岩木とは亜炭のことである。図会では、石よりも柔らかいが土よりは固い。木に似ているが木ではないため、地元の人は「岩木」というと解説している。地方によって、岩木のほか井《い》屑《くず》、川木《かわき》などともいう。また日の出づる東海にある神木、扶桑木ともいわれている。非常に珍しい「木」というところからつけられた名前なのだろうか。

亜炭は石炭の仲間だ。石

名所といわれるのは景色のいい場所、史蹟、有名な神社仏閣、季節の花が楽しめる場所などをいう。亜炭の採掘現場もまた奇観を眺める名所であった。

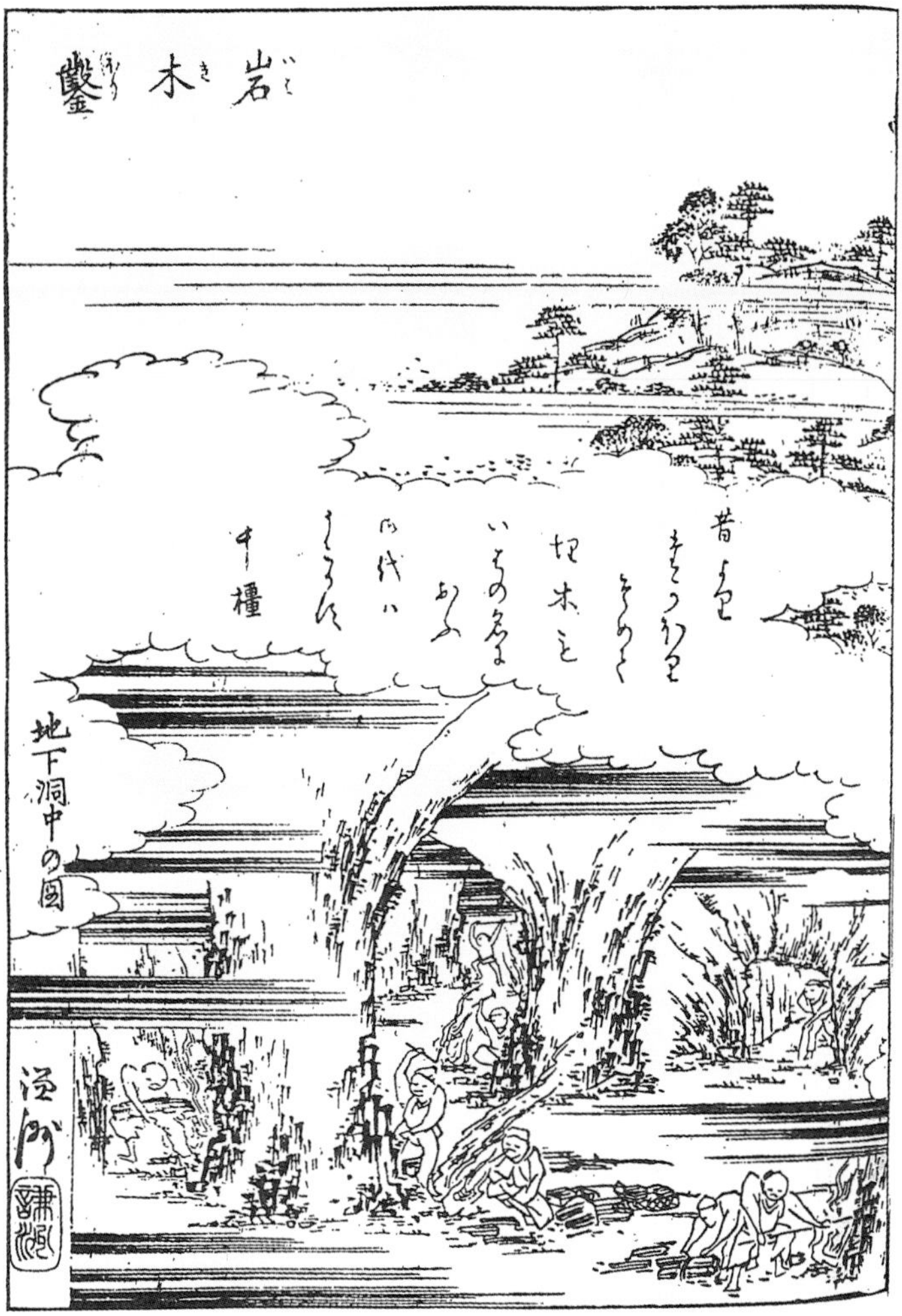

炭は湖沼の底に堆積した植物が、数億年から数千万年の歳月をかけ地中の熱や圧力の影響で炭化したものだ。炭化の度合いによって分類され、炭化度の最も低いのが亜炭である。

図会では「その色黒く、日を経て乾くときは騂赭《あかみ》」があり、奥・信・長・伊・

いまでは畑や住宅地になっている場所でも、かつては亜炭が採掘されていたのかもしれない

和・備・豫などの諸州で同じようなものが産出されるが、呼び方はそれぞれ違っていると書いてある。図会では岩崎村岩作村（現長久手市）の辺り、春日井郡水野（現瀬戸市水野町）山中の地下で採れるとしている。若干、臭気がするため府下（城下）では使わず、民家が薪や炭の代わりとして炊事の燃料にしていた。

江戸時代の宝暦二年（一七五二）には現在の長久手市や名東区高針でも岩木が採掘されていた記録がある。地下約一〇メートルで採掘でき、坑道は九〇メートル、一八〇メートルさらには際限なしだとしている。

昭和四〇年ごろまでおこなわれていた採掘

明治になってからも、亜炭は重要な燃料として盛んに採掘されていた。図会の「地上洞外の絵」と書かれた下の部分を見てもわかるように、地面から比較的浅い場所で採掘できるが、不純物や水分が多く、発熱量も低いため、主として家庭用の燃料として使われることが多かった。ただ、瀬戸や美濃は陶磁器の産地で、窯の燃料としても需要が多かった。東海地方は日本の亜炭の四〇パーセントを産出していた。戦後もしばらくは貴重な燃料として盛んに採掘されたが、次第に石炭、石油にとって代わられ、昭和四十年代にはほぼすべての亜炭坑は閉鎖された。

採掘方法は図会に描かれているが、坑道に支柱を立てる代わりに三メートルほどの土を柱状にして残す。そのため、地下に広い空間がつくられてしまう。戦中戦後、盛んに亜炭が採掘され、亜炭坑が閉鎖された後、その上が宅地や道路となった。地表から比較的浅い場所ということもあり、道路や住宅が陥没する事故がしばしば起きていた。しかも地下の採掘場の詳しい図面がないため、ある日突然地面が陥没する事故もあった。その後、かつての採掘場を埋め立てるなどし、現在ではそうした事故はあまり聞かれなくなっている。

昭和７年（1932）、喜婦嶽炭坑内で出水事故が発生、坑夫13名が地下70メートルの坑内に閉じ込められ、必死の救出活動にも関わらず、遂に救出はかなわなかった。昭和56年、その地に喜婦嶽地蔵尊が建立された

18
諸説さまざまな猪子石の由来

香流川の由来

香流《かなれ》川を挟んで牡石《おいし》と牝《め》石《いし》がある。この石がイノシシに似ているところから猪《いの》子《こ》石《いし》村といわれるようになった。ただ、猪之越からの転化ともいわれており、確かに近くには「竹越、打越」といった地名もある。

この石だが、「牡石は藤森道の畔、金連川のほとりにあり、長さは五尺（約一五〇センチ）、横一尺五寸（約四五センチ）、高さ一尺（約三〇センチ）」とある。一方、「牝石は村東の山頂にあり、長さ四尺五寸（約

香流川

一三五センチ)、横三尺(約九〇センチ)、高さ一尺五寸(約四五センチ)で、牡石の形は甚だ奇なり」とある。

金連川は絵の中央付近に描かれている「かなれ川」のことであり、現在の香流川である。名前の由来として応仁の乱(一四六七—一四六八)の時に焼けた大きな寺の残骸をこの川に捨てたところ、しばらく経ってこの川からかぐわしい香りが漂ってきた。そこで村人が川底を浚《さら》えてみるとご本尊の黄金仏が現れたという説や、この川の流域で選鉱がおこなわれていたという説がある。ほかにもいろいろな説があるようだ。

牡石、牝石は古墳に使われた石?

ところで牡石、牝石だが、現在も図会に描かれた時と、ほぼ同じ位置にある。ただ、牡石のある場所は神明社の祠堂である猪子石神社、牝石のある場所は大石神社となっている。また、牡石は触ると「祟り」があり、牝石は安産の神だとされている。猪は多産で知られているからだ。図会に「牝石の形甚だ奇なり」とあるが、これはたくさんの石がくっついていることを表現しているようだ。地元では牝石のことを「子持ち石」とも言う。

牡石も牝石もこの近くで産出された石ではないようだ。これらの石は古墳に使われていたものではないかと考える人もいる。触ると「祟り」があるという言い伝えも、神聖で触れてはいけないということを表しているように思える。

しかし、もしもそうであるとし

昔からの町名は、そこに住んでいた人の職業、文化、地形など、その地域の歴史を推察ことができる。また、発音はそのままでも表記が変わり、元の意味が分からなくなる場合もある。

たら、その古墳はどこにあったのか、それぞれ分れた場所に置かれたのはなぜか、わざわざここへ持ってきた理由は何かといった疑問も残る。

図会には、手前に荷を乗せた馬を引く人物が描かれている。この道は藤森道だ。

蓬莱澗《よもぎだに》は現在「よもぎ台」の町名となっている辺りだ。ここに「よもぎ谷の観音」と称する観音堂があった。この観音堂は明治になって月心寺（名東区神月町）に移された。

観音堂の隣にあった八劔宮は、現在の蓬来小学校の辺りにあり、蓬莱の島とも呼ばれていた熱田の宮の八劔宮の分社であった。

牡石を祀る猪子石神社

牡石

牝石

牝石を祀る大石神社

19
山の中腹にある〝海上〟洞

武芸をたしなむ里人たち

平成十七年（二〇〇五）に開かれた愛知万博の会場となった海上《かいしょ》の森。開発か自然保護かで大きな論争となった。幸いにも、当初予定されていたほどの大規模な開発は何とか免れることができた。

森の中に民家が点在し、昔ながらの里山風景が広がっていた。この地域には東海地方の固有種とされるシデコブシ、トウカイコモウセンゴケなど、湿地性の

洞には谷に沿って延びる細長い場所という意味があり、洞のつく地名は山間部に多い。しかし、海という字がつく所は珍しい。海と何か関係があるのだろうか。

植物や、絶滅が危惧されているオオタカなど多くの野鳥が生息している。

海上の森という地名を初めて聞くと、山の中にもかかわらず、なぜ「海」が地名に付くのかと不思議がる人もたくさんいた。

図会の山口神社は、この

山口八幡社。江戸時代までは山口八幡宮の名で、八幡社となったのは明治以降

海上の森への入口の村にある式内社である。創建した頃は山口天神であったが、鎌倉時代頃から山口八幡宮になった。山口とは読んで字の通り、山への入り口を意味する。神社入り口に描かれている「牛石」は、この石が牛に見えると願い事が叶うとされるが、創建時の山口天神と、何らかの関係があるのかもしれない。

昔、神社の傍らに池があり、葦毛馬に乗ったまま池に落ち溺死した人がいたため、山口村では葦毛馬を飼うことを嫌ったという。

山口村は昔は山田郡《こうり》に属する三河との境で、近隣の十八カ村と三河の六カ村で毎年九月九日に猿投神社へ馬を献じていた。もともとは雨乞いの儀式であったようだが、塗笠、半纏を着て脇差を差し、鉄砲を撃ち、棒、鎗、長刀、鎖鎌などを持ち猿投神社へと向かった。また、里人たちは武芸をたしなみ、鉢巻きにした一本の藁を長刀や脇差で額を傷つけることなく切り落とすことができたという。山口神社も本泉寺も図会に描かれた時と同じ位置に今もある。

神社の前を流れている川は赤津川の支流だ。赤津川にはいくつかの支流が流れ込んでいるが、海上の森からも流れている。

武田信玄にまつわる伝承

図会の附録巻三では山口川は矢田川の水源であるとしている。赤津川は当時、山口川と呼ばれていたようだ。附録にある「山口渓龍穴」は赤津村の山口川にあったとしている。

図会の右の絵を見ると山の中腹に「海上洞」とある。海上洞へは一本の道が延びている。岩石が多く露出し道は険しく、俗世間を離れた雰囲気があり、林の中には栗の木も多いとしている。

海上洞へと続く道

海上洞の上に物見岩がある。三ッ岩が屹立し、尾張、三河の山々はもちろんのこと南の方には遥かに海を望むことができ絶景であり、尾張と三河の境にもなっている。この山が矢田川の水源だ。

物見岩は武田信玄の戍卒《じゅそつ》（国境警備の兵）が物見をしていたところからつけられた名前だとする。この近辺は武田信玄にまつわる言い伝えも多く、信玄の墓があるともいわれている。

「うみ」ではなく「かい」

ところで、山の中にもかかわらず地名に「海」がついているのはなぜか？

三河山間部の新城市にも「有《ある》海《み》」という海のつく地名がある。ほかにも海と関係のない地域で「海」の字のつく地名は全国にある。これらは山から水がしみ出す状態が、土地が膿《う》んでいるように見えるところからつけられたという説があり、膿は「うみ」と発音する。

しかし、海上洞は「かいしょ」で「うみ」とは発音しない。この場合、発音は同じだが、別の文字を当てたと考えることもできる。例えば「開所」「会所」「垣処」などである。洞の奥の開墾された場所、人が集まる場所といったことかもしれない。

図会附録巻三「山口渓龍口」

図会に描かれている山口渓龍口は堰堤の構築によって失われている

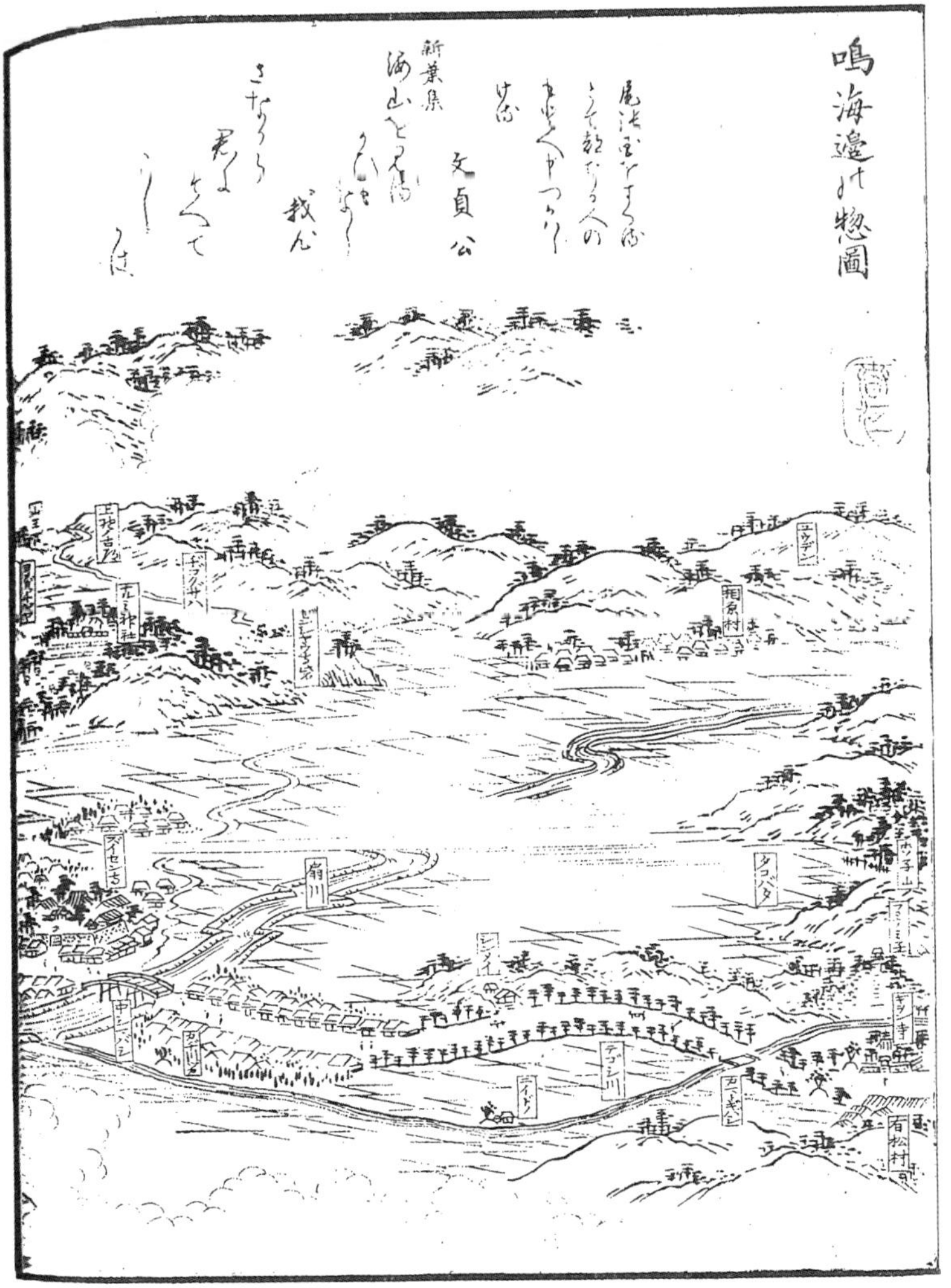

20 打ち寄せる波の音が聞こえた旅の難所

賑わいを見せる東海道の宿場町

鳴海は東海道五十三次の中で江戸から数えて四十番目の宿場で、多くの旅人で賑わいを見せていた。図会でも東海道沿いに多くの家屋が並んでいる様子が描かれている。西は熱田、東は池鯉鮒《ちりゅう》（知立）である。かつて、鳴海宿の辺り一帯は海であった。

「鳴海邊の惣圖」の左端に笠寺村（南区笠寺町）、その少し奥に中根村（瑞穂区中根町）が見える。笠寺観音から天白橋を越えて延びている松並木が東海道だ。

昔も今も、天白橋の位置は同じだ。野並村の位置も昔と変わらない。古鳴海、野並から右上手へと続く山が相生《あいおい》山だ。古鳴海の右手の山王と記されているのは三王で「星崎の闇を見よと

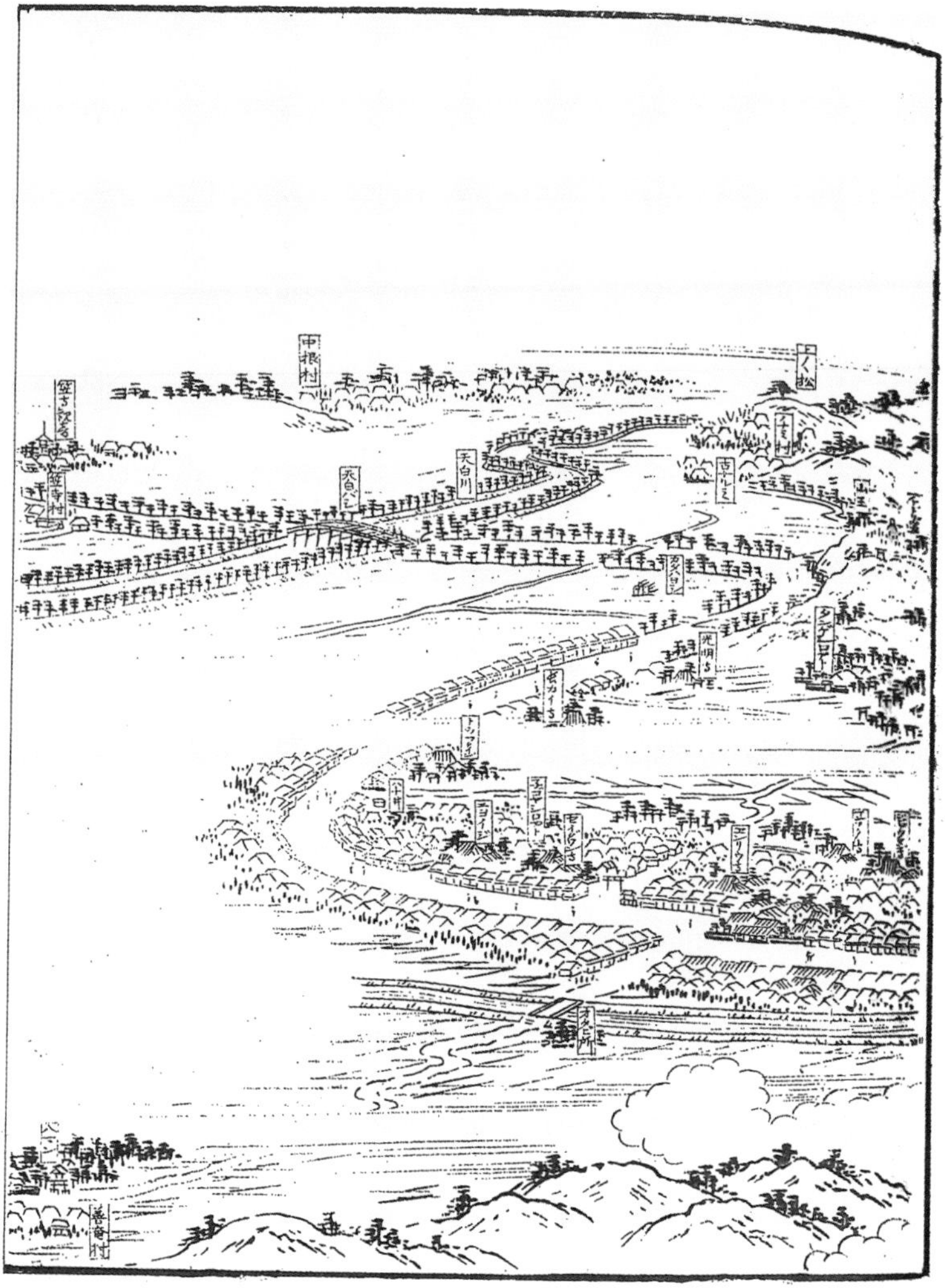

旧東海道で愛知県内にあった宿場は九つ。そのうち七つが三河で尾張にあったのは熱田と鳴海の二つだけ。

その昔、旧東海道の辺りまで波が打ち寄せていたという。

扇川には成海神社の御旅所があった。右の建物は名鉄鳴海駅、その前の空き地が御旅所の跡

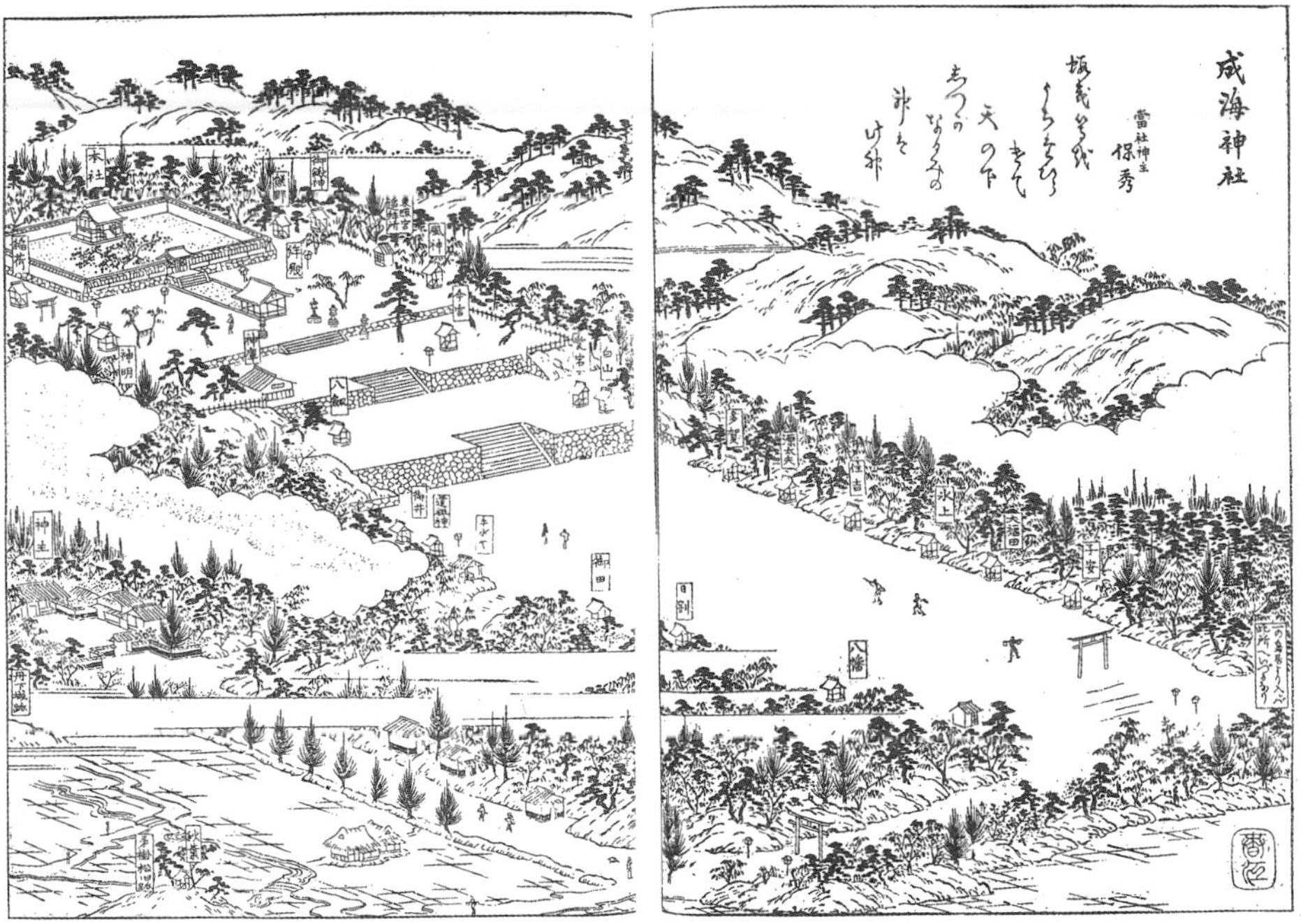

図会前編巻五「成海神社」

成海神社

や啼く千鳥」の松尾芭蕉の句碑がある千句塚公園。山王山の麓には丹下砦、その左手の東海道沿いにあるのは光明寺だ。

丹下砦の右手の山には成海神社が見える。創建されたのは朱鳥元年（六八六）。ただし、創建時はこの場所ではなく、扇川に面した天神山であったという。主祭神は草薙神剣で知られる日本武尊。東征の途中、この地を通った武尊は「奈留美ら（鳴海浦）を見やれば遠し火高地にこの夕潮に渡らへむかも」と詠んだという。

草薙神剣は、天智天皇七年（六六八）に、道行という僧によって熱田神宮から盗まれた。道行は堺から国外へ逃亡しようとしたが失敗、剣は取り返され、しばらくこの地で保管されていた。ところが天武天皇が病に罹り、剣が本来のあるべきところにないために病になったとのご神託をえた。そこで剣を熱田へと送り届けたのが朱鳥元年（六八六）で、鳴海神社はその時に創建されたとされる。

現在地へ社殿が移されたのは安原備中守宗範の鳴海城築城の時で応永年間（一三九四―一四二八）だとされる。天神山には成海神社の飛地境内社の天神社が祀られ、御旅所として毎年十月の例祭には神輿が渡御する。図会の左下、扇川を渡ったところに「オタビ所」として描かれている。名鉄鳴海駅から北へ五〇メートルほどのところだ。成海神社の右手には善照寺砦が見える。

タコが獲れ狼が生息していた

扇川沿いに進むと相原村（現相原郷）だ。東海道は扇川を中島橋で渡り、手越川沿いに進む。名鉄本線は中京競馬場駅近くまで手越川沿いに走っている。手越川を渡った東海道沿いの祇園寺も昔と同じ場所にある。その少し北にあるタコバタも、今は竹林となっているが、昔と同じ場所にある。附録巻三に「章魚《たこ》畑の古覧」として、昔はこの辺りまで海辺でありタコや貝が獲れていたが、天白川、

かつて海であり、タコが獲れたという蛸畑の辺り

図会附録巻三「章魚畑の古覧」

相原川などによって土砂が堆積し、今では海まで三十町（約三・三キロメートル）になっているとしている。

また附録巻三では「融伝《ゆうでん》和尚狼の故事」として、鳴海山で狼の喉に刺さった獣骨を取り除いている熱田の正覚寺の融伝和尚の図がある。正覚寺は永享六年（一四三四）融伝和尚が熱田に創建した寺だ。この頃は鳴海にも日本狼が生息していたようだ。冒頭の図会の相原村の右にユウデンと記されているのが、その場所と思われる。鳴海の地は桶狭間の戦いの舞台であり、合戦を狼は見ていたかもしれない。

鳴海山は東、南、北の三方に二十八峰あり、そのうちの東南にある茶臼山は特に高く、西北が山王山である。そして善照寺砦と相原村の間にある沢を「地獄沢」と言っていた。昔、尾張守元命朝臣が女性のもとに通っていた時、小川を渡るため高卒都婆（背の高い卒塔婆）を仮橋として使ったため、地獄に堕ちたという。

桶狭間古戦場公園（緑区）

図会附録巻三「融伝和尚 狼の故事」

21 いくつもの星が落ちてきた海辺の村

高天原にいた悪神を祀る宮

星の宮とはなんともロマンを掻き立てる名前である。図会の本文では星大明神《ほしだいみょうじんの》社《やしろ》となっており、天津甕星《あめつみかぼし》神を祀るとしている。

日本神話に出てくる太陽神である天照大神《あまてらすおおみかみ》と月の神である月読命《つくよみのみこと》はよく知られているが、天津甕星神は一般にはあまり聞かない。この神は、高天原《たかまがはら》にいた悪神とされる。

図会によると、社名の由来として承平年中（九三一地上から見える星の数は今も昔も変わらない。でも、都会の空から見える星の数は明らかに少なくなっている。地上に降ってきた星を見た人は、何を思ったのだろうか。

—九三八)、平将門を誅戮《ちゅうりく》するための祈願をおこない、熱田の宮の神輿を渡御したとき、七星(北斗七星)が光を放ち、池面に輝いた、としている。星の宮は星崎庄本地村(現南区本星崎町、星崎、南野)にあり、星崎庄の名は、こうした故事に由来するという。

寛永九年に降った星

一方、図会の附録巻三では、昔、ここへ落ちて石となった星の周りを村人がとり囲み、驚いている様子が描かれている。そして星が落ちてきたことが星の宮の名の起こりだとしている。事実、寛永九年(一六三二)にこの地に星が落ち、

神社の灯篭に描かれた七星。昭和になってからつくられたもののようだ

南野村の長(庄屋)が保管していたが、文政十二年(一八二九)呼続神社へ社宝として献納された。

この隕石は昭和五十一年(一九七六)に国立科学博物館で鑑定され、重さ約一キロ、大きさは一三八ミリ×八三ミリ×七四ミリで、当時としては日本に落下した隕石で年代測定できるものとして最も古いとされ「南野隕石」と命名された。しかし、その後、福岡県の直方市にあった隕石が貞観三年(八六一)に落下したものであ

ると判明し、南野隕石は二番目に古いものとなった。承平五年(九三五)、元久二年(一二〇五)にもこの辺りに隕石が落ちたとの言い伝えがある。

星崎は製塩の浜

星崎は熱田台地の突端にあたる。

星神社。建物などの位置関係は図会と変わっていない

図会には二つの船の帆らしきものが描かれている。附録の「星降りて石となりける」の図会にも三つの船の帆があり、その向こうに山が描かれている。この辺りが海辺であったことは、こうした図からもわかる。

図会では星宮の前に川が描かれている。いわゆる神社の周りに施された堀のようにも見えるが、大江川の一部のようにも見える。大江川は江戸時代に新田開発をするためにつくられた用水であるが、現在ではかなりの部分が暗渠化され、一部は大江川緑地となっている。

ただ、現在の大江川の位置が江戸時代と同じであるとしたら、南から北の方角を望んでいることになり、海を見ることはできない。

星宮と同じ本地村には星崎古城、名産として知られた前浜の塩を製する前浜があった。

織田信長がつくらせたとも、砂や土砂が堆積して自然にできたともされる阿原堤。一段高くなっていることがわかる。手前の低いところはかつては海であった（南区星崎町）

図会附録巻三「星降りて石となりける」

22

今も論争が続く桶狭間合戦の場所

義元が討ち死にした場所はどこか

鳴海宿沿いに流れる扇川は平手新田（現緑区平手）及び、相原村（現緑区相原郷）を源として源兵衛新田を潤して海へ流れていた。かつての新田をはじめ、図会に描かれているような田畑は、ほとんど住宅地などに変貌し、昔の面影は残されていない。それでも鳴海には江戸時代の地名が多く残されている。

図会の「鳴海邊の惣圖」（附録巻三、82、83ページ）に描かれている丹下砦、善戦国時代には多くの場所で大小さまざまな合戦があり、歴史の転換点となったような古戦場跡は現在、名所となっている。桶狭間は有名な古戦場跡にもかかわらず、いまだ場所が特定されていない。

照寺砦など、かつての史跡なども場所がはっきりしている。ところが日本の歴史を語るうえで欠くことのできない戦いである桶狭間の古戦場跡とされる場所は、名古屋市緑区と隣の豊明市の二カ所があり、いまだ論争の決着がついていない。

豊明市の「桶狭間古戦場伝説地」

図会前編巻五「桶狭間陣中　今川義元酒宴の図」

士隊将塚（士大将塚）

図会の「桶狭間古戦場」の絵は現在の豊明市の「桶狭間古戦場伝説地」となっている場所だ。絵のほぼ中央に「義元戦死所」、右の方に「松井八郎塚」と書かれた石碑が見える。ほかにも「士大将塚」が合計五本ある。

打ち取られた義元の首は清須街道（美濃路）にさらされた後、駿河まで送り届けられたとされるが、一方で今川家の家臣が義元の遺体を葬ったという場所が東海市（高横須賀北屋敷）にあり、地元で「今川さん」と呼ばれる供養塔と「今川義基墳」と刻まれた碑がある。「義元」を「義基」と書き換えて葬ったのではないかとされている。

今川義元戦死所（七石表１号碑）

勝者の論理で語られる歴史

桶狭間の戦いを知るうえで重要な記録が、織田六人衆の一人である太田牛一が著した『信長公記《しんちょうこうき》』である。しかし「歴史は勝者によってつくられる」のが常である。勝者は称賛され、敗者は不当に貶《おとし》められる。その結果、桶狭間の戦いはわずかの兵で大勢の敵を奇襲によって一瞬のうちに殲滅したように思われているが、実際は前哨戦などを含め、戦いは三日間にわたりおこなわれた。信長軍は三千の兵で今川軍四万五千（実際は二万五千）に立ち向かったとされるが、信長軍は、いわば精鋭隊であるのに対し、今川軍は兵糧や武器などを運搬するものが多くを占め、実際の戦闘で役に立ったのは三千か、せいぜい五千くらいだ。

図会の「桶狭間陣中　今川義元酒宴の図」で、義元が酒宴をおこなっている様子が描かれているが、これも今川勢が信長をいかに侮り、油断していたかを誇張したものであろう。義元は「海道一の弓取り」とまで言われた武将である。常識的に考えて戦のさなかにこのような酒宴がおこなわれることなど考えにくい。

このほかにも、桶狭間の戦いに関しては、従来から伝えられてきた説に対し、現在も異論を唱える人が多いのである。

緑区の「桶狭間古戦場公園」

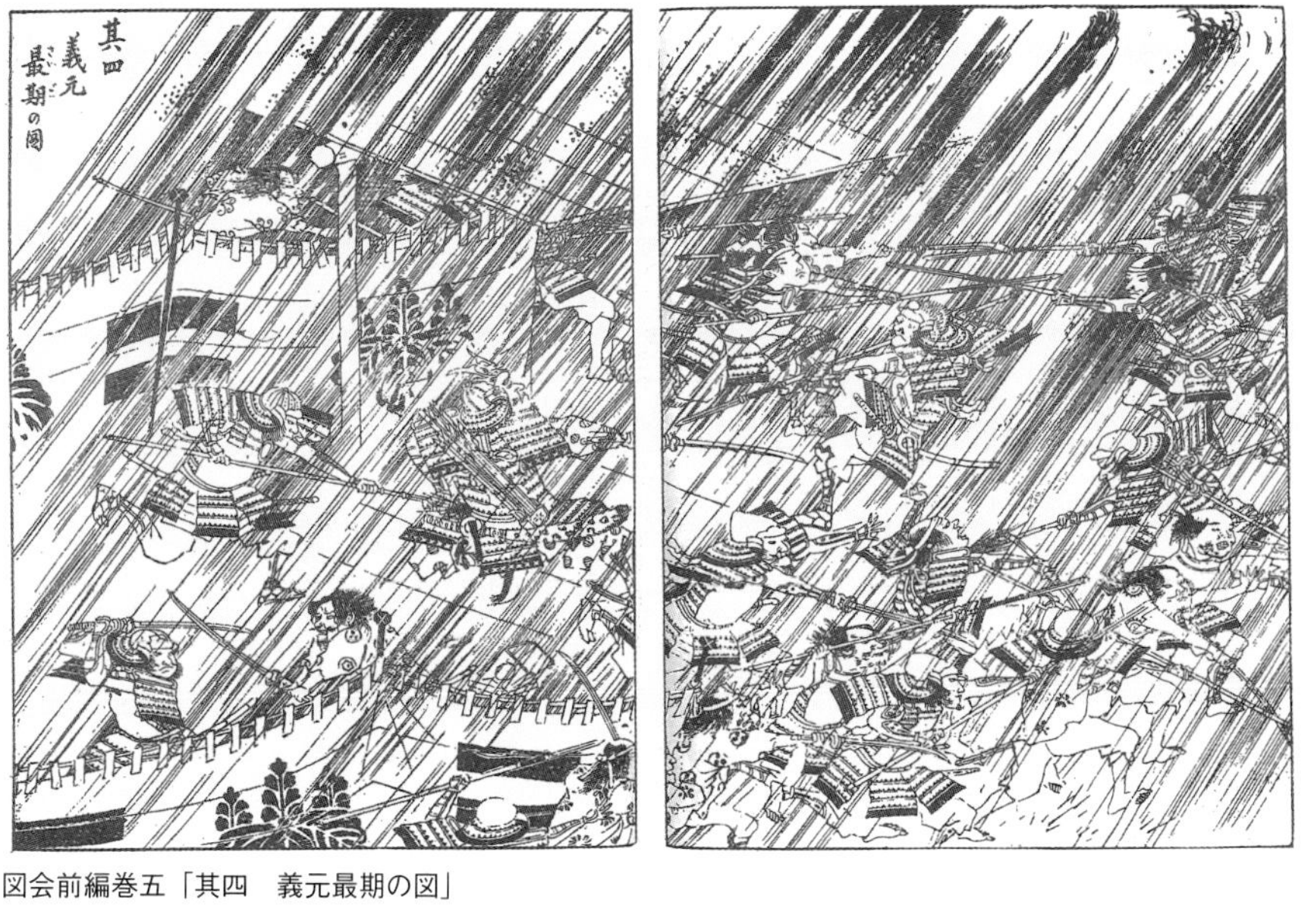

図会前編巻五「其四　義元最期の図」

23

半島は付け根のどの位置からを言うのだろうか

愛知郡と知多郡に分かれていた名古屋

図会の知多郡の説明によると「当郡（知多郡）は当国（尾張）の南海中に出でて大きなる島のごとし」と述べている。また、尾のように張り出していることから当国を「尾張」と名づけたという説もあるという。一般に、知多半島と知多郡は同じ地域を指すと考えがちだ。

東海道は知多を通っていたというと、そんなことはないと否定されるだろう。でも、実際に知多を通って海や湖などに突き出た陸地を半島というが、ここから先が半島です、といった明確な定義はない。知多半島もどこから始まるのか、地名としての知多は時代とともにその位置を変えている。

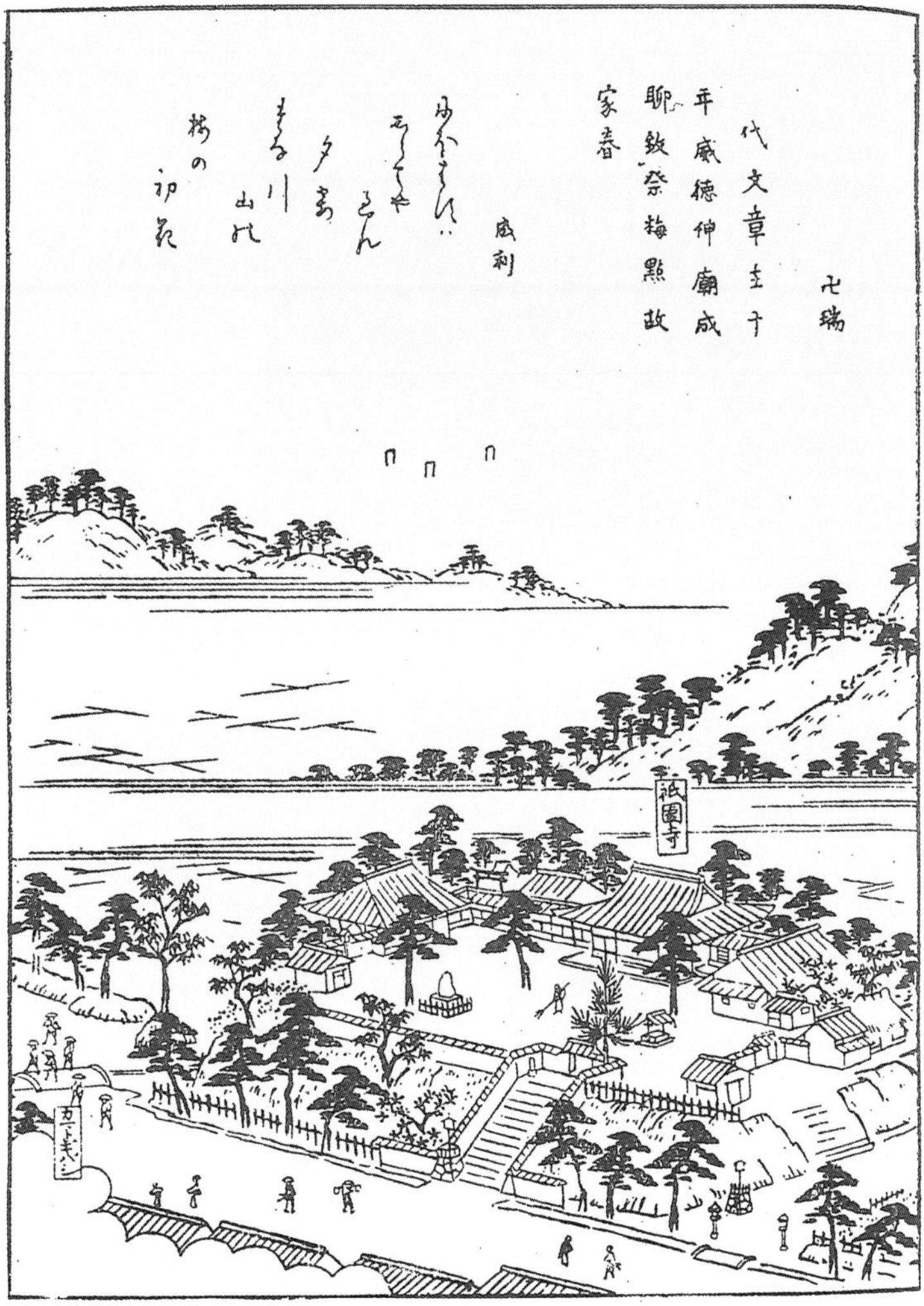

文章嶺天満宮の石碑の左に祇園寺、正面の名鉄電車線路の奥に見えるのが文章嶺

いた。この場合の知多とは知多半島ではなく知多郡のことだ。

　今では名古屋市となっているが、かつては知多郡であった場所がある。緑区の有松だ。鳴海は愛知郡に属し東海道の宿場町、有松は鳴海と池鯉鮒（知立）の間に設けられた間宿で、鳴海と並んで絞りで有名だ。今では同じ名古屋市緑区だが、江戸時代は知多郡に属していた。

祇園寺。前の道は国道１号

　文章嶺《ふみのみね》は図会の知多郡の中で紹介されており、現在の住所表記は名古屋市緑区鳴海町。祇園寺の裏の山であると図会に書いてある。ここは有松村の西端にあたる。祇園寺の前の道は東海道である。祇園寺と文章嶺の間を流れている川は下流で扇川に合流し、さらに天白川に合流する。つまり、手越川の上流だ。

疫病の災厄から守る祇園信仰

　図会によると、祇園寺は元禄年間に瑞泉寺十一世の仁甫和尚が開山し、最初は圓道寺といった。宝永三年（一七〇六）に猿堂寺と改号し、宝暦五年（一七五五）に寺号を祇園寺と改め、現在地に移った。その頃、苔巌《たいがん》和尚がここに草庵を結び疱瘡《ほうそう》（天然痘）の呪《まじな》いをして霊験あらたかで、祇園寺を建立したとある。祇園といえば牛頭天王を祭神とする京都の祇園神社が有名だ。牛頭天王は行疫神《ぎょうえきじん》でこれを祀ることで疫病の難から逃れられるとして信仰を集めた。有松の祇園寺の名も牛頭天王信仰からきているようだ。

　祇園寺へは今も東海道に面した階段を上る。寺の横に文章嶺へ続く道がある。頂上に見える建物は天満宮だ。もともとは祇園寺の境内で寛政（一七八九―一八〇一）年間の初め、寺僧卍端《まんずい》が数千人のささげた詩歌文章をこの山の頂に埋めたことから文章嶺と呼ばれるようになった。その後、文政七年（一八二四）に社殿が建てられた。

　いま、祇園寺と手越川の間を、名鉄本線が走っている。祇園寺の左に見える橋は「カマトギ橋」と書いてあり、後ろを流れている手

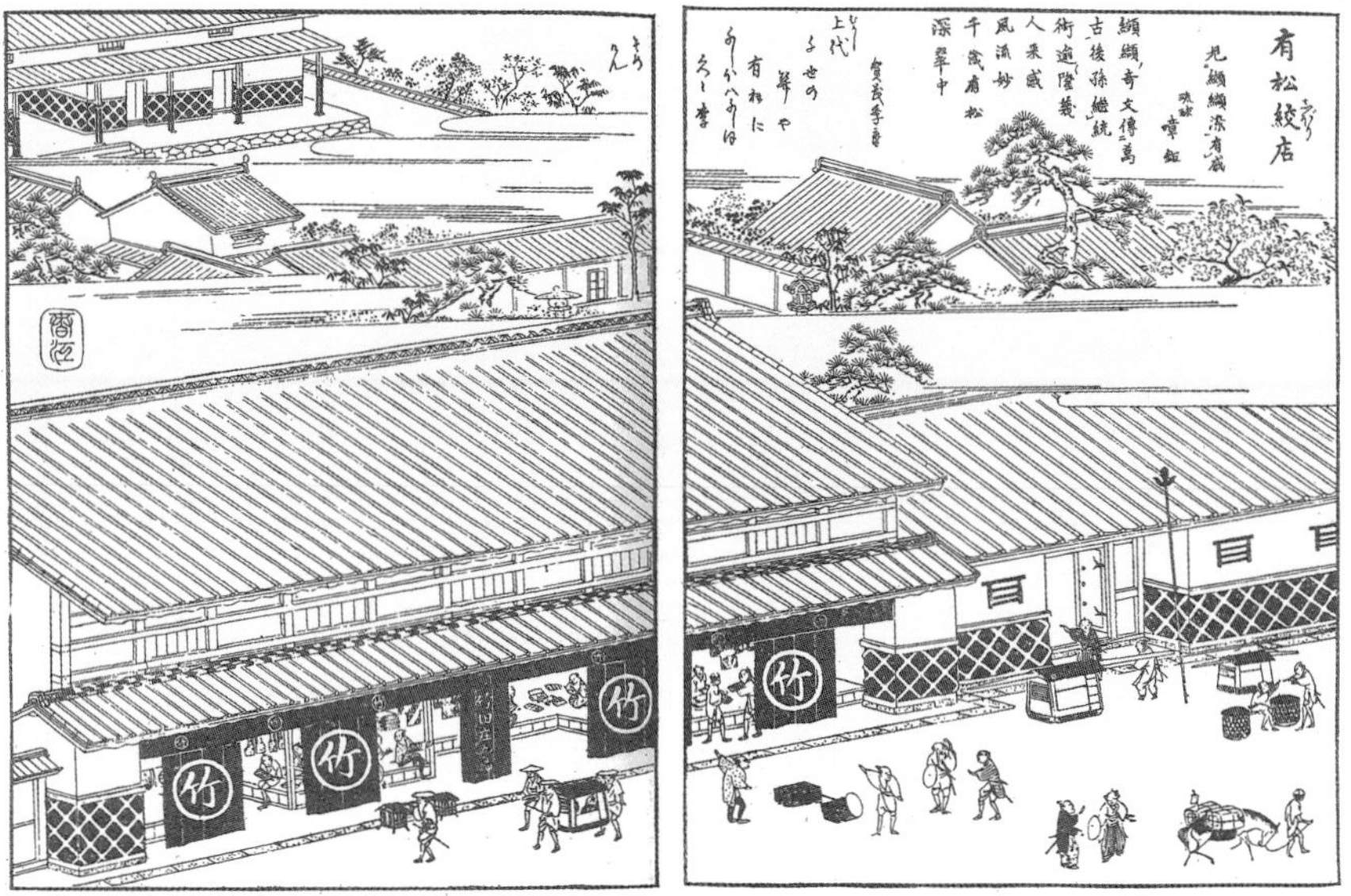

図会前編巻六「有松絞店」

天満宮の前の川に架かっていた虹橋は、かつて手越川に架かっていたようだ

名鉄電車の踏切を渡り手越川を渡ったところにある天満宮（文章嶺）

越川（藍染《あいそめ》川）のところに「アイチ、チタ郡界」とある。川を境にして愛知郡と知多郡に分かれているように思われるが、祇園寺も文章嶺も知多郡として紹介されている。また、桶狭間古戦場は愛知郡の中で扱われている。有松村はもともと桶狭間村の出村としてつくられた村である。図会がつくられた当時は、現在のように明確な郡の境界線というものはなかったのだろうか。

「アイチ、チタ郡界」（94ページ）

24 東は土橋、西は板橋、わかりやすい藩境の橋

町中の生活道路は江戸時代なら大通り

自動車がなかった江戸時代の道路はどのようなものであったのだろう。当時の移動手段といえば一般には徒歩だ。ただ、お金のある人や女性は、駕籠を利用することもあった。大名行列でも駕籠に乗れるのは藩主や高級武士など、限られた人であり、荷物の運搬には馬や牛が使われ、現在のような広い道は必要がなかった。

慶長年間に徳川家康が五街道を整備したが、現在の

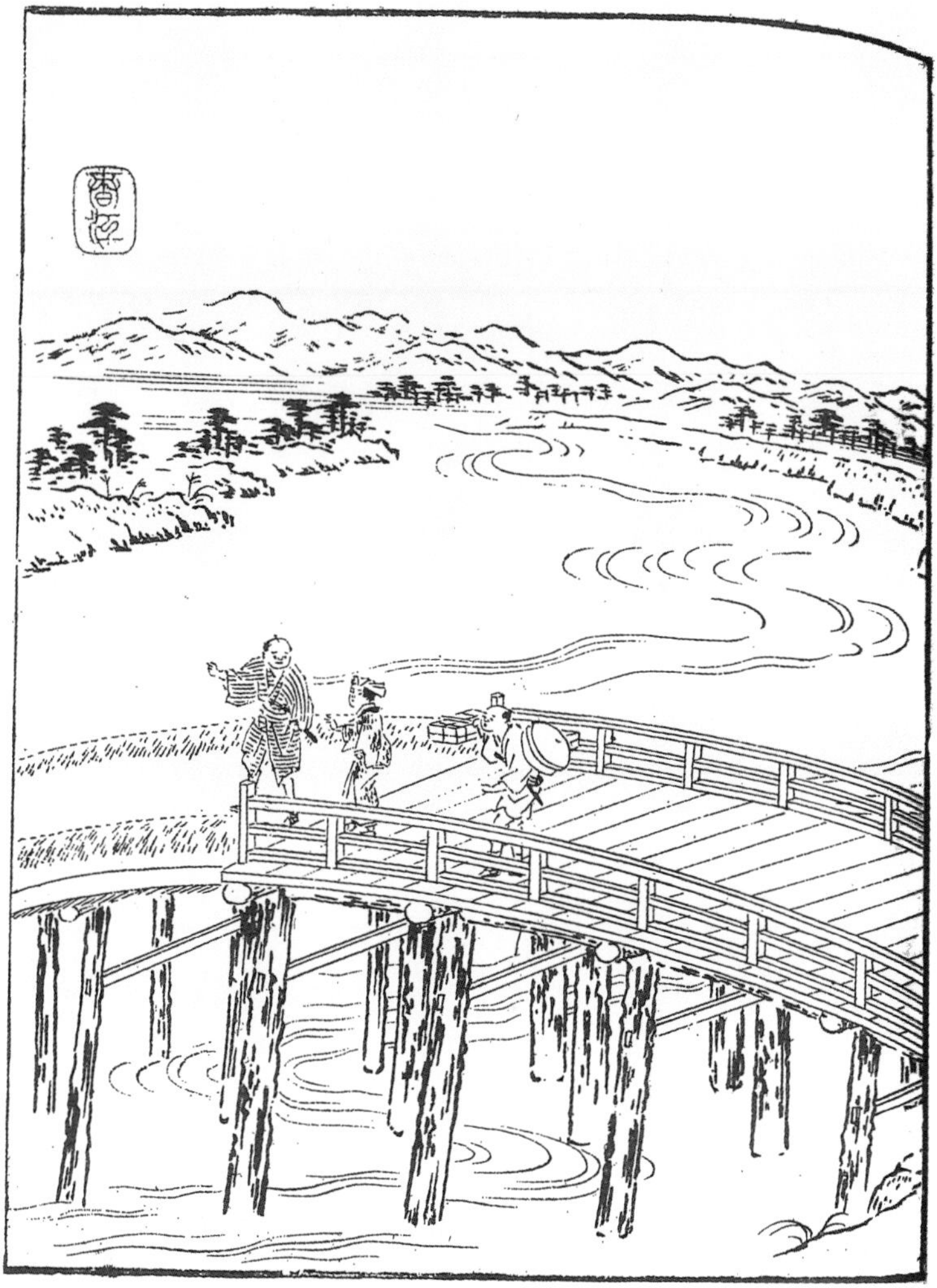

川の真ん中を県や市町村の境にしている自治体は多い。江戸時代も同様に川を境に村や藩を分けるところは多かった。尾張藩と刈谷藩は立派な板橋と粗末な土橋で分けられていた。

道と比べれば貧弱であったといわざるを得ない。五街道を整備したとき、東海道のような大街道の道幅は六間（一〇・八メートル）と定められたといわれるが、これはおそらく江戸や名古屋など大都市や軍事的に重要な都市の市中やその近辺

尾張の側から見た現在の境橋。かつてここに継橋が架かっていた

でのことだ。小街道は三間（五・四メートル）とされるが、それ以外の道は二間（三・六メートル）前後ではなかっただろうか。

　名古屋から信州飯田へと向かう飯田街道は、城下から八事までは三間、八事から先は二間で、主に交易の道として使われ、荷駄を運ぶ馬や牛がすれ違うことのできる道幅があれば充分であった。

境橋から見た現在の国道１号と境川

　東海道といえども、橋の幅は狭かった。江戸近辺では三間ほどの幅があったようだが、それ以外は二間から二間半ほどのようだ。しかも大井川のように橋のない川もあった。また、橋はあっても土橋のことが多かったようだ。
　図会は尾張と三河を分ける境川とそこに架けられた橋だ。馬が二頭横に並んで歩いている。幅は二間ほどだろうか。この橋は東海道に架けられた橋だ。ところで、この橋は真ん中で、土橋と板橋に分かれている。板橋には欄干がついているが、土橋の方は何もない。図会に「東の方は土橋、西の方は板橋なり。両国中悪しきにもあるまじきに、むかしよりかかる習慣にや云々」とある。そして「打ち渡す尾張の国のさかい橋　是やにかわの継目なるらん」（藤原朝臣光廣）と三河を膠《にかわ》（接着剤）にかけた歌を紹介している。

左側が刈谷藩、右側が尾張藩

　川の真ん中を国境にすることは多い。そこで尾張の領地を板橋にしたのは尾張としてのプライドなのか、財政力を見せつけるためであったのかはわからないが、ほかではこうした例は見られなかったようだ。

商人を切った武士に切腹の刑

　ところで土橋になっている側は三河の刈谷藩領である。江戸時代の後期、名古屋の商人が岡崎へ遊びに出かけた。酔って宿へ帰る途中で岡崎藩の若い不良侍に因縁をつけられたが、商人は逆にその侍をとっちめた。翌朝、商人が駕籠に乗って帰路についた。知立の宿を出たあたりで、前日の若侍が仲間とともに追いかけてきて、その

一ツ木の立場のあった辺り。左の道が旧東海道。この辺りで平打ちうどんが売られていた

商人を切り殺してしまった。

加害者は岡崎藩の武士、被害者は名古屋の商人、事件現場は刈谷藩内である。はたしてどの藩がどのような判定を下すことになるのだろうか。結果は、岡崎藩が名古屋の役人に岡崎まで来てほしいと申し入れたが、尾張藩は逆に加害者である若侍を名古屋へ連れてこさせ、切腹を申し付けたという。

庶民の発想は国境を越える

名古屋名物の一つにきしめんがある。キジの肉を使用したキジ麺が訛《なま》ったとか、紀州麺が訛ったなどの諸説があるが、近年は「いもかわうどん」がルーツだとの説が有力になっている。境川に架かる「継橋」を渡ってすぐの三河国芋川（現刈谷市一ツ木町付近）が発祥の地とされる平打ちのうどんだ。芋川には東海道の池鯉鮒と鳴海の間に位置する立場（休憩所）があり、そこの茶店のうどんが評判で、弥次・喜多でお馴染みの『東海道中膝栗毛』等でも紹介されている。

いもかわうどんは関東では「ひもかわ」と呼ばれるようになり、尾張ではキジの肉を加え、それが「きしめん」になったという。一ツ木には江戸時代の「いもかわうどん」を再現して食べさせてくれる店がある。

きしめんの起源とされる芋川うどん

25 尾張と三河の勢力がせめぎあった地

徳川家康の生母於大が生まれた城をのぞむ

図会の左に石ケ瀬川、村木砦が見える。石ケ瀬川は境川の支流だ。図会の左上に見える村木砦は天文二十三年（一五五四）に織田信長と今川義元の間で起きた戦の舞台で、この時、信長が初めて鉄砲を使用したといわれている。この絵はJR東海道線大府駅から東へ八〇〇メートルほど東の辺りから眺めた風景ということになろうか。

図会によると、「そもそ

も当寺（延命寺）境内は地高く、石磴《せきとう》の上にあがりて眼下に境川の下流を望み、また遠樹深緑の中には、三州苅屋の城、紛壁を漏らせるまで、一瞬の中に百景を尽くして、風光もっともよし」とある。

　この辺りは比較的平らな

かつて幾多の戦いがおこなわれた地も、やがて平和な佇まいを見せる。
江戸末期のころは戦いのあった場所も、長閑な風景が広がる。

延命寺

地形のようで、境内だけが盛り土をしたように周辺よりも高くなっている。それほど高くはない石磴（石段）を上ると、かなり遠方まで見渡すことができたようだ。ここには描かれていないが、絵の右下の方に境川の流れを望むことができ、石ケ瀬川が境川と合流した少し下流には、深緑の樹々の間から刈谷城の粉壁《ふんぺき》（白壁）を見ることができたという。村木砦のあった場所の近くを、今はJR武豊線が走っている。

刈谷城は、境川の対岸にあった緒川《おがわ》城の城主水野忠政によって、天文二年（一五三三）に築城された。忠政の娘が徳川家康の生母於《お》大《だい》の方である。忠政が死去した後、家督を継いだ次男信元は勢力拡大と生き残りをかけて三河の今川方についたり、尾張の織田方と協力するなどする。

渡辺半蔵守綱
武功をあげる

境川は三河と尾張の境の川である。いわば国境線だ。三河と尾張の覇者がせめぎあう前線だ。石ケ瀬川は大府村と村木村の境を流れる。この川を挟み何度か戦いがおこなわれている。

永禄元年（一五五八）には後の徳川十六神将の一人、渡辺半蔵守綱と水野信元が戦った。半蔵はこの時、数えの十七歳であったが軍功をあげる。永禄三年（一五六〇）と同四年（一五六一）にも石ケ瀬川で合戦があった。渡辺半蔵は、その後の幾たびかの合戦でも豪勇ぶりを発揮、しかも槍の使い手でもあったため、「槍の半蔵」の異名で呼ばれるようになる。

村木砦の右方に見える首塚は当時の戦死者を葬った場所だ。また「三本松」については地名としても残されていないようでよくわからないが、これもおそらく、当時の合戦で亡くなった者を葬った塚の跡ではないかと思われる。

石ケ瀬川

村木砦址（東浦町）

江戸時代の尾張の風景を活写①
～『尾張名所図会』とは

江戸時代の尾張に関する資料や本の中で、よく『尾張名所図会』が挿絵に使われる。名所旧跡の解説文や昔の風景などを書いた案内板などにも、名所図会の絵をしばしば見かける。

『尾張名所図会』は前編、後編、附録（小治田《おわりだの》真《ま》清《し》水《みず》）の三編から成り立ち、全部で五百数十点の絵が収録されている。印刷発行されたのは前編が天保十五年（一八四四）、後編は明治十三年（一八八〇）、附録は昭和五年（一九三〇）である。

前編は尾張八郡のうち、愛智郡、知多郡、海東郡、海西郡の四郡、後編は中島郡、春日井郡、葉栗郡、丹羽郡の四郡が収録されている。附録は前編と後編を補うためにつくられたもので小治田真清水と名づけられているが「小治田」は「尾張の田」、「真清水」は「増水」の意味を掛けたという。

前編の出版から附録が出版されるまで百年近く隔たっているが、ほとんどが天保年間（一八三〇―一八四三）に取材、調査した内容である。後編や附録も遅くとも嘉永六年（一八五三）までの事柄について書かれている。

出版が遅れた理由は、後編については経費の問題、附録については名古屋城付近の図を載せていたことが、藩にとって軍事上の問題となって出版許可が与えられなかったのではないかといわれている。

山崎川の檀渓橋（昭和区）のたもとに設置された尾張名所図会「檀渓」の絵

26

かつてはブランド塩の名産地

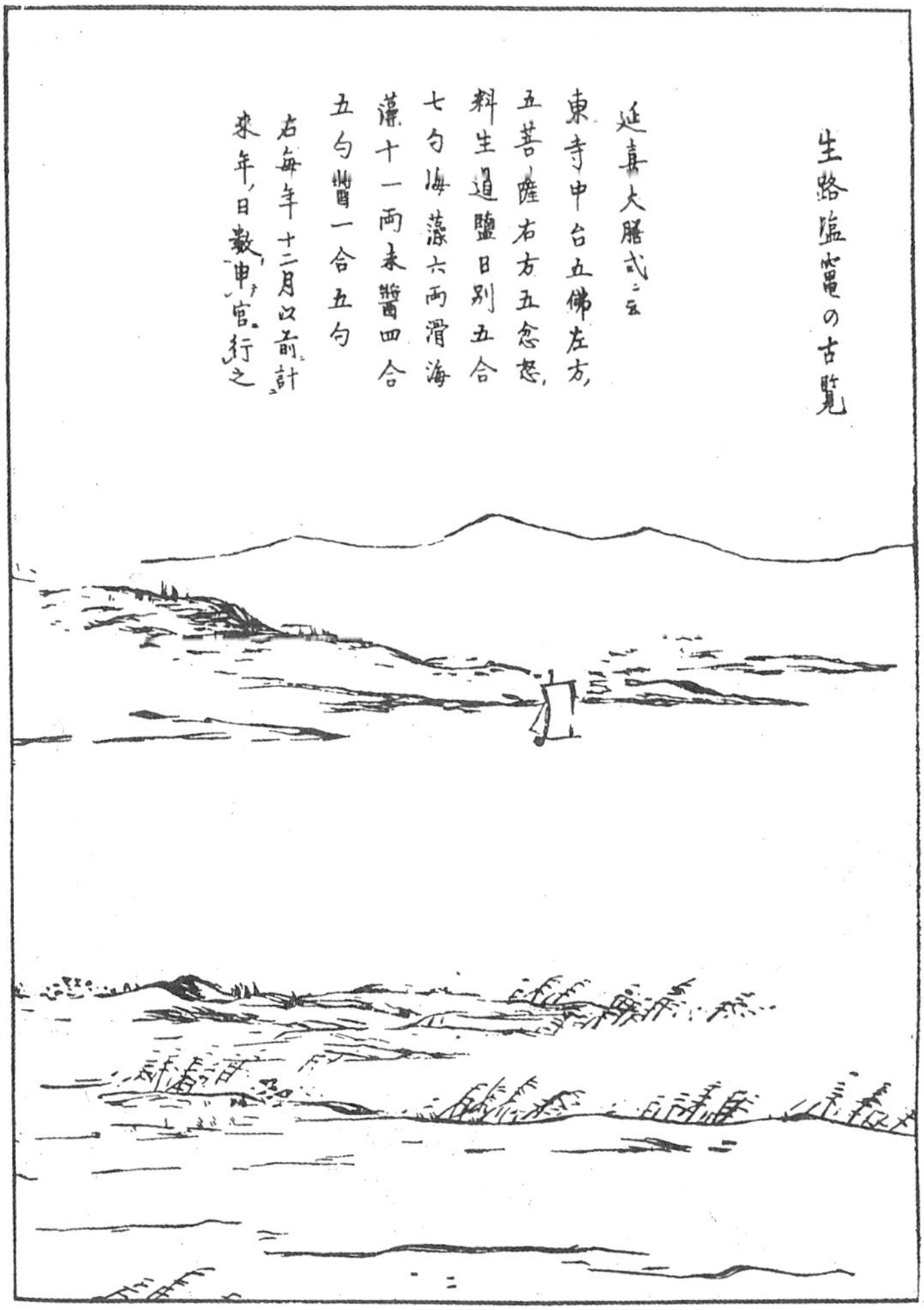

生路の塩づくりは千年以上の昔から

大府の延命寺からほぼまっすぐに南へ下り、境川と逢妻川が合流した少し下流の右岸、現在の東浦町に大字生路《いくじ》がある。昔の生路村だ。今では堤防によって塩づくりのできるような浜はなくなっているが、かつて、ここは生路塩《いくじしお》のブランドで知られた塩の産地であった。

図会に、「延喜主計《かえず》式に『尾張国生道塩一斛《こく》六斗』と見えたり」との記述がある。延喜式とは延喜五年

塩の生産、流通はながく国によって管理されていた。
江戸時代には知多半島や名古屋南部でも良質な塩がつくられていた。

（九〇五）から編纂された律令（法律）の施行細則である。「式内社」と表記された神社を見かけることがあるが、これは「延喜式神名帳」に記載された、祈年祭や新嘗祭をおこなう官社のことである。簡単に言えば千年以上の歴史を持つ神社である。延喜主計式に記載されている生路塩は千年以上前から都に塩を納めていたということである。なお、生路は古くは生道と表記されていた。

　都に納められた生道（路）塩は堅塩で、当時の供物に使われていたという。生路で塩がつくられ始めたのは三世紀ごろからで、製塩に使った土器もいくつか発掘されている。お碗の下に棒がついているような形で、棒の部分を土に差し込み、下から火を焚いて水分を飛ばして塩にしていたようだ。いきなり海水を土器に入れて煮詰めるのではなく、まず海草を海水に浸けて乾燥させることを繰り返し、最後にその海草を焼いた灰を海水に溶かすことで塩分濃度の高い海水にしてから煮詰めていたようだ。

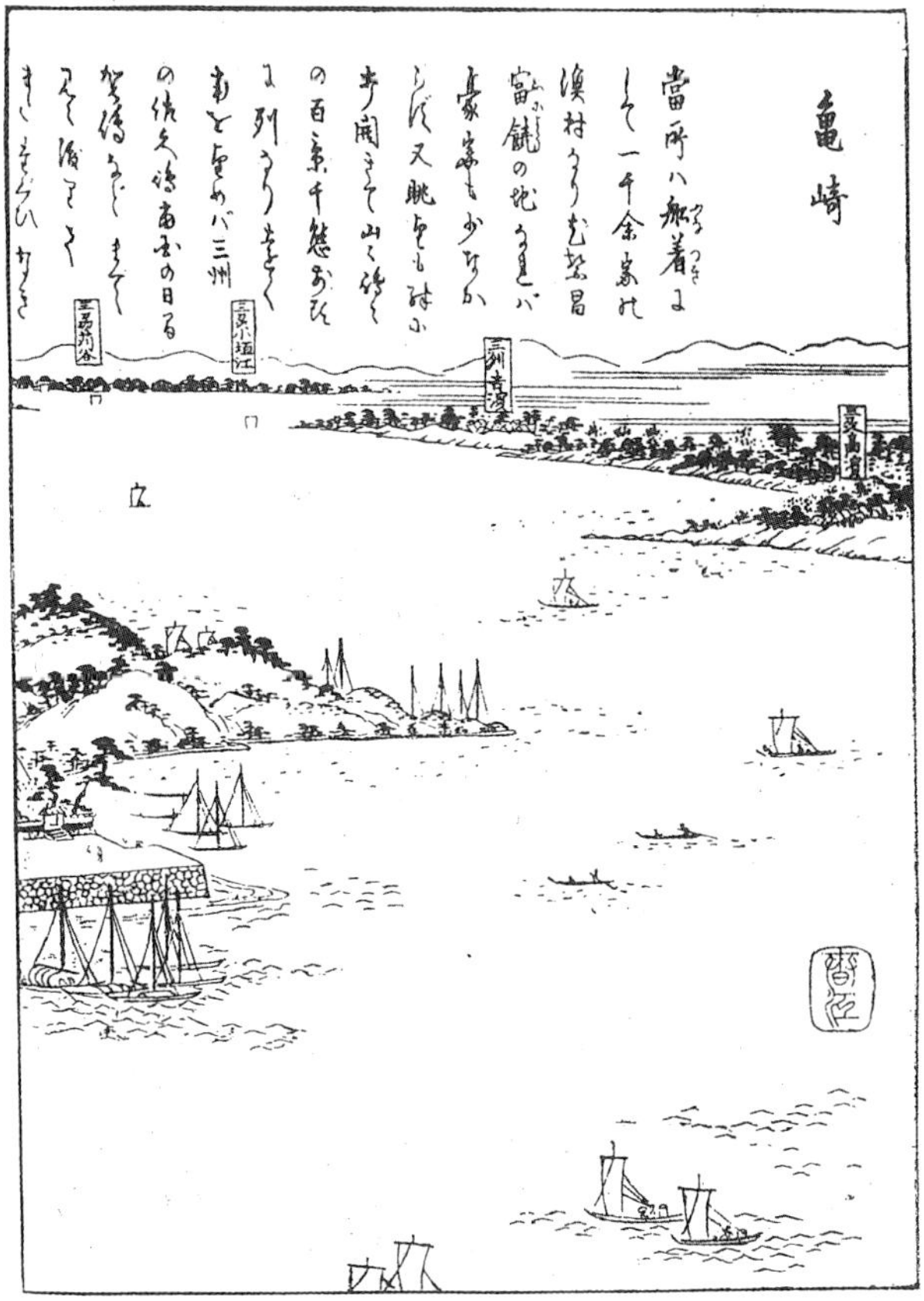

塩づくりから砂糖づくりへ

ところが十一世紀ころから、瀬戸内や赤穂などで塩田を使い塩が大量生産されるようになり、生路塩は衰退していく。江戸時代に饗《あえ》庭《ば》（吉良町、現西尾市）、成岩《ならわ》（現半田市）、前浜（現名古屋市南区星崎）などで塩田による塩がつくられるようになる。生路の海岸もほとんどが塩田になっていたという。しかし、これらの塩も明治になると衰退していった。

図会の「生路塩竃の古覧」には塩田が描かれていない。千年以上前の生路村の海辺の様子なのだろう。しかも浜の前は浜というよりは河口の雰囲気だ。現在、対岸は高浜市新田町となっている。絵に見える海の多くが干拓などによって陸地になったようだ。図会の前編巻六「亀崎」を見ると、入江のかなり奥に「境川下流」と書かれている。

ところで、生路村では享保（一七一六―一七三六）の末ごろ、原田某が琉球からサトウキビの種を伝え、原田喜左衛門が塩ではなく砂糖をつくり藩主に献上していたという。

絵にはないが、生路井《いくじのい》について書かれている図会の説明では「常照庵薬樹詩序」に昔、熱田の霊祠（日本武尊）が東征するとき、生路村に来た。喉が渇いたのである岩に弓を打ち込んだところ、泉が湧き出したので「生路井」と名づけた。この水は心の穢れた者が汲むと濁るという。

常照庵は常照寺のことで、いつも青々と茂る香木に似た木があった。しかし、薬になるということで、この木を大切にしていた住職が切り取って人々の役に立てたという。

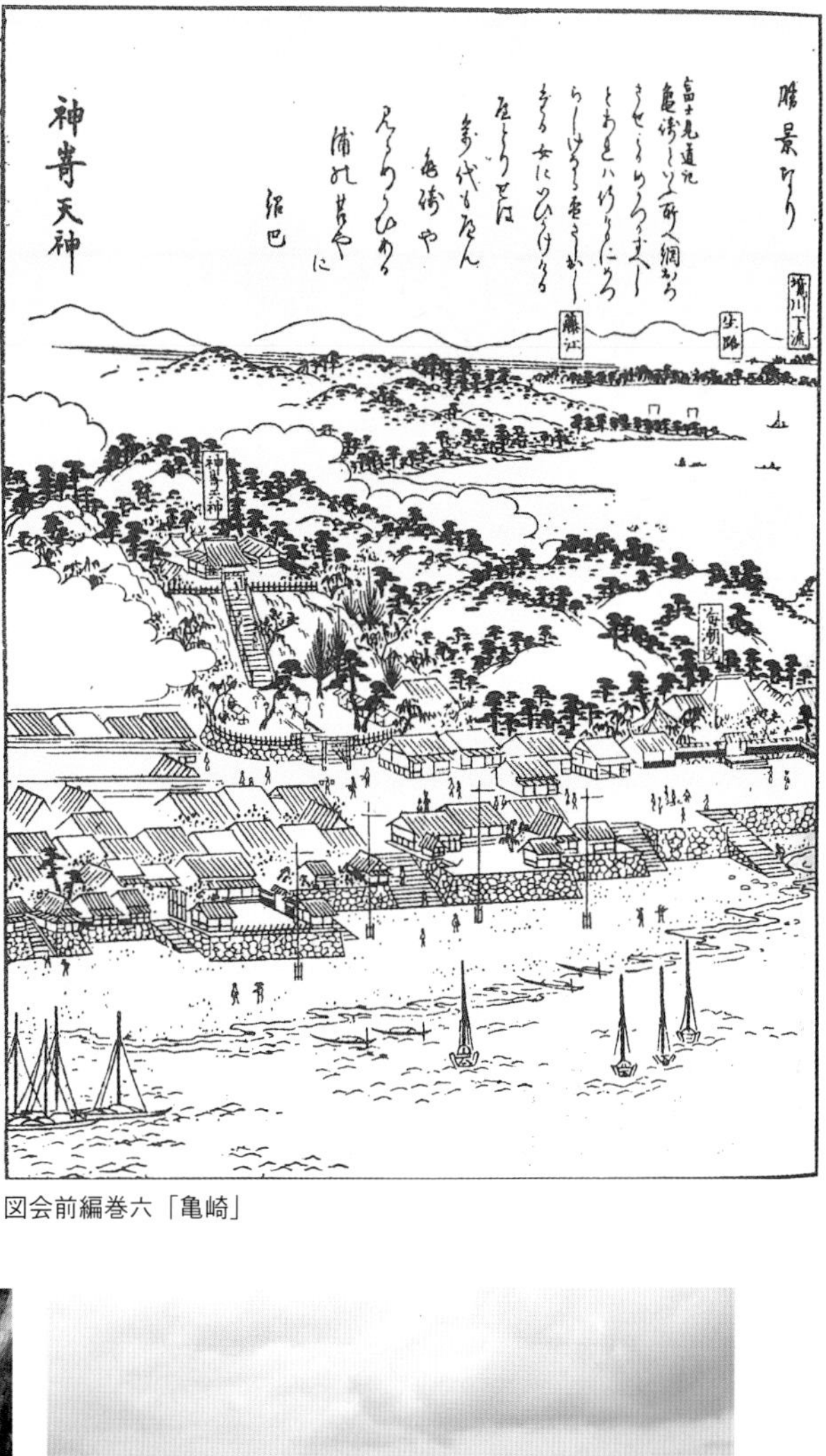

図会前編巻六「亀崎」

生路井

亀崎海浜緑地から衣浦大橋を望む

27 羽豆と幡豆、地名に残る風景とは

幡豆、羽豆、幡頭、箭筈

南知多町にあるのは羽豆崎、羽豆神社、羽豆城址。一方、同じ愛知県内の三河には幡豆神社や幡豆寺部城址があり、地名としての幡豆郡、幡豆町があった。両方とも読み方は「ハズ」だ。ところが南知多町にある羽豆崎は図会では「幡頭崎・幡豆崎」として紹介されている。そして「羽豆ともかけり」というからややこしい。

「その形、箭《や》のごとく、この崎は東南の果てにありて、

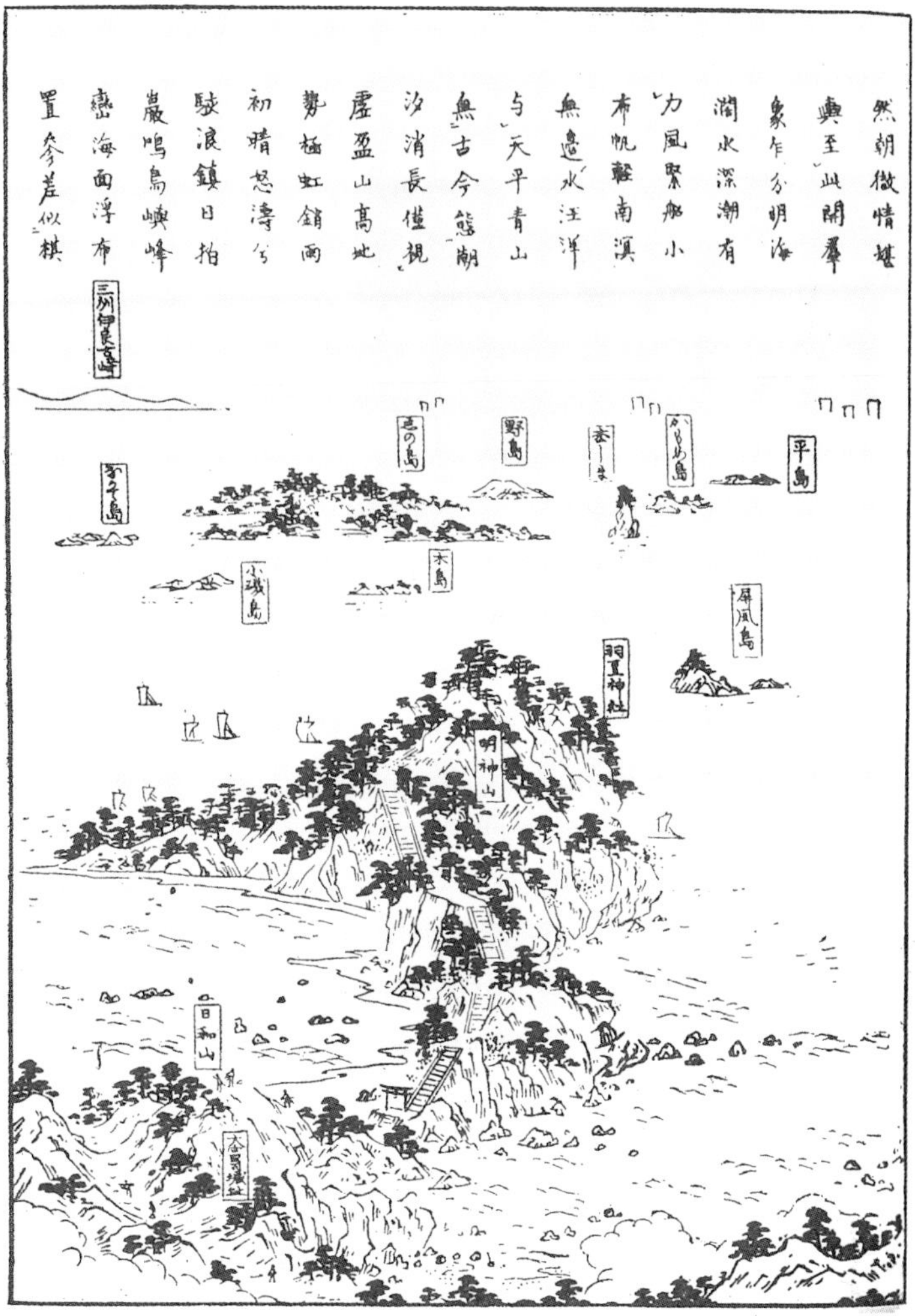

昔と同じ風景が残されている場所はどんどん減っている。知多半島の先端部には昔の地形がかなり残っている。ただ蜃気楼や真珠など、今ではほとんど見られなくなったものもある。

羽豆岬からの眺め　左端が日間賀島、右端が篠島

箭の筈《はず》に似たれば、羽豆の称《とな》えここに起こる云々」と述べている。つまり矢の弓弦にかける部分に似ていることが羽豆の語源だという。確かに地図を見ると、岬の

羽豆神社

突端部の真ん中が少しくびれて、矢筈のように見えなくもない。

三河にある幡豆は、昔は波豆、芳豆、芳図などとも書かれていたことがあり、停泊地を意味する泊《はく》が訛って「ハズ」になったなどいろいろな説があるようだ。三重県の鳥羽も、舟の停泊地である「トマリ」が訛ったともいわれている。

羽豆崎について「この崎は断崖千仞《せんじん》、巉岩《ざんがん》百尺、地軸も絶ゆるばかりに高く峙《そばだ》ち、古木森然として僅かに歩を通ず」と紹介している。かなりオーバーな表現ではあるが、鋭く深く切り立った断崖と鬱蒼と茂る樹木に覆われている様子がうかがえる。しかもここからは三河湾に浮かぶ数々の島ばかりか、遥か伊勢の朝熊《あさま》山、伊良湖岬、富士山などを望むことができるとしている。

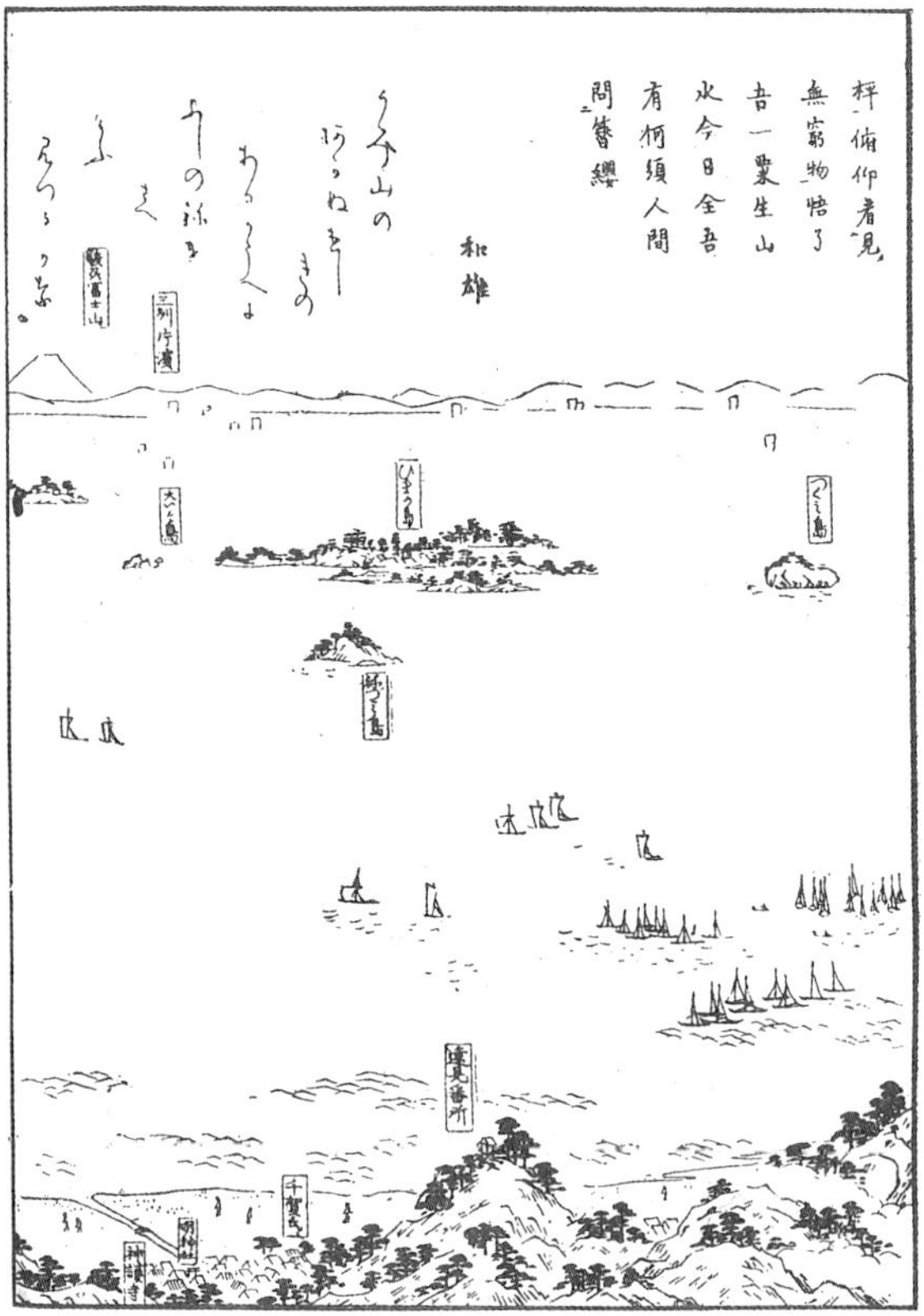

羽豆崎の頂上にある羽豆神社で、いまね樫（ウバメ樫）だけが茂っているとあるから、現在と植物相も変わっていないようだ。図会によると、羽豆神社は海中に張り出し数十仞の巌上（岩上）にあって数百の石磴（石段）をよじ登り、絶頂の径はわずか一間（一・

郵便はがき

料金受取人払郵便

名古屋中局
承認

9014

差出有効期間
2026年9月29日
まで

460-8790

101

名古屋市中区大須
1-16-29

風媒社行

注文書◉このはがきを小社刊行書のご注文にご利用ください。

書名	部数

郵便振替同封でお送りします（1500円以上送料無料）

風媒社 愛読者カード

書　名

本書に対するご感想、今後の出版物についての企画、そのほか

お名前　（　　　歳）

ご住所（〒　　　　　　）

お求めの書店名

本書を何でお知りになりましたか
①書店で見て　②知人にすすめられて
③書評を見て（紙・誌名　　　）
④広告を見て（紙・誌名　　　）
⑤そのほか（　　　）

＊図書目録の送付希望　□する　□しない
＊このカードを送ったことが　□ある　□ない

風媒社　新刊案内

2024年
10月

寝たきり社長の上を向いて

佐藤仙務

健常者と障害者の間にある…
いくため挑み続ける著者が、…
や未来をひらく出会いの日々を…

近鉄駅ものがたり

福原トシヒロ　編著

駅は単なる乗り換えの場所ではな…
の入口だ。そこには人々の営みが息…
物広報マンがご案内！

名古屋タイムスリップ

長坂英生　編著

おなじみの名所や繁華街はかつて、ど…
全128カ所を定点写真で楽しむ今昔写…
年記念出版。

税…

〒460-0011
名古屋市中区大須 1-16-29
風媒社
電話 052-218-7808
http://www.fubaisha.com/

[直販可　1500円以上送料無料]

名古屋で見つける化石・石材ガイド
西本昌司

地下街のアンモナイト、赤いガーネットが埋まる床……界や日本各地からやってきた石材には、地球や街の
秘められている。

1600円

ぶらり東海・中部の地学たび
森 勇一／田口一男

災害列島日本の歴史や、城石垣を地質学や岩石学の
ら読み解くことで、観光地や自然景観を〈大地の
視点で探究する入門書。

2000

名古屋からの山岳展望
横田和憲

名古屋市内・近郊から見える山、見たい山を紹
徴やおすすめの展望スポットなど、ふだん目に
もっと身近になる一冊。

15

名古屋発 日帰りさんぽ
溝口常俊 編著

懐かしい風景に出会うまち歩きや、公園
ディープな歴史散策、鉄道途中下車の旅など
に詳しい執筆者たちが勧める日帰り旅。

16

愛知の駅ものがたり
藤井 建

数々の写真や絵図のなかからとってお
その絵解きをとおして、知られざる愛
こした歴史ガイドブック。

16

伊勢西国三十三所観音巡礼
◉もう一つのお伊勢参り
千種清美

伊勢神宮を参拝した後に北上し、三
辺まで、39寺をめぐる初めてのガ
を巡る、新たなお伊勢参りを提案

写真でみる 戦後名古屋サブカルチャー史
長坂英生 編著

ディープな名古屋へようこそ
い名古屋の大衆文化を夕刊紙
真でたどる。

変わったもの……変わら

「透明で見えない壁」を壊して
自身が立ち上げ経営する会社
綴る。
1500円+税

づいている。
地域の歴史や文化へ
1600円+税
元近鉄名

んな風景だったか？
昭和10
真集。
2000円+税

羽豆城址

八メートル）の幅だという。また、この山の麓に日和山《ひより》があり、ここに羽豆崎城があった。

内海の浦々からは蜃気楼

この辺りでは鯨を捕っていた。捕り方は数十艘の漁船を使い銛《もり》で突き留めるのだが、その時は必ず千賀氏に申し出て指揮を受けなければならなかった。千賀氏は尾張藩で船奉行を勤めていた家柄だ。近くには千賀氏の屋敷もあり、東御番所で往来する船を見張っていた。

図会前編巻六「幡頭崎」
佐久島（左ページ右端）と日間賀島（右ページ中央）

また、春夏の天気の良い日には、内海などの浦々から蜃気楼が見られるという。周防《すおう》では濱遊、越中では狐の森というがすべて同じもので、蜃蛤《しんこう》（巨大なハマグリ）の吐く気ともいわれるとしている。

師崎の辺りではアワビ、ハマグリ、イガイから真珠が捕れ、「尾張真珠」といわれていた。

千賀氏屋敷跡にある碑

28

「虫送り」と「虫供養」自然とともに生きる人々

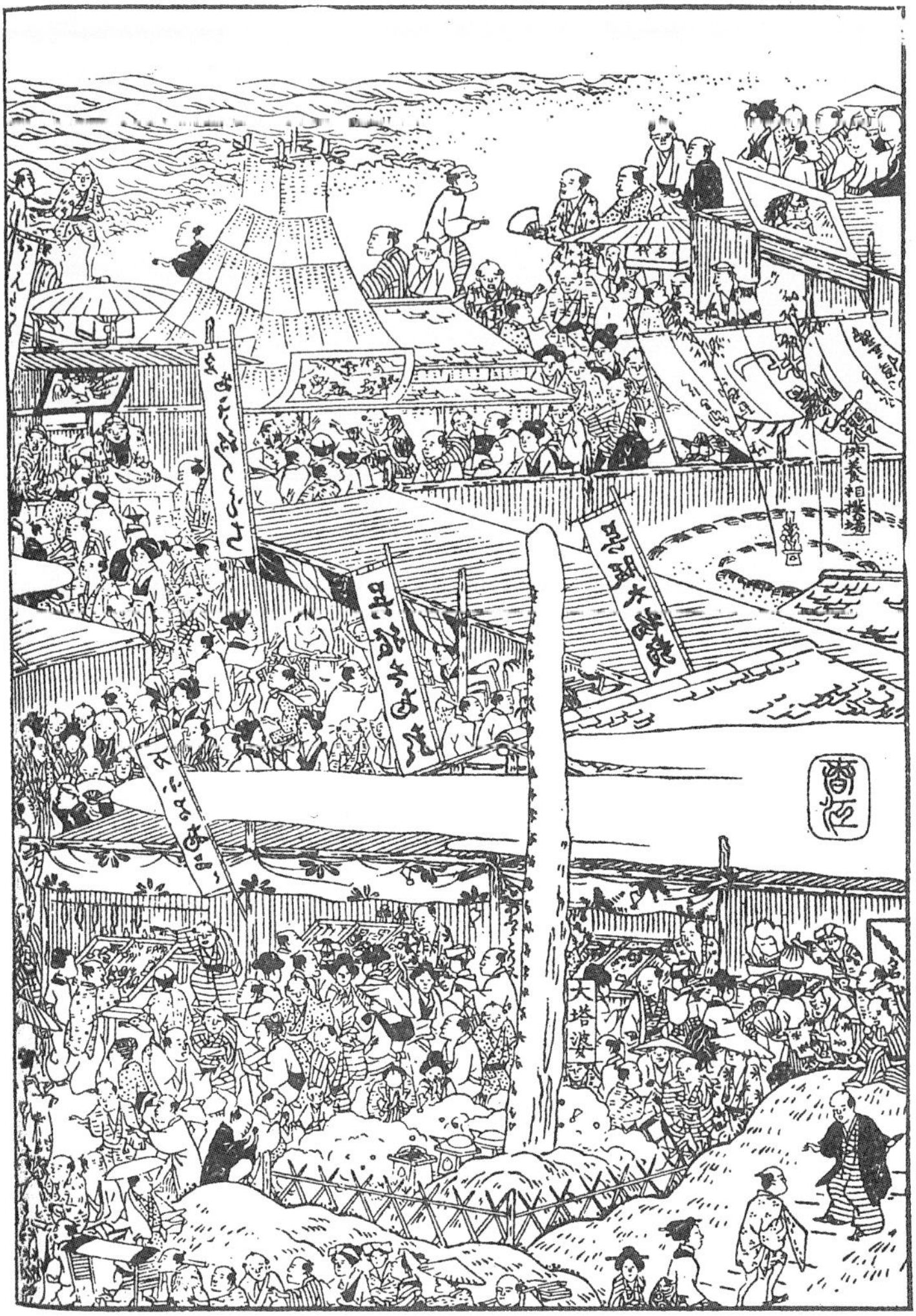

虫送りと虫供養

自然との共生、生物多様性、環境保全などが叫ばれる現代だが、昔の人たちは、自然とどのように接していたのだろうか。

農業や漁業はもともと自然を相手にしていた。当然、自然の怖さや脅威を知る半面、自然の美しさや優しさも知っていた。機械化される前の農業は基本的に手作業である。田畑に生える雑草やそこに生きている虫や蛇、モグラ、田んぼの魚やカエルなどを間近に見ながら農作業を営んでいたわけ作物を食べる虫を追い払う「虫送り」と、その犠牲を悼む「虫供養」。
「害虫」といえど、その命を弔う気持ちを大切にしていた。

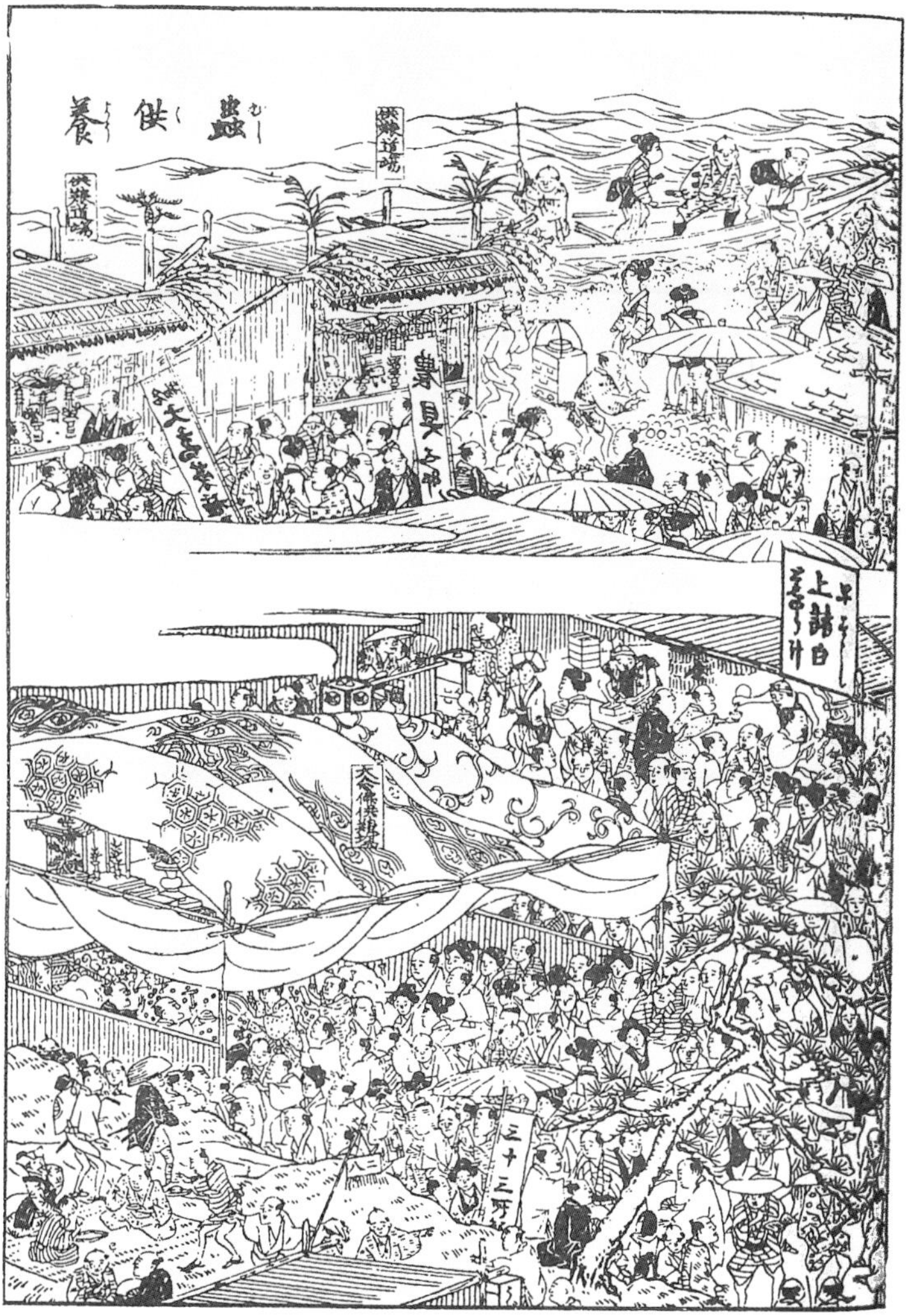

道場小屋（写真提供／阿久比町役場教育委員会）

で、おのずと動植物に対する知識を学ぶ。食べられる動植物や人に危害を加える動物、あるいは人の目を楽しませてくれる花や虫などについて、現代を生きる人間よりもはるかに深く知っていたと思われる。

　農薬が普及する前は「虫送り」という害虫駆除の行事が全国各地の農村でおこなわれていた。この行事は、平安時代、平家の武将斎藤実盛《さねもり》の乗っていた馬が稲の切株に足を取られて討死した。そこで稲が虫に食い荒らされるのは実盛の霊が稲の虫になったためだということで、その霊を鎮めるところから始まったともいわれている。

　また一方で、人間のために犠牲になった虫を供養する「虫供養」もある。豊かな実りは、決して人間だけのためではなく、生きとし生けるものすべてに対するものだと感覚的に理解していたのではないだろうか。人間に害を与える存在として村から追い出す「虫送り」と、死んだ虫を弔う「虫供養」、一見矛盾するようだが、そこに、かつての日本人の自然との付き合い方がみてとれるようでもある。

供養も娯楽の一つ

　今でも愛知県下の多くの地域で虫供養の行事がおこなわれている。阿久比町で毎年秋分の日におこなわれる「知多の虫供養行事」は県の指定無形文化財となっている。阿久比の虫供養は昔から規模が大きいことで知られ、図会でも取り上げられている。

　虫供養そのものは知多出身で融通念仏の始祖 良忍上人（一〇七二―一一三二）によって広められたとされているが、図会によると平安時代の醍醐天皇（八八五―九三〇）の時代、この地を領していた英比丸《あぐいまる》が没した後、村人が彼を祀って供養したのが始まりとされている。知多郡の西浦十四カ村、東浦十六カ村が一年に一カ村ずつの当番で受け持っていた。今も、阿久比の虫供養では町内十三地区の持ち回りでおこなわれている。年番となった村は正月七日に供養の本尊となる三尊の阿弥陀仏を開扉し、八月の彼岸に、供養場を設け、念仏和讃をおこなう。この法会に僧はいない。

　浜でおこなう供養は浜供養、山でおこなう供養は山供養といった。供養場の中央に大きな仮屋をつくり、そこに本尊を安置し、「念仏供養場」としたほか、道場と称する小さな仮屋も三つ建てる。大塔婆として、銘文を記した一〇メートルほどの丸木を立て、虫の塚とした。

　現在も阿久比町の虫供養は当番

道場（写真提供／阿久比町役場教育委員会）

道場小屋（写真提供／阿久比町役場教育委員会）

の地区が一年をかけて準備し、秋分の日におこなわれる。テントを用いて七つから八つの小屋がつくられ、小屋には菩薩などを描いた掛け軸をかけ、それらをひとつずつ回りながらお参りをする。また大卒塔婆にはお供え物を飾り、根元には砂が盛られ、この砂を踏むと子どものかんの虫がおさまり、丈夫で元気に育つとされる。道場小屋の中では百万遍が唱えられる。

図会でも食べ物を売る店がある。浜には船で訪れる人、丘の上ではゴザを敷いて飲食を楽しむ人も描かれている。図会では「尾南第一の壮観にして、群参の夥しき事、図を見てしるべし」と述べているが、当時の農村にとっては娯楽としての大きな意味もあったようだ。

大塔婆（写真提供／阿久比町役場教育委員会）

29 日本武尊と宮簀媛のロマンの地は火上と呼ばれていた

熱田神宮のもととなった宮

「氷《ひ》上《かみ》姉《あね》子《ご》」の名前から、女子のスケート選手の守り神としても知られるようになったが、もちろん「氷」とは関係がない。もともとここの地名が「火高火《ほだかひ》上《かみ》」であったが、火災を嫌い「火高」を「大高」に、「火」を「氷」に変えたとの説もある。大高は桶狭間の戦いの時、松平元康（徳川家康）が兵糧入れをおこなった城のあるところだ。その大高城址から西南へ約七〇〇メートル、名古屋高

熱田神宮の御神体となっている草薙神剣。日本武尊が伊吹山の賊を退治するとき、宮簀媛に預けた。その宮簀媛の館があったのが氷上姉子神社だ。緑区、天白区には尾張氏と関係の深い場所が幾つか残されている。

速大高線のすぐ西側に氷上姉子神社がある。

愛知県の西部は尾張と呼ばれているが、その語源について、図会では知多半島が「尾」のように「張」り出しているからなどの説を挙げている。語源はともかく、古代において、この地

氷上姉子神社

を治めていたのは尾張氏であった。尾張氏の祖は天火明命《あめのほあかりのみこと》とされ、その子孫が呼止与命《おとよのみこと》で、息子である建稲種命《たけいなだねのみこと》は日本武尊《やまとたけるのみこと》が東征した折、副将軍として軍功をあげた。伝説では建稲種命の妹が日本武尊の妻となった宮簀媛《みやずひめ》で、その居館があったのが氷上姉子神社とされる。

図会によると、姉子とは夫のない少女《おとめ》のことだという。宮簀媛は日本武尊の妻だとする説、許婚者ではあったが、結婚はしていないとする説、さらに最近では女性の神官を指す言葉であって、それが日本武尊伝説と習合したなどの説がある。

一般には草薙神剣は日

図会前編巻三「日本武尊宮簀媛命と一別の時」

本武尊が亡くなった後も宮簀媛が守り、やがて、祠をつくり、熱田社と名づけた。宮簀媛が亡くなると住まいの跡に氷上姉子神社がつくられたと伝えられている。

この地に勢力を張っていた尾張氏

図会で白鳥山となっているのが現在の火上山と呼ばれる場所で、かつては「沓脱島《くつぬぎじま》」と呼ばれていた。白鳥山の頂上の少し下に「元宮」とあるが、ここが熱田社と名づけられて草薙神剣を最初に祀った場所のようだ。図会では元宮のほかにも神明社、白鳥祠、大氏祠、白山祠、物部祠の文字が

宮簀媛の館があったとされる元宮

元宮へはこの鳥居をくぐって坂道を上る

見えるが、現在もあるのは元宮と神明社だけである。ここで気になるのが物部祠である。

尾張氏よりも前にこの地域に勢力を持っていたのが物部氏とされ、現在の北区を中心に支配権力を伸ばし、東区、千種区などを生活圏にしていたともされる。そして尾張氏に統合されていったという。

天白区の平針にある針名《はりな》神社には天火明命の十四世孫にあたる尾《お》治針名根連命《はりはりなねのむらじのみこと》が主祭神として祀られている。氷上姉子神社と針名神社は天白川でつながっている。

針名神社

針名神社から天白川を越えた北東にある植田八幡宮の境内にある小山は、もともと前方後円墳で全長は八〇メートルあったと伝えられてきた。実際、令和元年（二〇一九）、東海工業専門学校金山校建設学部測量学科（名古屋市中区）が緻密に計測したところ、その規模は言い伝えられてきた通りの古墳であることがわかった。

図会では白鳥山の左に海が見える。山の向こうに天白川の河口があったのだろう。そして山の右側を今では名古屋高速が走っている。

植田八幡宮。右に見える林が植田八幡社古墳

30

小野小町と安倍晴明、となりあう伝説の塚

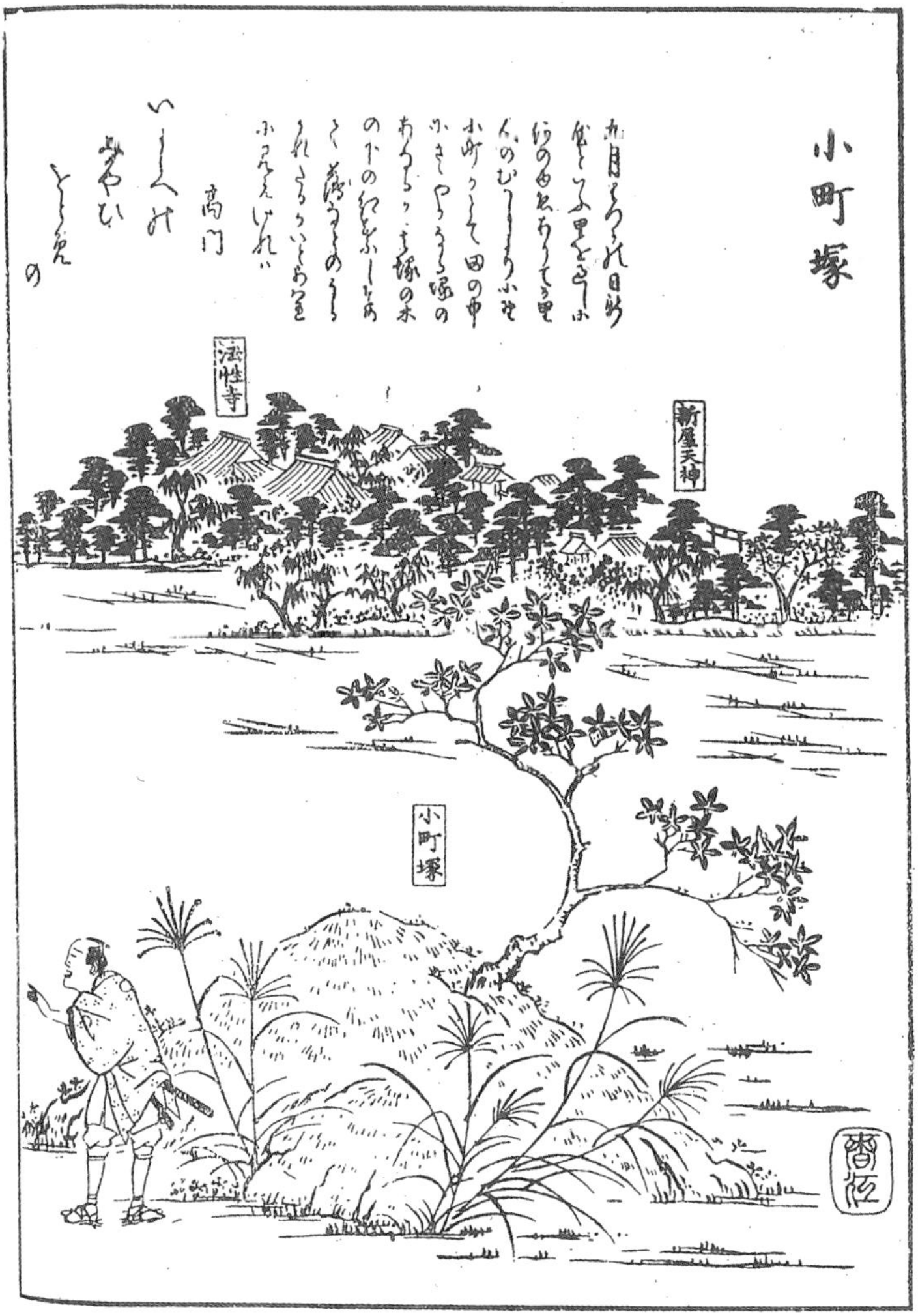

小町八百八十年忌に見つかった観音像

クレオパトラ、楊貴妃とともに世界三大美女の一人に数えられる小野小町。有名な人物ながら出身地、生没年月など、不明なことが多い。小町の出身地として一般には秋田県湯沢町小町が知られているが、他にも山形県、福島県、福井県、神奈川県、滋賀県、京都府など、いくつもの説がある。墓についても秋田県、山形県、宮城県などから京都府、和歌山県、鳥取県、岡山県など十数カ所に及ぶ。

平安時代の女流歌人で、当時の代表的美人とされる小野小町。ところが年老いてからは流浪の身となり、悲壮な最期を迎えたとされ、その墓は全国にある。一方、陰陽師として名を成し出世を遂げた安倍晴明。二人にまつわる塚が奇しくもほど近い場所にある。

小町は平安時代前期の公卿で、学者としても知られる小野篁《たかむら》の孫だと伝えられている。なお、春日井市出身とされる書家の小野道風も篁の孫である。

　小町が亡くなった地と伝えられるところは全国各地にあるが、あま市もその一つである。図会によると寛永八年（一六三一）、新居《にい》家《や》村（現あま市）の九朗右衛門の家に年齢八十歳ほどの僧が訪ねてきて、小町の遺跡はどこかと聞いた。僧は小町の生涯を語り、今年は小町の八百八十年忌にあたる。小町が終身持っていた如意輪観音像が塚のなかにあり、それが出てきたら小町の菩提となると語った。法性寺の住職らが塚を掘ると銅像の観音が出てきたの

小町塚

晴明塚は小町塚から200～300メートルほど離れた田んぼの隅にあった

で、法性寺に納めたという。

また、同じ新居家には平安時代の陰陽師である安倍晴明の塚もある。晴明がこの地に来た時、農民が田に生える雑草のことを患《うれ》いていたので、幻術を用いて雑草を取り除いたため、村人が塚を築き祀ったと伝えられている。図会では小町塚と晴明塚が隣り合っているように描かれているが、実際はもっと離れている。

小町塚の上方に見える法性寺は大化年中（六四五―六五〇）、受戒した一人の村人が、すべての病が取り除かれるようにと薬師如来像を彫っていた時、一人の老人が宿を乞うた。その老人は仏工で、泊めていただければ、あなたの若い頃からの志を遂げてあげますという。そこで部屋を一つ与えると、霊像を与え、私は薬師菩薩であるといって消えた。宿を貸した村人はお堂をつくり霊像を安置した。やがて天智天皇の代（六六八―六七一）に勅願所となり、十二の堂宇を持つ大寺院となった。戦国時代の終わり頃には多くの坊が廃絶したが、残された坊の一つを本堂のあった境内に移し、今の寺号にしたと伝えられる。小町塚から出てきたとされる持仏は寺宝となっている。図会を見ると、新屋天神が法性寺の境内にあったことがわかる。また、左には石作天神が見える。

塚の周りにススキの穂が開いているが稲穂は見えない。渡り鳥の雁が飛んでいる。秋が深まりつつあるようだ。

小町が持っていた如意輪観音像を寺宝とする法性寺

時代とともに変わる川の流れ

図会によれば、新居家川は魚鼈《ぎょべつ》（魚やスッポンなど水産動物の総称）が非常に多く、名古屋城下からたくさんの人が釣りなどを楽しむため訪れたという。絵には描かれていないが新居家橋はこの川に架かる津島道の橋とも書いてある。

新居家川はどこにあったのか。現代の地図を探すと名古屋鉄道津島線を挟み、福田川に新居屋橋ポンプと新居屋排水機場がある。新居家川はどうやら福田川の昔の名前のようだ。ところが図会の「蟹江川」のところでは、水源は新居家川で多くの溝や川を合わせて流れているとしているが、福田川は蟹江川へ流入していない。

どういうことだろうか。かつて、この辺りは多くの川が入り乱れていたが、江戸時代に河川改修工事がおこなわれている。さらに明治時代以降、河川改修が促進した。昔と今では川の数も流路もかなり異なっているようだ。

福田川と新居屋排水機場、甚目寺第３排水機場（右）

31 江戸時代最大の眼科病院

お寺が果たしてきた重要な役割

　現代人は寺との関係がどんどん薄れている。身内がいないとか、故郷を遠く離れているなどの理由で墓じまいをする人が増え、檀家の数が減り、寺じまいする寺も増えている。寺との関係とはいっても、現代人の多くは葬儀や法事の時にお坊さんと会う程度だ。しかし、近年は葬式そのものをおこなわない人さえ増えているという。

　江戸時代の人々はさまざまな形で寺とつながってい

寺の持つ役割は時代によって変化している。江戸時代には寺請制度がつくられ、行政の末端業務を行ったり、名古屋大須の寺の中には、境内に見世物小屋がつくられ、娯楽を提供することもあった。また寺全体が病院としての役割を果たすところもあった。

た。江戸時代の終わりころの日本人は西欧に比べても非常に識字率が高かった理由の一つに、寺子屋が発達していたともいわれる。またキリシタンではないことや、旅をする時の身分証明となる寺請制度など、ある

明眼院の参道

種の役所的な機能を持っていた。名古屋大須の寺では見世物小屋を出すなど、庶民にとっての娯楽の場でもあった。

旧多宝塔

境内にある切支丹灯篭

日本では寺がさまざまな役割を果たしてきたが、その中でも特筆すべきが、江戸時代において日本最大で最高の眼科病院であった馬島村（大治町）の明眼《みょうげん》院である。延暦二十一年（八〇二）、最澄の弟子であった聖圓がこの地に安養寺を建て薬師如来を祀ったのが始まりとされる。人々の信仰を集め、十八もの坊舎をもつ大寺院となったが、元弘・建武の後醍醐天皇による建武の新制（一三三三）の時の戦火で本尊の薬師如来と慈恵大師の木像だけを残し寺はことごとく燃えた。

七堂伽藍の代わりに多くの病棟

延文二年（一三五七）、清眼僧《せいがんそう》都《ず》が医王山薬師寺として再興、中国の医書を手に入れ目の治療をおこなうようになった。以来、この寺で眼病の治療がおこなわれる。日本にいくつかあった眼科治療の中でも特に優れていたので、地名をとって馬島流眼科と呼ばれるようになった。寛永九年（一六三二）、後水尾天皇の皇女の三の宮の治療をしたことで明眼院の寺号を授けられ、明和三年（一七六六）には桃園天皇の皇子を治療したことで「勅願寺」の格式を与え

かつてこの辺りに多くの診療のための建物があった

られた。ほかにも小堀遠州、円山応挙、本居春庭など、当代一流の画家や学者なども治療に訪れた。

絵には一般の寺院では見慣れない、男眼療寮、女人眼療寮、療泊場、針臺、松部屋、竹部屋、椿部屋、藤部屋などがある。仁王門の横や総門の近くには茶店、宿屋なども描かれている。これらは病棟や治療室、あるいは入院患者のための施設なのだろう。円山応挙の襖絵が描かれた書院は、現在東京国立博物館に応挙館として移築されている。庭園は小堀遠州が修築したものとされるほか、多くの宝物がある。

明眼院で修業した僧医が馬島（馬嶋）流を名乗り、その流れを汲んだ馬嶋姓の眼医者さんが今も多い。

小堀遠州作と伝えられる明眼院の庭

図会前編巻七「明眼院後園の林泉」

32
津島天王祭に匹敵する華麗な祭り

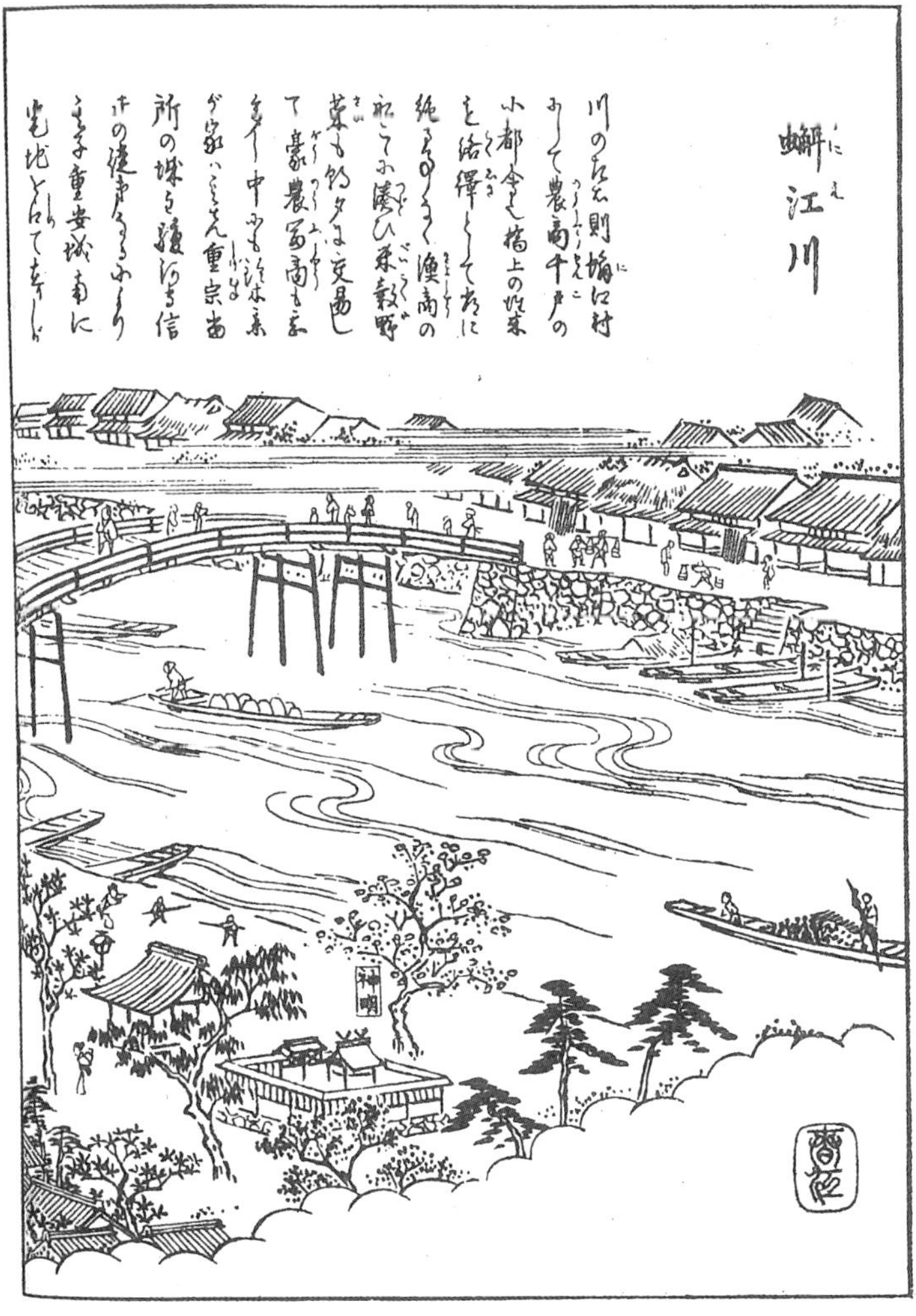

蟹が多く住む浦

蟹江町の町章は丸の中に横棒を三本引いた三引紋である。この紋は蟹江城城主であった佐久間氏の家紋である。蟹江城を築城したのは永享年間（一四二九―一四四〇）に赤目城城主であった北条時任とされ、天正十二年（一五八四）の小牧・長久手の戦いでは後半戦ともいえる蟹江合戦の舞台となった。

　小牧・長久手の戦いの時の城主は織田氏の重臣、佐久間信栄（正勝）であった。ただし、合戦の時は佐久間

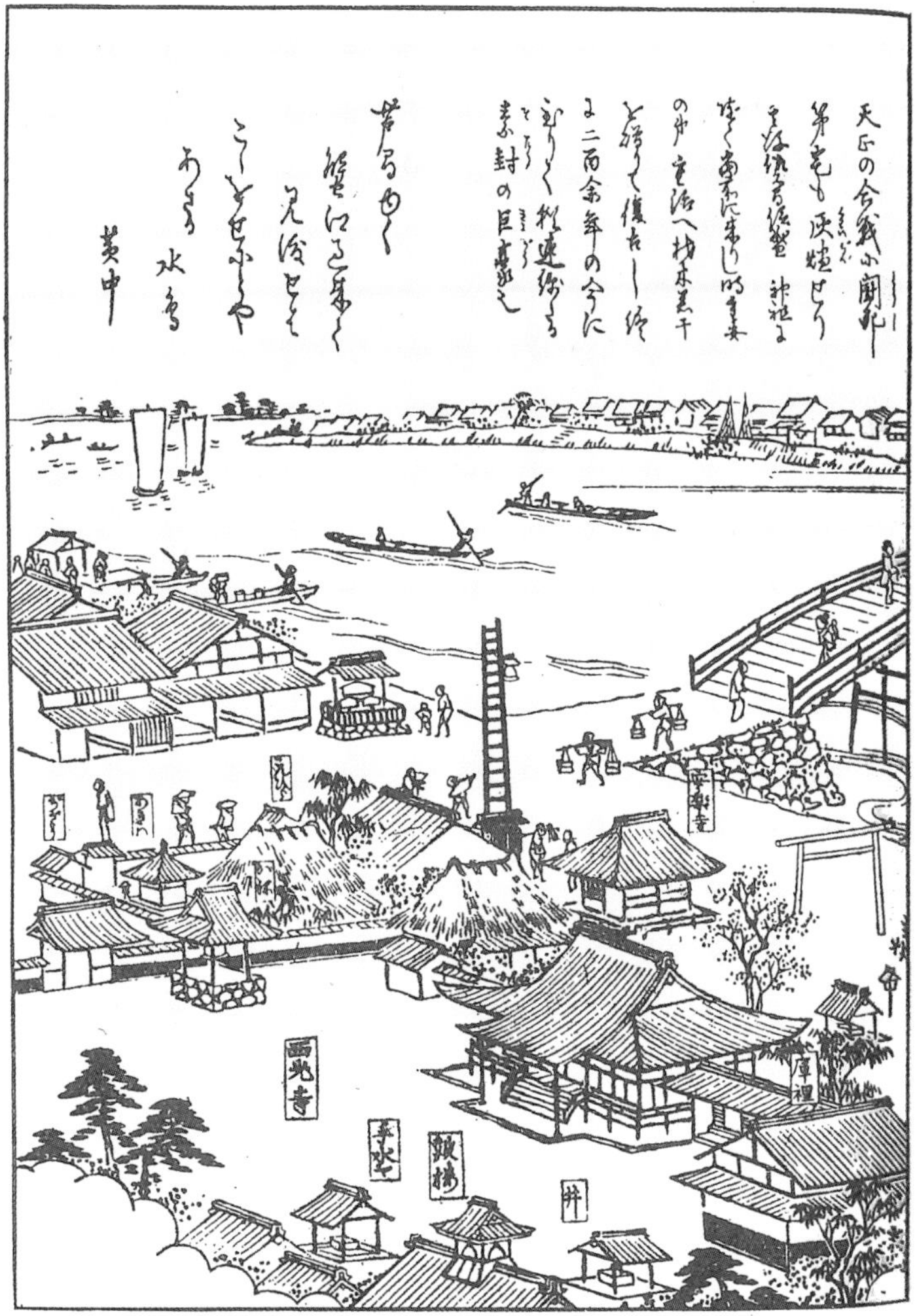

道路や鉄道が整備される前は大量輸送の中心は船であった。木曽川や蟹江川、日光川などは重要な交通路であった。舟運の拠点として、蟹江は大きく発展していた。

信栄が不在であったので、前田与十郎が留守居役を務めていた。結局、徳川家康によって城は落ち、廃城となった。

蟹江川に架かる橋を渡った先が安楽寺。その奥が西光寺で左の杜は蟹江神明社

図会では蟹江川は新居家川を水源とする大河であるとしているが、新居家川は、先にもふれたようにあま市を流れている現在の福田川のようだ。蟹江川は本町と新町の間を流れ、多くの溝江を集め図会に描かれている辺りで大河となっていたのだろう。確かに、現在も蟹江本町の辺りから川幅が広く

蟹江城址と、左端の電柱の辺りには本丸にあった井戸の跡がある

なっている。

　現在の福田川は南北にほぼ直線の流れだが、江戸時代には蛇行しながら蟹江川へと流れていたのを、河川改修によって蟹江川と切り離されたものと思われる。

　この絵は河口近くを描いているようである。蟹江は濃尾平野の先端部にあたり、舟運も栄えていた。蟹の多い浦であったことが蟹江の語源になったという。

蟹江合戦で焼かれた寺々

　絵には川辺に西光院と安楽寺が描かれている。両寺とも、蟹江城から南へ約六〇〇メートルのところにあり、西光寺の山号は城南山という。いつ創建されたのかは不明だが、かなりの歴史があるようだ。ただ、永禄二年（一五五九）に織田方によって堂宇が焼き尽くされた。天正十年（一五八二）に

西光寺

西光寺として再建されたと伝えられている。山門、鐘楼堂、太鼓堂は当時のものだという。

　安楽寺は弘仁年中（八一〇―八二三）に弘法大師が蟹江の浜に打ち寄せられた茶の木が霊木であるとし、薬師如来像を彫って本尊とし、天暦年中（九四七―九五六）に村人らが七堂伽藍を建てたと言い伝えられている。蟹江合戦で伽

安楽寺

須成神社とも呼ばれる冨吉建速神社・八劔社

須成祭（写真提供／蟹江町観光交流センター・祭人）

藍が焼かれたが、明和五年（一七六八）に現在の場所に移された。

新選組隊員から総理大臣までを輩出

橋の上には多くの人が往来し、川を行き交う交易の船や係留されている舟、さらには帆掛け舟も見える。橋を渡って奥の方が現在の蟹江町役場のある辺りだ。

蟹江町といえばユネスコ無形文化財にも登録されている須成祭が有名だ。この祭りは七月の「稚児定め」から十月の「棚下し」までさまざまな祭事がおこなわれることから「百日祭り」とも呼ばれている。八月の「宵祭」では一年の十二カ月と三百六十五日を表す巻藁船が蟹江川を飾橋から天王橋まで上る。翌日の朝祭では、花で飾り、高砂人形を乗せた船が稚児を乗せ、祭り囃子を奏でながら天王川を上る。津島の天王祭と同じ牛頭天王の祭礼である。

なお、須成村の神職の息子として生まれた佐野七《し》五三《め》之助《のすけ》は尊王攘夷を志し、三十歳の時に新選組へ入隊し四番組に所属した。しかし新選組の幕臣取り立てに反対し、自刃あるいは新選組によって斬殺されたとされる。明治二年（一八六九）故郷須成村で神葬祭が営まれ、須成天王橋西に墓がつくられた。なお、第二十四代内閣総理大臣の加藤高明は佐野の甥（妹の子）である。

33 津島へ参る人、人、人の波

尾張西部第一の里

追分とは道の分岐するところである。今も、各地に地名として残っている。佐屋、津島追分とは文字通り佐屋街道と津島街道との分岐点である。大きな鳥居は津島神社の一の鳥居で、そこから先へ進むと津島神社だ。

佐屋街道は参勤交代などで利用する大名も多く、大いに賑わった。途中佐屋川を船で渡ったが、上流からの土砂の堆積で、年々川底が浅くなり、川ざらえが度々おこなわれた。しか

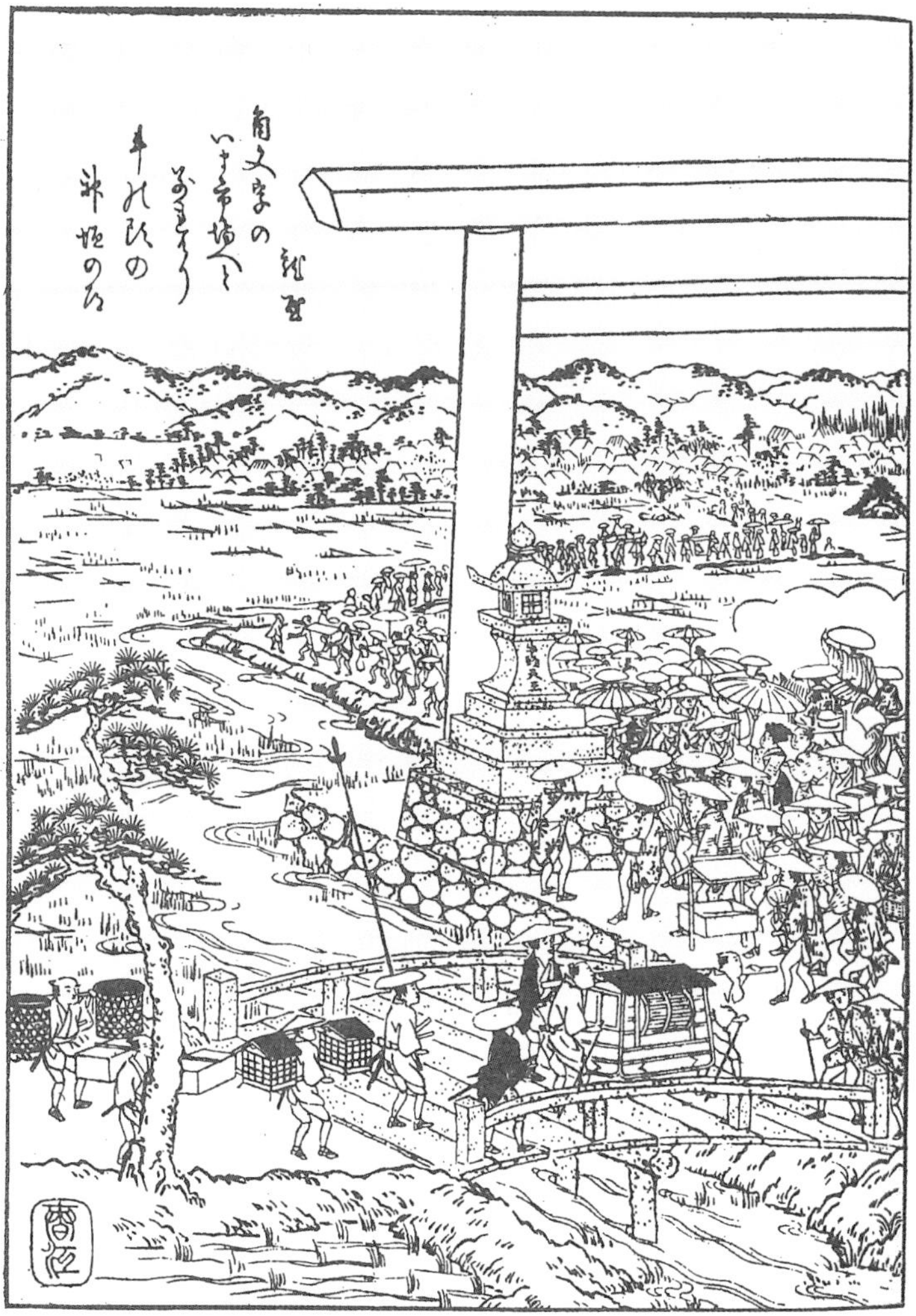

「お伊勢参らば津島へ参れ、津島参らば片参り」。東海道を旅する人にとって、津島は絶大な人気を誇っていた。武士も農民も、町人も区別なく津島へ向かう。

し、明治になって廃川となり、いま、川はない。津島祭りがおこなわれる天王川公園の池も、かつては天王川という川で、船で伊勢湾へ出ることができた。「いにしえ伊勢より当国に渡る船路」があり、津島渡《つしまのわたし》と呼んでいた。伊勢湾へ出た船は桑名と四日市の間にあっ

埋田の追分の近くに残る、かつての佐屋街道

た長太《ながお》村をつないでいた。

織田信長が勢力を拡大できたのは、津島の湊《みなと》を支配し、膨大な利益を上げることができたからだといわれている。

図会によると、津島は古くは藤《ふじ》浪里《なみのさと》と呼ばれていた。尾西（尾張の西部）第一で、縦横の街並み五十余街、商家農工軒を並べ、ここで足りないものはなく美濃路、伊勢路への舟行、日毎に絶えることもなく、諸国の旅客が集まり、大繁盛していると書いている。

それにしても津島へ向かう人の数のなんと多いことだろう。徒歩の人だけでなく、駕籠や馬に乗っている人もいる。鳥居の横には茶店があり「ところてん」と「いちぜんめし」の看板があり、客が中で何かを食べている。店の前には駕籠が置かれ、駕籠かきらしき人が休憩している。

津島へ向かう武士、町人、旅人たち

東国からの旅人が尾張まで来た後、伊勢や京都や四国の金毘羅さん方面へ行くには、東海道の七里の渡しを使うか、海路を避けたい人は佐屋街道を利用して桑名へ行くのが一般的だと思われている。ところが石田泰弘氏が東国の六百点に及ぶ道中記を調べたところ、七里の渡ルートは五十五例しかなく、一番多いのが津島街道ルートの三九五例、ついで佐屋街道ルートの一〇五例で、残りの四十五例は別ルートか不明という結果を得た（岸野俊彦 編『尾張藩社会の総合研究7』清文堂出版）。伊勢参りの時「津島を参らにゃ片参り」といわれているように、津島を訪れる人が圧倒的に多かったということである。

店の前には馬に二人が乗ってい

佐屋街道と津島街道の追分にあった埋田。昔のままの常夜灯と根本だけを残して倒れた一の鳥居がある。かつての佐屋路はなくなり、川も暗渠となっている

る。ただ、背中の前後ではなく、馬の背を跨いで左右に女性か子どもが乗っている。馬の左手を連れだって歩く人は旅人だろうか。馬の前の一団のうち、先頭を歩く男性は刀を二本差しているので明らかに武士であることがわかる。その後ろの女性の横の男性が腰に刺しているのは一本である。前を歩く武士の奉公人、つまり中間《ちゅうげん》ではないかと思われる。二人の女性はこの武士の妻と娘かもしれない。

手前の橋の上にも駕篭に乗った人がいる。駕籠の横と後ろにお付きのものと思われる武士がいて、その後ろには槍を持った武士がいる。さらに荷を担いだ人がいる。駕籠に乗っているのは、お供の数から考えて、おそらく禄高数百石の武士だろう。津島神社（津島牛頭天王社）へお参りに行く途中なのだろうか。武士たちの後ろの人物は編み篭を担いでいるので商人のようだ。

絵にある鳥居の台石と常夜灯は今も残っているが、川は暗渠化されている。

刀を二本差している武士（左）と一本の中間（右）

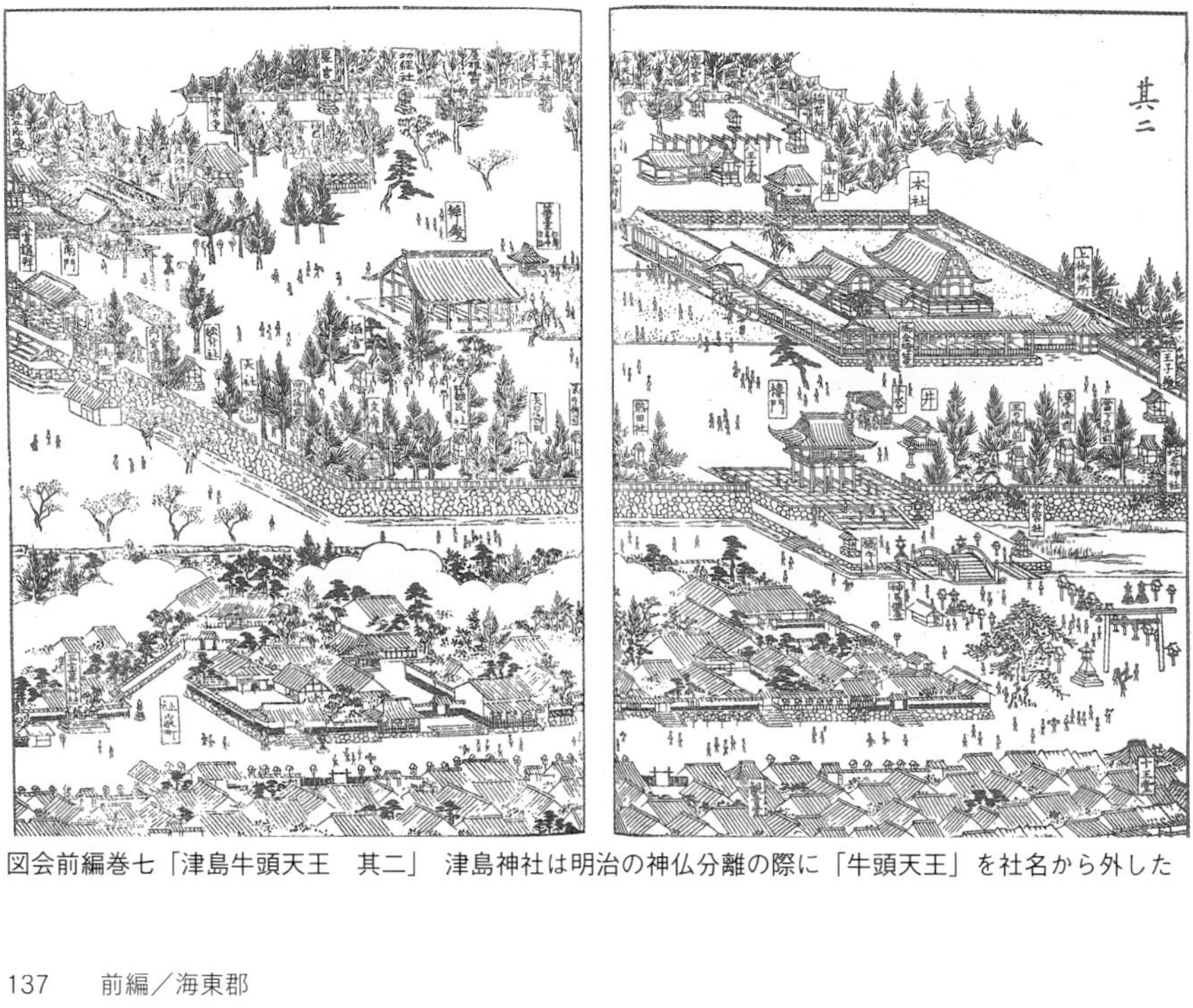

図会前編巻七「津島牛頭天王　其二」 津島神社は明治の神仏分離の際に「牛頭天王」を社名から外した

34 愛西市がレンコンの産地になったわけ

食べられるようになったのは江戸時代から

荷花は「ハス＝蓮」のことで中国語のようだ。荷池《はすいけ》とは蓮の花が咲く池、つまり蓮池だ。蓮の花は仏像の台座としてよく見かける。蓮は泥田で育ちながら、美しい花を咲かせるからだ。

「大賀ハス」は弥生時代の遺跡から発見された蓮の種を発芽させたことで有名だ。蓮の原産地はインドで、古い時代に中国を経て日本に伝わったといわれているが、諸説あるようだ。蓮の地下茎であるレンコンを食用に

立田はかつて輪中であり、湿地が広がっていた。度重なる水害に悩まされてきたが、そんな地の利を生かしてつくられるようになったレンコン。そうした中で消えた川、流路を変えた川もある。

している国は主に日本、中国でそれほど多くはないという。ただ、日本で食べられるようになったのは比較的新しく、江戸時代頃からだといわれている。

レンコンの生産量が日本一多いのは茨城県で、生産量の半数近くを同県が占めている。茨城県には琵琶湖に次いで日本第二位の大き

立田赤蓮

さの霞ケ浦があり、沼田のようなところが多いのが理由だ。愛知県のレンコン生産量も日本で三位から四位と多いが、茨城県の四分の一ほどである。

愛知県内の主な生産地は愛西市（旧立田村）である。愛西市も木曽川によってつくられた低湿地がレンコンの栽培に適していた。この地で蓮根栽培が始まったのは天保（一八三〇―一八四三）の頃、戸倉村の陽南寺の住職平野龍天が近江から赤蓮を伝え、栽培を始めたとされている。また、肥後から持ち込まれた蓮の種を龍天和尚が譲り受け栽培を始めたとの説もある。ただ、赤蓮は、今では全国的にほとんど栽培されていない。

愛西市では今もレンコンづくりが盛んだ。遠くにかすんで見えるのは多度山

尾張で最初に蓮根栽培が始まったとされる戸倉の陽南寺（写真中央）

天保は『尾張名所図会』の前編が発行された頃だ。それなのに図会に掲載されているということは、短期間でその名が知られるようになったということだろう。陽南寺の周りは沼田、湿地が広がっていた。蓮根栽培に適した場所であったのである。

消えていった川

図会では「立田輪中の名産とす。この辺りすべて沼池広大で、湖のようだ。ここで産する蓮根は風味形とも絶品」と高く評価し、「その中でも戸倉村のものを最上とする」としている。確かに湖のような広大な池の向こうに、多度や養老の山並みが望める。

図会には池の畔に馬子や旅人、商人と思われる人などが六人描かれている。池の中の蓮は数えるほどしかない。蓮の花を指さしているのは二人だが、蓮を見ている人はいない。蓮池が名所になったのは、一面に蓮の花が咲き誇るからというよりは、庶民にとって珍しいレンコンを産出する池という理由かもしれない。

立田輪中はかつて西と南を木曽川、東は佐屋川、北は間ノ川に囲まれ南北十二キロメートル、東西二キロメートルの細長い形の輪中であった。しかし間ノ川は文政年間（一八一八―一八三一）に締め切られたため、北側にあった神明津輪中と地続きになった。

木曽川は現在のような一本の流れではなく、下流は長良川、揖斐川が合流し、複雑な網目のように、流路が分かれたり合流し、中州がいくつも集まったような地形であった。その流れも度々変わり、水害による被害がよく出た。そこで発達したのが輪中であった。明治になってオランダの土木技術を取り入れ、木曽三川を分離し、さらに派川を改修してきた歴史がある。そうした中で消えた川、流路を変えた川、名前だけが残ったものがいくつもある。佐屋川も間ノ川も木曽川の派川の代表ともいえる川であった。

輪中の用排水を担っていた立田輪中人造堰樋門（弥富市）。明治34年（1901）竣工

図会附録巻五「名産蓮根」

35　木曽川の河口にあった桃源郷

筏に組んだ木曽の材木を運ぶ川

愛西市を流れる鵜戸川を南下すると、弥富市に入る少し手前で鵜戸川は筏《いかだ》川になる。ただ、鵜戸川と筏川は河道としては繋がっているが、鵜戸川の水は筏川へは流入していない。鵜戸川の水は立田輪中逆水止樋門によってせき止められ木曽川へ排水されている。筏川は流域の悪水の排出先となっていたが河口域の地盤低下によって自然排水ができなくなり、河口に排水機場がつくられ、強制的に排図会には花の名所がいくつか紹介されている。筏川の桃林もその一つだ。現在のように甘く柔らかな水蜜桃は明治以降のもの。この地の桃林は鑑賞のためであったのかも。

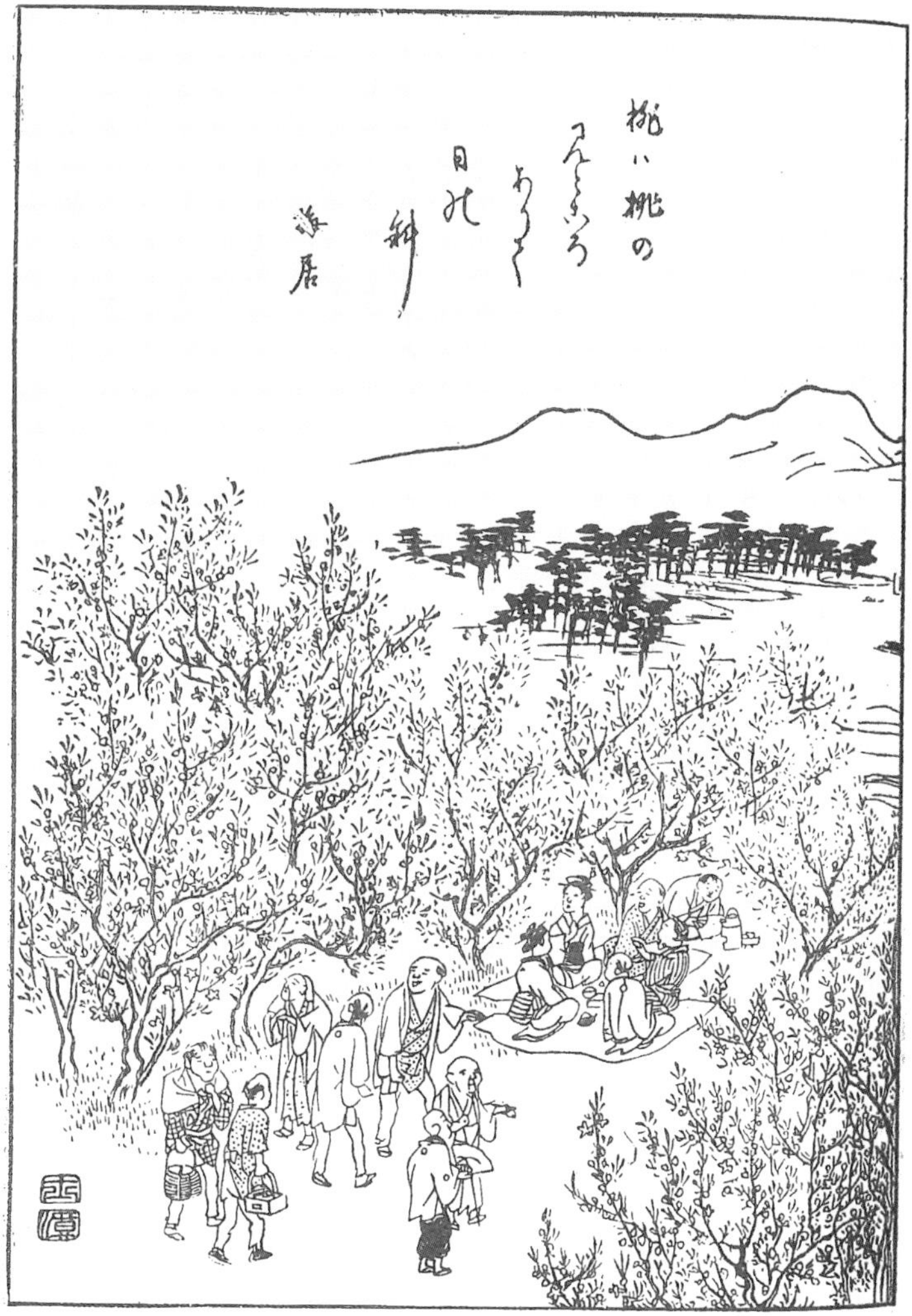

図会に描かれている辺りで、筏川は木曽川の派川となっていた。写真の奥に木曽川に架かる尾張大橋と、さらにその奥に養老や多度の山並みが見える

筏川の筏中継所の跡。木曽で伐採されたヒノキなどの五木は木曽川から佐屋川（廃川）を下り、梶島で筏を組みなおし、筏川へ入り、一度海（伊勢湾）へ出て熱田から堀川へと運ばれた。河川改修によって梶島は島ではなくなった

水がおこなわれている。

図会によると、佐屋川（明治時代に廃川）の下流は五明（弥富市）で二つに分かれ、西の流れを境川、東の流れを筏川と呼んでいた。

江戸時代は木曽の山中で伐りだした材木を筏に組んで木曽川を下り、さらに佐屋川を経て筏川へ流していたところから川の名前となった。筏は筏川を通って飛島新田、熱田新田に沿って名古屋の堀川へ運ばれた。

筏川の南は松山と呼ばれ松の緑が美しいところであったという。現在は「木曽川グラウンド」や「弥富市水郷公園」となっている。

桃の名所から桜の名所に

図会では「春の末桃花の盛りには遊人の来賞大方ならず、実に小武陵ともいうべし」と賛辞を送っている。絵にもあるように桃林が見事なところでもあったようだ。

「武陵」とは四世紀ころの中国の詩人陶淵明《とうえんめい》の詩「桃花源記」の中に出てくる俗世間を離れた理想郷のこと。その内容は武陵に住んでいた漁師が川を遡っていったが、なぜか自分の居所がわからなくなった。やがて桃の林に出くわした。桃林に沿って進むと、川の源に出た。そこの山に開いていた穴を潜り抜けてみると、それまで見たことのない服装をした人々が幸せそうに暮らしていたという。つまり川沿いに広がる桃林を桃源郷・武陵に例えたのだ。

江戸時代に桃源郷に例えられた辺りだが、いまは弥富市の桜の名所になっている。

36

世の凶変を汗をかいて知らせるお地蔵様

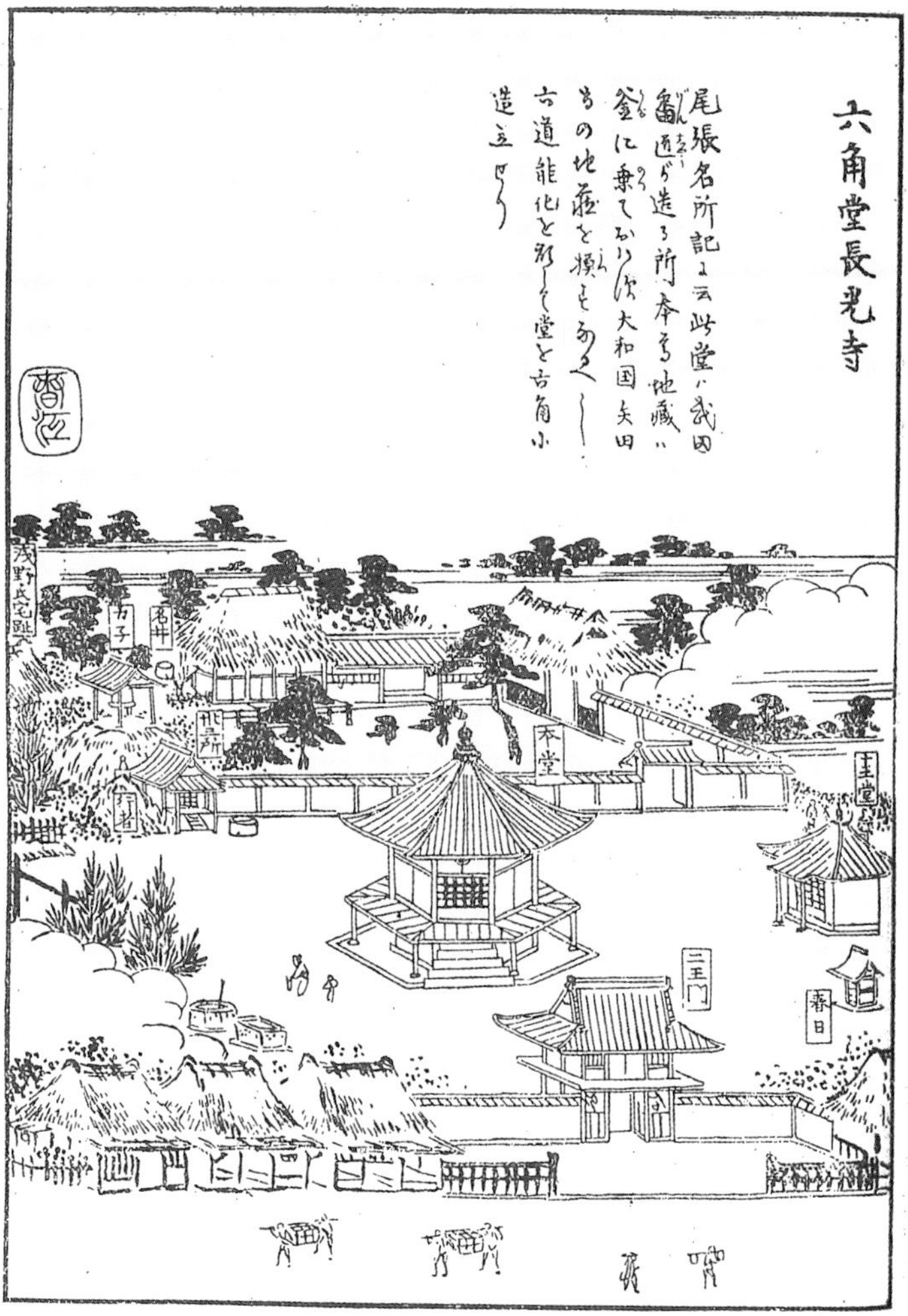

尾張六地蔵の六角堂

仏教では、人は生まれ変わった時、おこないによって六つの世界のいずれかに行く。最高の世界が「天道」で、次が「人間道」、以下、「修羅道」「畜生道」「餓鬼道」と続き、最低の世界が「地獄道」だ。この六つの世界（六道）でそれぞれ救いの手を差し伸べてくれるのがお地蔵さまである。

日本で地蔵信仰が民間に広まったのは十一世紀頃（平安時代）で、同時に「身代わり地蔵」の信仰も各地に残る六角堂や八角堂。別名「円堂」とも呼ばれる。なぜこのような形にしたのか諸説あるが、角の取れた円形の建物に近づけたかったからだともいわれている。ここのお地蔵様は世の中がまるーく収まるように、凶変がある時は汗をかいて教えてくれるという。

広まった。この六道と地蔵信仰が結びついたのが「六地蔵」で、日本の各地に見られ、尾張地方では「尾張六地蔵」が有名である。ただ、尾張六地蔵のうち五カ寺（芳珠寺、地蔵寺、如意寺、地蔵院、清浄寺）が名古屋市内にあり、一カ寺だけが稲沢市の長光寺にある。

長光寺は六角堂（地蔵堂）の名前の方がよく知られているかもしれない。ここに、世の中に凶変がある時は全身、あるいは半身、手足などに汗を流し、前兆を知らせるという「汗かき地蔵」がある。図会（巻六）の丹羽郡にある常観寺（江南市）の本尊の地蔵も、「世に凶変あらんとする時は、この像汗を出だす事流るるがごとし」と記されている。

尾張西部に多い鉄地蔵

図会では長光寺の開基の年月定かならずとしているが、言い伝えでは平安時代前期（八〇〇年代）の公卿の小野篁《たかむら》が陸奥へ赴任する途中、この地に地蔵尊を安置したのが始まりともされている。図会では仁寿元年（八五一）に一人の梵僧が来て、一夜にして地蔵菩薩を鋳造したとしている。

鋳鉄製の地蔵は平安時代から鎌倉時代にかけて広まったとされ、尾張西部に多い。六角堂は応保元

長光寺の六角堂。鉄製の地蔵が祀られている

浅野氏宅跡。民家の敷地の一角に石碑があるのみ

長光寺境内にある臥松水

年（一一六一）、平頼盛の寄進で創建されたと伝えられている。明応八年（一四九九）に臨済宗に改宗、現在の寺号である長光寺に改めた。鉄地蔵がつくられたのは実際は文暦二年（一二三五）ということだから、言い伝えとは四百五十年近くも開きがある。また、現在の六角堂が建てられたのも永正七年（一五一〇）とされている。

江南市にある常観寺の「お釜地蔵」も仁寿（八五一―八五四）の頃、小野篁が鋳鉄の地蔵菩薩を祀ったのが始まりとの言い伝えもあるが、これも信憑性はない。鉄地蔵はほかにも名古屋市、愛西市、大口町などに合わせて約十体ほどある。

六角堂の絵の中に「名井」とあるのは「臥松水」と呼ばれる井戸で、織田信長が茶の湯に好んで使ったとされる。清洲城や岐阜城に居城した時もわざわざ取り寄せていたという。「名井」の奥には「浅野氏宅跡」がある。ここは浅野長政の叔父で織田信長の弓役であった浅野長勝の居宅跡である。

図会の中で荷を担いでいる人が歩いている仁王門の前の道は美濃路である。

長光寺の前の道は美濃路である

37

裸祭りは、旅人を捕えて厄を負わせて追い払う行事だった

起源は悪疫退散の祈祷

毎年正月十三日におこなわれる天下の奇祭として知られる国府宮《こうのみや》の裸祭り。正式には儺追《なおい》神事という。由来は古く、神護景雲元年（七六七）に悪疫退散の祈祷が全国の国分寺でおこなわれ、尾張でも国府宮神社で始まったという。祈祷と神籤によって選ばれた神男（儺負人《なおい》）に触れることで厄落としができるというものだ。

現在のような裸男たちが揉み合って神男に触るという形態は、江戸時代の末頃

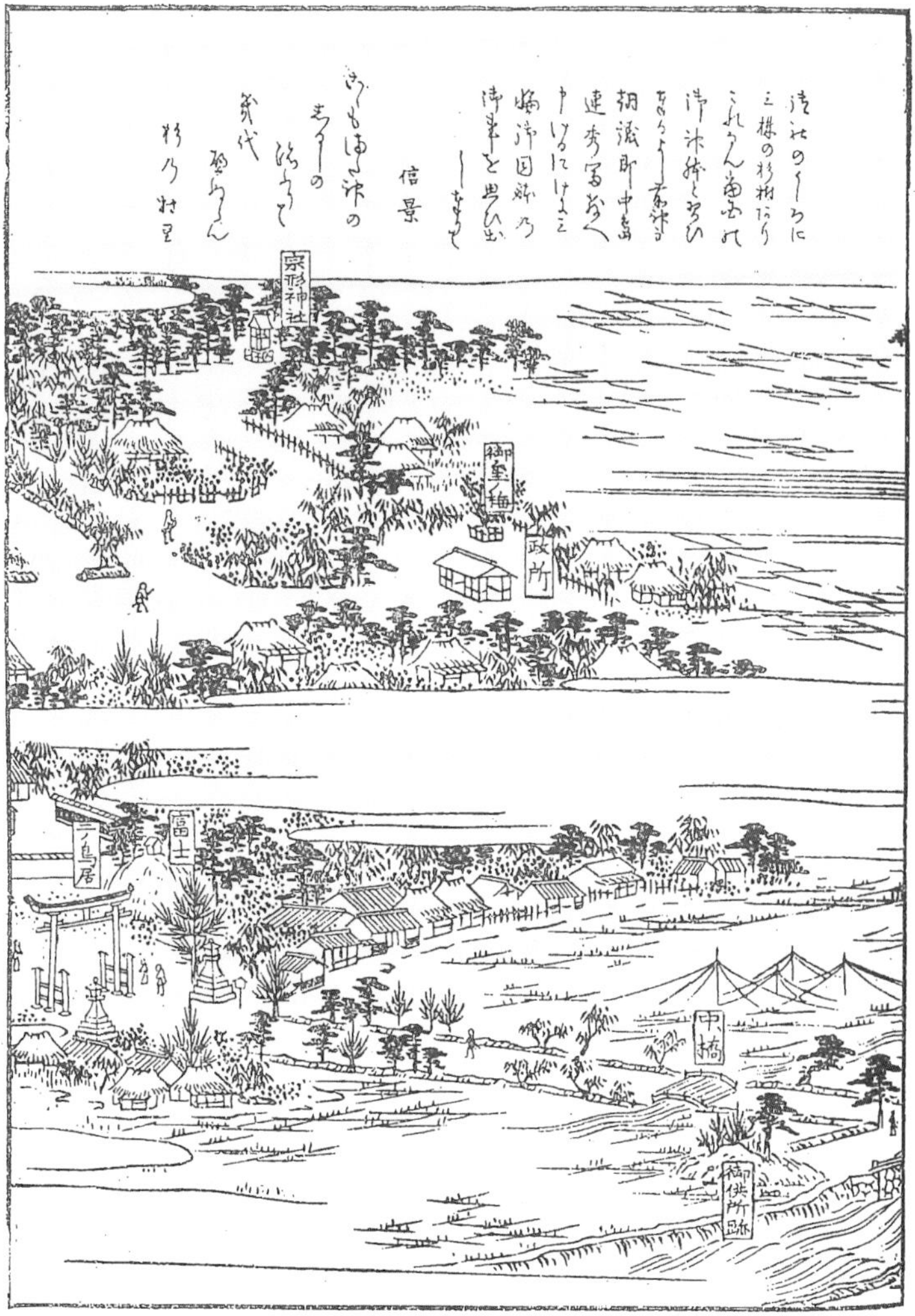

裸祭りは裸の男たちが神男に触れようと揉み合う祭りではなかった。もともとは豊作や国の安泰を願う行事に別の祭りが結びついたものだ。

国府宮神社。二の鳥居から三の鳥居方面を望む

からおこなわれるようになったものだ。この行事が裸祭りといわれるようになったのは、裸でおこなう寒祭と結びついたためだ。図会にも描かれているように、本来の儺追神事は服を身に着けていた。

図会によると儺負神事は、俗に儺追祭と言われて昔から各地の国分寺でおこなわれていた。吉祥天を本尊として祀り、罪を懺悔して国家の安泰や作物の豊穣を願い、毎年正月におこなわれる吉《きち》祥《じょう》悔《げ》過《か》の祭りと呼ばれていたもので、旅人を捕らえて、土餅、人形を背負わせ、追い払うという儀式であった。

一の鳥居

藩主によって禁止された旅人の捕獲

正月十一日に行路の人（儺負人）を捕まえる人（儺負捕《なおいとり》）が集まり、政所《まんどころ》廳社に黒木の新殿を建てる。政所は図会の二の鳥居の右上に見える。十二日の夜、神主たちが神事をおこない、十三日に白杖、榊、節刀などを手にし、儺負捕が白刃を振り立て、旅人を捕らえるためにその年の恵方へと出発する。ただし、寛保四年（一七四四）、藩主が旅人を捕らえることを禁止したため、実際にはあらかじめ儺負人を雇っておき、儺負捕は形式化された。

捕らえられた儺負人は儺負殿へ入れられる。その日の丑《うし》の刻（午後十一時～午前一時）に神主が政所に建てられた黒木の神殿に供え物をするなどの神事をおこない、見物人を払う。儺負人の身は清められ、髪を

図会後編巻二「儺追捕神事」

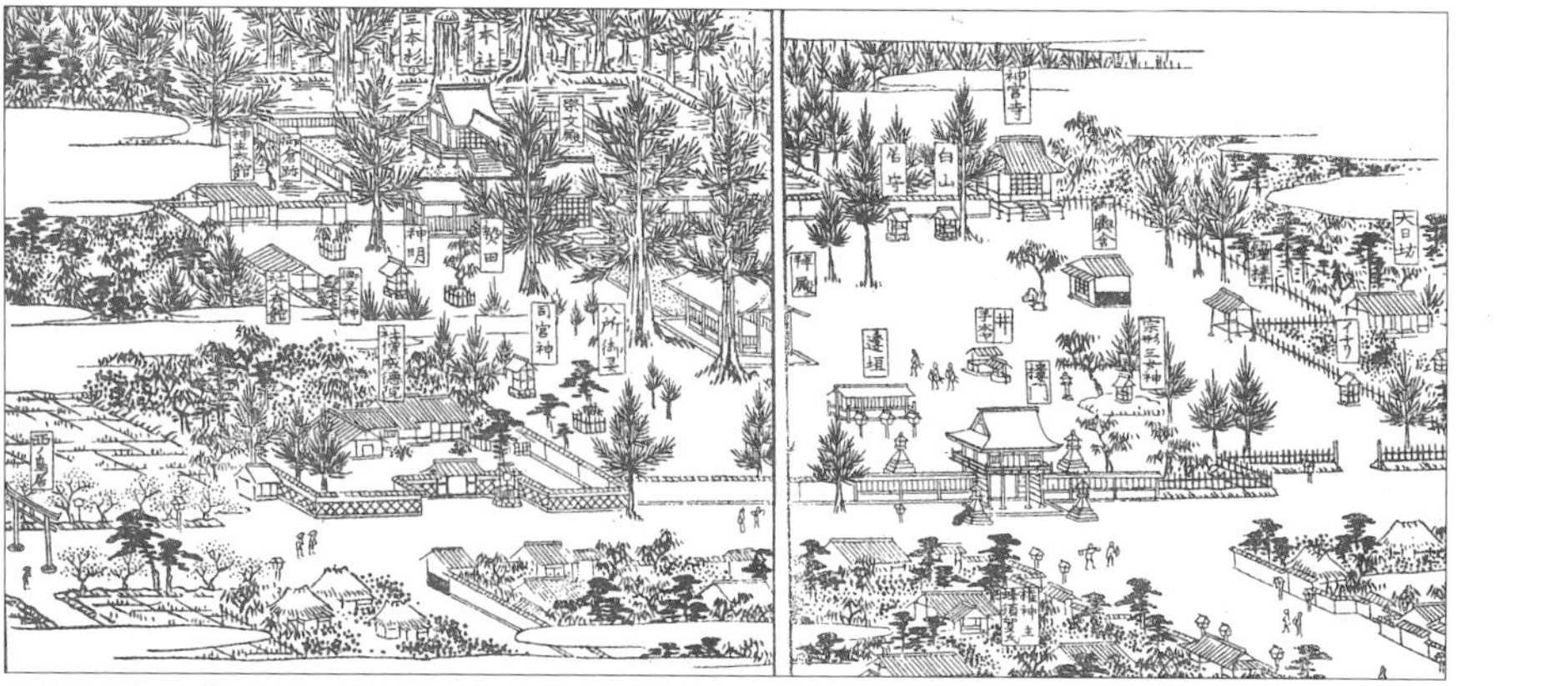

図会後編巻二「国府宮　其二」より　国府宮神社の楼門と境内の様子

図会「国府宮　其二」に描かれている楼門。左奥が西の鳥居

整え、土餅、人形《ひとがた》を背負わせ、頭に紙燭《しそく》（紙に油をしみこませた蝋燭のようなもの）を付け、神職らが白刃を振り立て草人形を投げつけて追い払う。儺負祭を人身御供の儀式のように言われることがあるが、あくまでも俗説であるとも述べている。

図会後編巻二「夜儺追の神事」

38

思いがけない名古屋ができて華の清須も野となろう

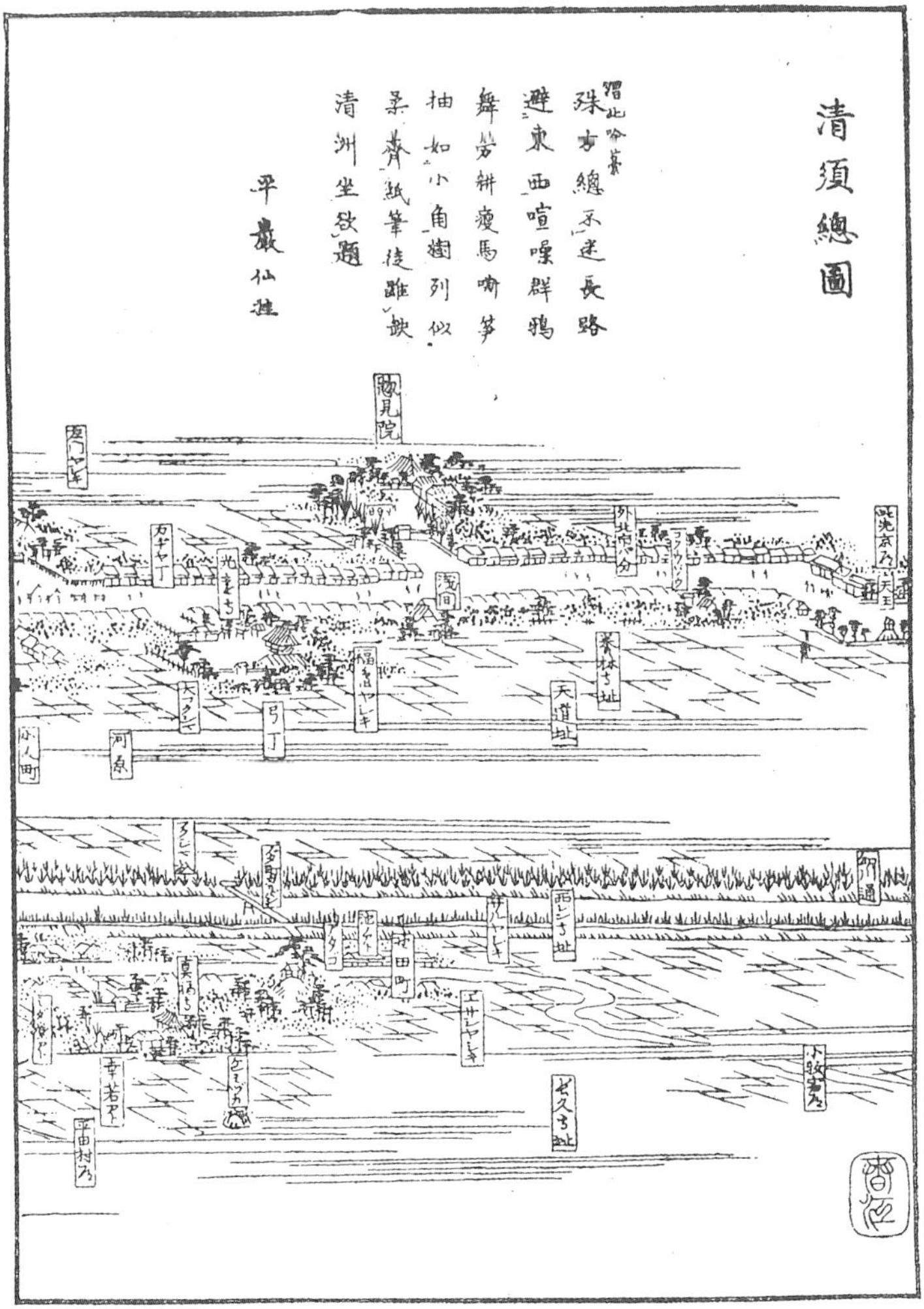

「首都」移転で残された町

昭和から平成に代わった頃、首都機能移転が盛んに論議され、平成四年（一九九二）には「国会等の移転に関する法律」が成立した。当時、愛知、岐阜、三重、栃木、福島、富士周辺など、多くの地域が首都を誘致しようと動いていた。

大きな町が移転すれば、移転先の町は発展するが、残された町はどうなるのだろうか。いま、名古屋は中部地方の中心都市として、この地域の政治、経済を尾張の中で名古屋の歴史はまだ新しい。名古屋城ができるまで、尾張の政治、経済の中心は清須であった。

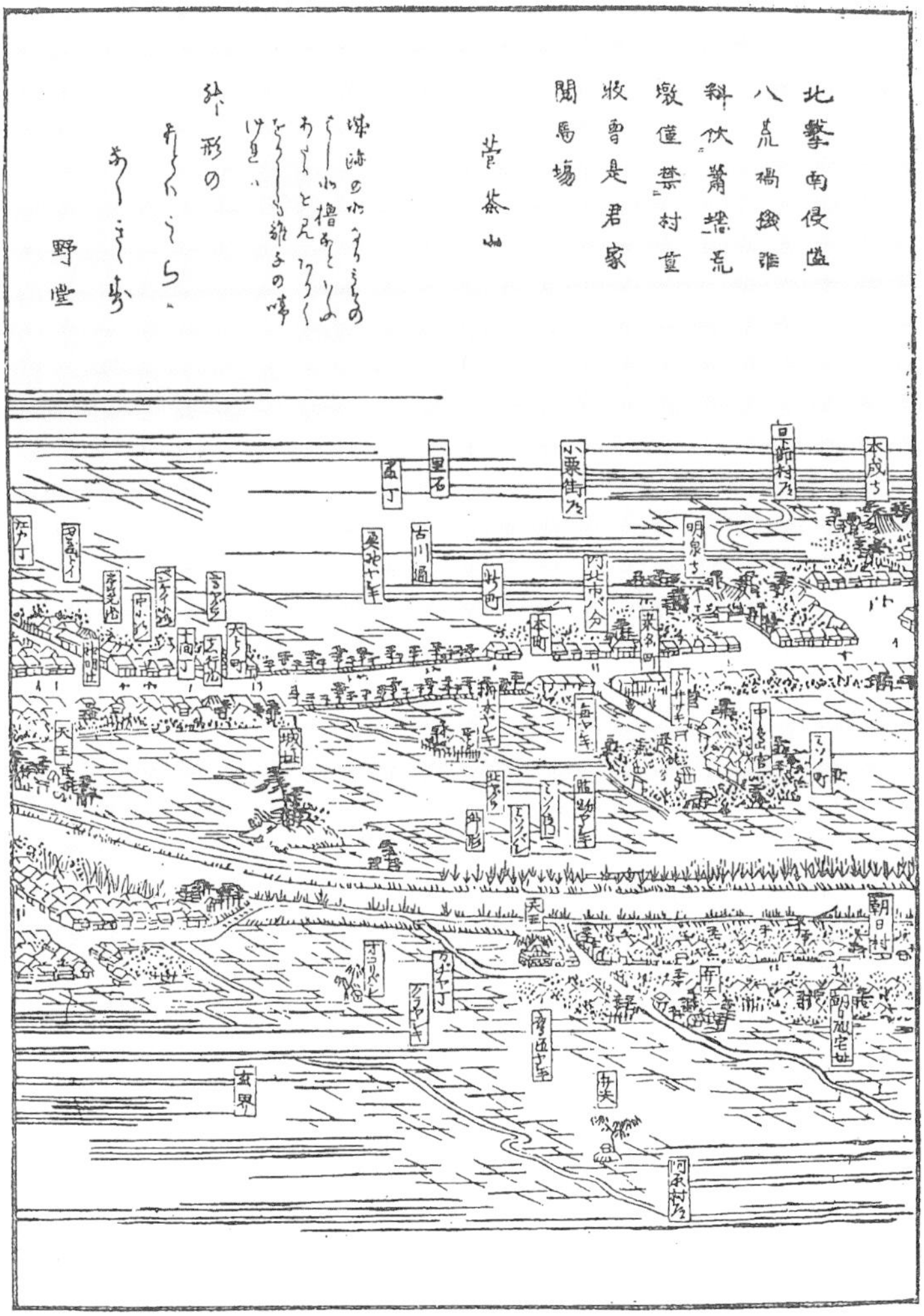

左の鳥居のある所はかつて牛頭天王と呼ばれ、毎年6月14日には車楽（だんじり）に似た船を浮かべ川岸からは花火が打ち上げられていた。現在は川上神社と呼ばれている

左の林の辺りにかつての清洲城があった。平成元年につくられた天主閣は稚川（五条川）の対岸につくられている

担っているが、これは徳川家康の命により清須を町ごと名古屋へ移転した慶長十七年（一六一二）の清須越しからのことだ。それまで、尾張の中心は清須であった。

図会は「当国（尾張）の中央なれば、中昔よりは武家守護の居城の地にして、清須府とよべりしを、慶長御遷府の後は、駅舎とのみなれり」と清須を紹介している。

現在の清洲城の天主閣は平成元年（一九八九）に模擬天守として再現されたものであるが、外観や規模などは桃山時代の城を想像してつくられたものだ。図会によると、五条川の西側に古い松の木が数株残されているだけだが、もともとは広大な城であった。しかし年々田畑にされて、今のような姿になったが、城の門や建物、官舎、土居などの名前は辺り一帯の字名として残されているとしている。

五条川にかかる五条橋は城郭の大手門に渡した御城橋《ごじょうばし》であったが廃城したため、字を変えたという。ただし、この川は稚《おさな》川の名であるが、五条橋のある辺りは五条川と呼んでいた。五条橋の西北の川岸にあった牛頭天王社（明治初年に現在地へ移転）では六月十四日の祭りで津島の車楽《だんじり》に似た船二艘を稚川（五条川）に浮かべ両岸に張り出してつくられた櫓のようなところから花火を打ち上げ、からくり花火なども競った。また落合村（清須市春日落合）の仏音寺の辺りの稚川の両岸は萩の名所でもあったという。

美濃路の重要な駅舎として存続

図会の「清須総図」を見ても、養林寺跡、西連寺跡、大光院跡といった多くの寺跡、丸の内、本町、京町、弓丁、御園町、片端、街並通、などの城下町を連想させる地名、樹木屋敷、左門屋敷、某屋敷といった名が見られる。

清須越しで多くの寺院、武士、商人が名古屋へ移っていったが、清須は美濃路における重要な宿駅であった。図会の総図にも五条橋を渡ってすぐの宿駅の辺りには多くの建物がある。

清須宿本陣跡。明治24年（1891）の濃尾地震で建物が倒壊するなどし、正門だけが縮小し再現されている

須ヶ口の一里塚跡。美濃路の熱田宿から数えて3つ目の一里塚がここにあった。須ヶ口とは清須の入り口という意味である

図会後編巻三「清洲城墟」

39
庄内川沿いにあった桜と桃の名所

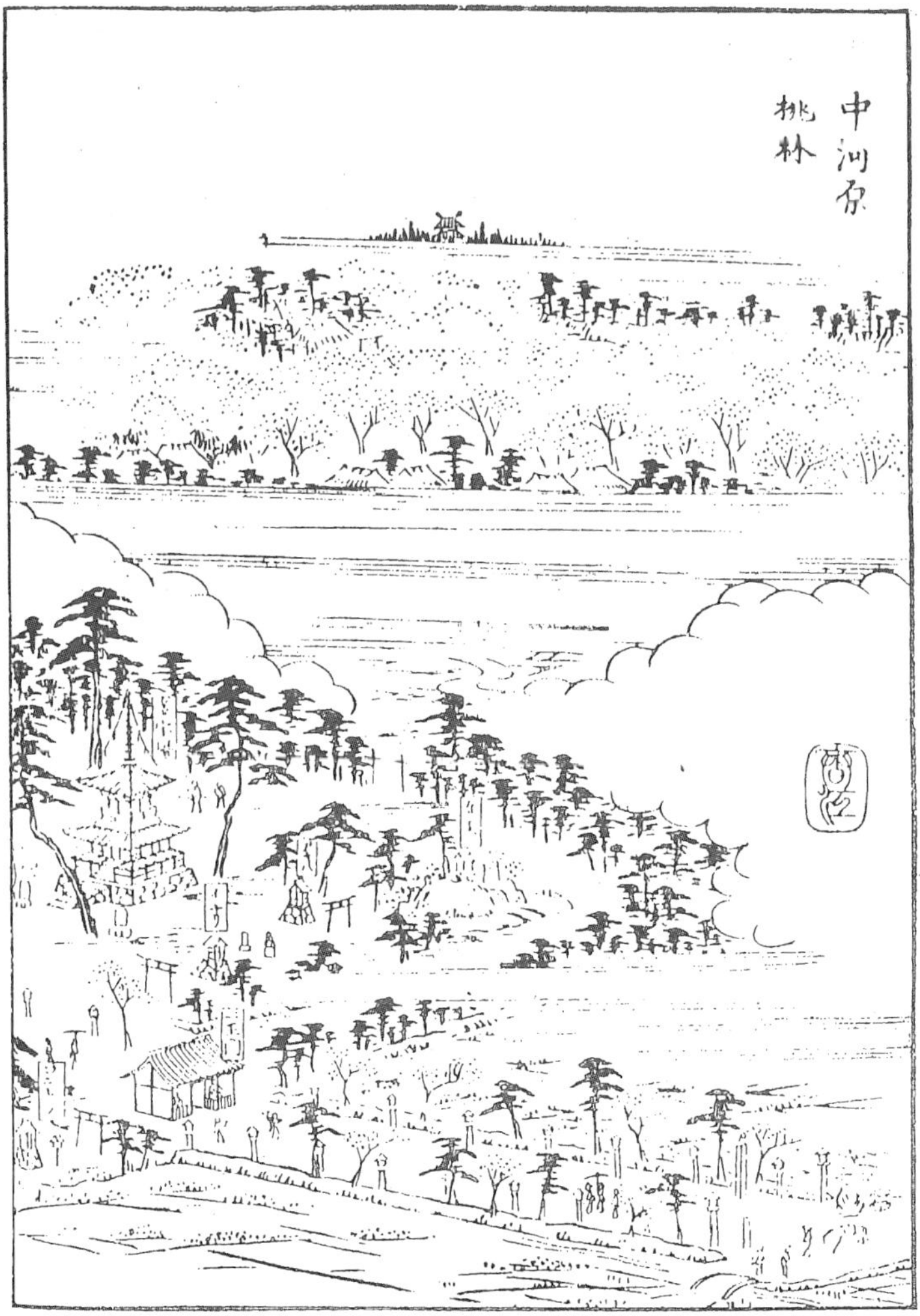

今川義元の首をさらした場所

清須を町ごと名古屋へ移転させた大きな理由として、低地で水害に弱い清須から、水害に強い台地上の名古屋に城を築いた方が防衛上の利点が多いからだとされている。庄内川を大きな堀として考えれば、名古屋の城の防御はより強固になる。

庄内川に架かる枇杷島橋を越えた美濃路は清須市に入る。そのまま西へ進むと新川だ。庄内川はそれなりの幅と流量を持つ。大雨になれば氾濫することもある。

桃は中国から伝来したとされるが、明治以前は食べるよりも、薬用、あるいは鑑賞用として栽培されるものが多かったとされる。

そこで洪水対策として天明四年（一七八四）新川の開削工事が始まった。新たに川をつくれば、当然、橋が必要になる。そこで架けられたのが新川橋だ。橋を渡ったところが、美濃路（清須街道）と津島街道の

津島街道（左手の道）と美濃路（清須街道：右手の道）の分かれ道。かつて美濃路には松並木が続いていたという。左手の角の辺りに、かつて今川義元の首塚があった

追分でもあり、多くの人が利用した。

新川の西へ清須街道（美濃路）の松並木が続いていた。永禄三年（一五六〇）、織田信長は桶狭間の戦いで打ち取った今川義元の首をさらした。義元の首は十人の僧を仕立て駿河まで送り届け、首をさらした場所に大きな塚を築き「義元塚」と名づけ、大卒塔婆を建てた。ここに何十人もが抱えるほどの松の大樹があったが天保八年（一八三七）の暴風で倒れた。今川塚は平成十九年（二〇〇七）に正覚寺（清須市須ヶ口）境内に移された。

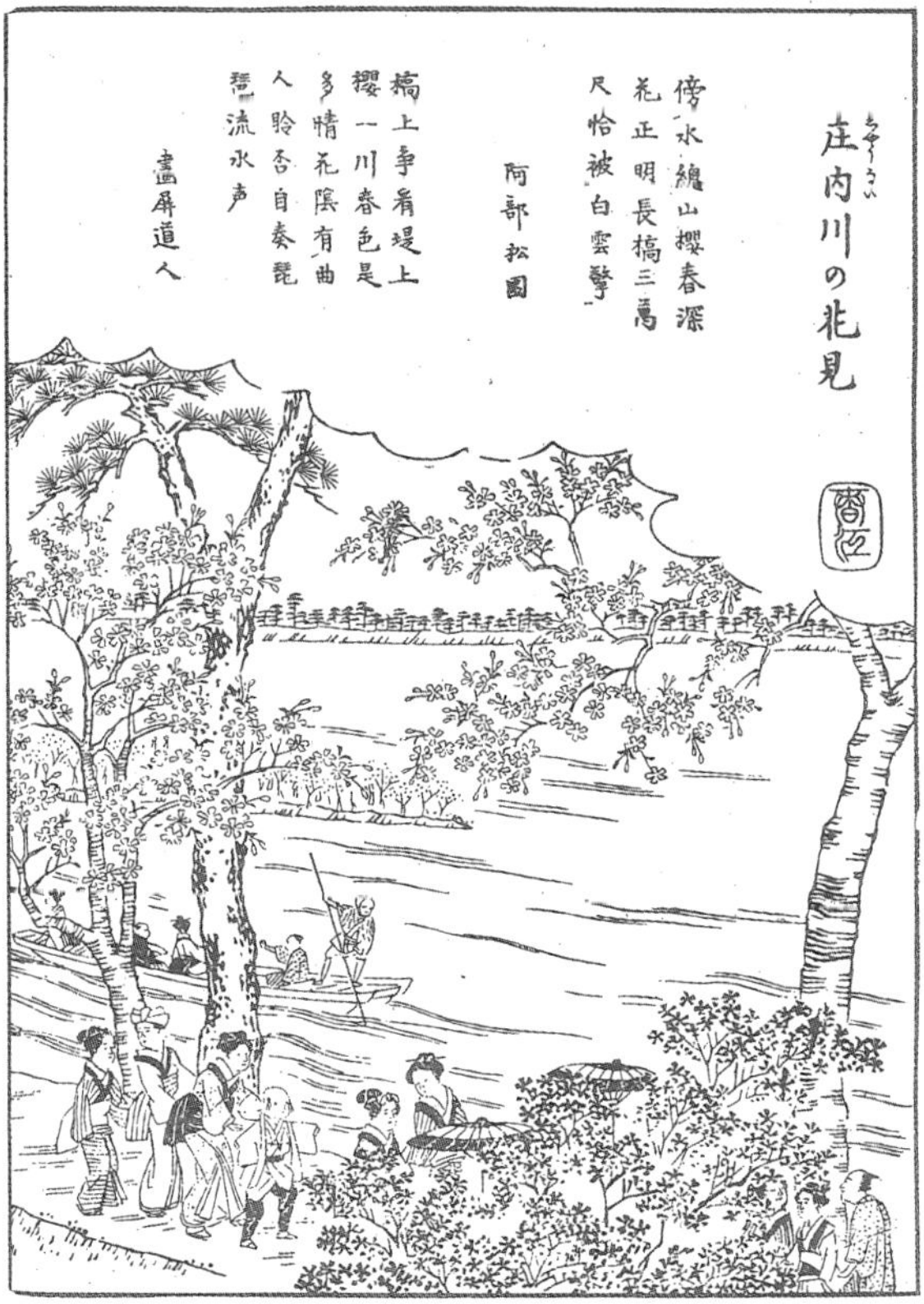

新川を挟んで中河原方面を望む

庄内川沿いに桜、桃、竹

新川と庄内川の間の中河原村の田んぼの中には、数百株にも及ぶ桃林があった。図会では「世外（俗世間を離れたところ）の勝地」と評している。桃林の向こうに見えるのは名古屋城だ。ここから庄内川に沿って少し上流へ向かったところは、「庄内川両岸の桜」として紹介されている。この桜は下小田井村と枇杷島村の堤上、さらに枇杷島橋が架かっていた中島などに弘化二年（一八四五）春に数千株の桜木を植えたのがはじまりだという。植えられているのは彼岸桜、いと桜（しだれ桜）、山桜、八重桜など多くの種類で、月を跨いで長く楽しめるとしている。

中河原の南に隣接する下河原村は一村すべてが竹林で、柔らかで美味な竹の子が名産であるという。

図会ではよくわからないが、桃林と長谷院の間に新川が流れている。長谷院は永享年間（一四二九―一四四〇）に創建されたと伝えられるが、戦火など、幾たびかの火災に遭った。天保三年（一八三二）に現在地に再建され、天保五年（一八三四）に尾張藩主から多宝塔を寄付されたという。

図会後編巻三「庄内川の花見」

名鉄名古屋本線の西枇杷島駅と新川橋駅の間に「二ツ杁駅」がある。「杁」は「閘」とも書き水門のことである。慶長年間（一五九六―一六一五）に伊奈備前守が検地をした時、村人がつくり方を教え、二つの大きな杁をつくった。しかし、天明四年（一七八四）に新川が開削され、杁が不要となり、「二ツ杁（閘）」の名前だけが残されたという。

長谷院の多宝塔

40 いくつもの堤がある庄内川と矢田川の合流点

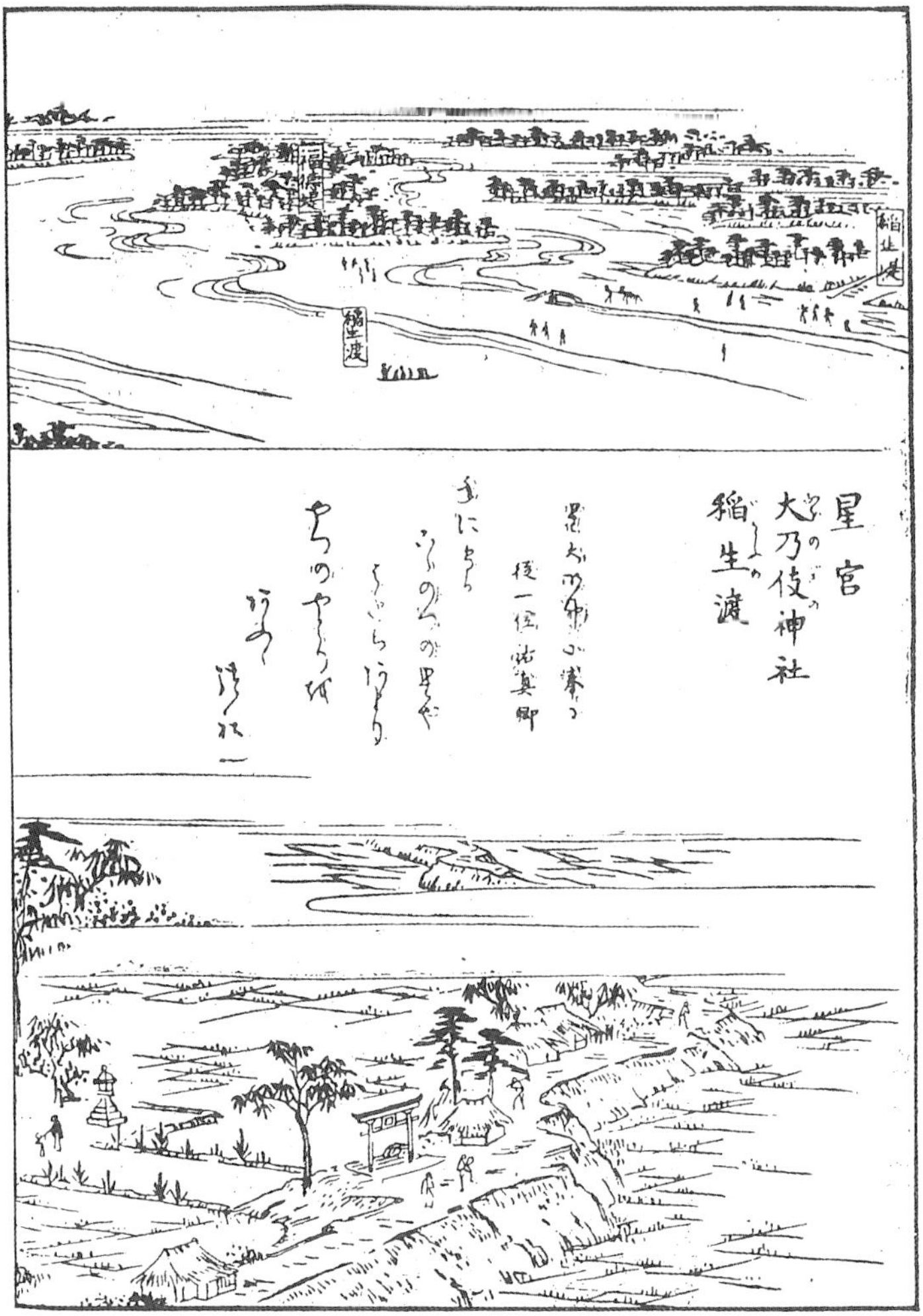

川の神を鎮める祀りが七夕伝説と一体化

大きな川が流れているが、よく見ると稲生《いのう》の渡し船の先に人が立っている。その先に小さな橋があって、橋のたもとには馬を曳いた人がいて、小さな川があることがわかる。図会の中の小さな川を右に辿ると「稲生堤」、上流には松林の中に「福徳堤」の文字が見える。「福徳堤」の左には大きな流れを挟んで「大野木堤」がある。ここは庄内川と矢田川の合流点だ。「大野木堤」の左には「大乃伎

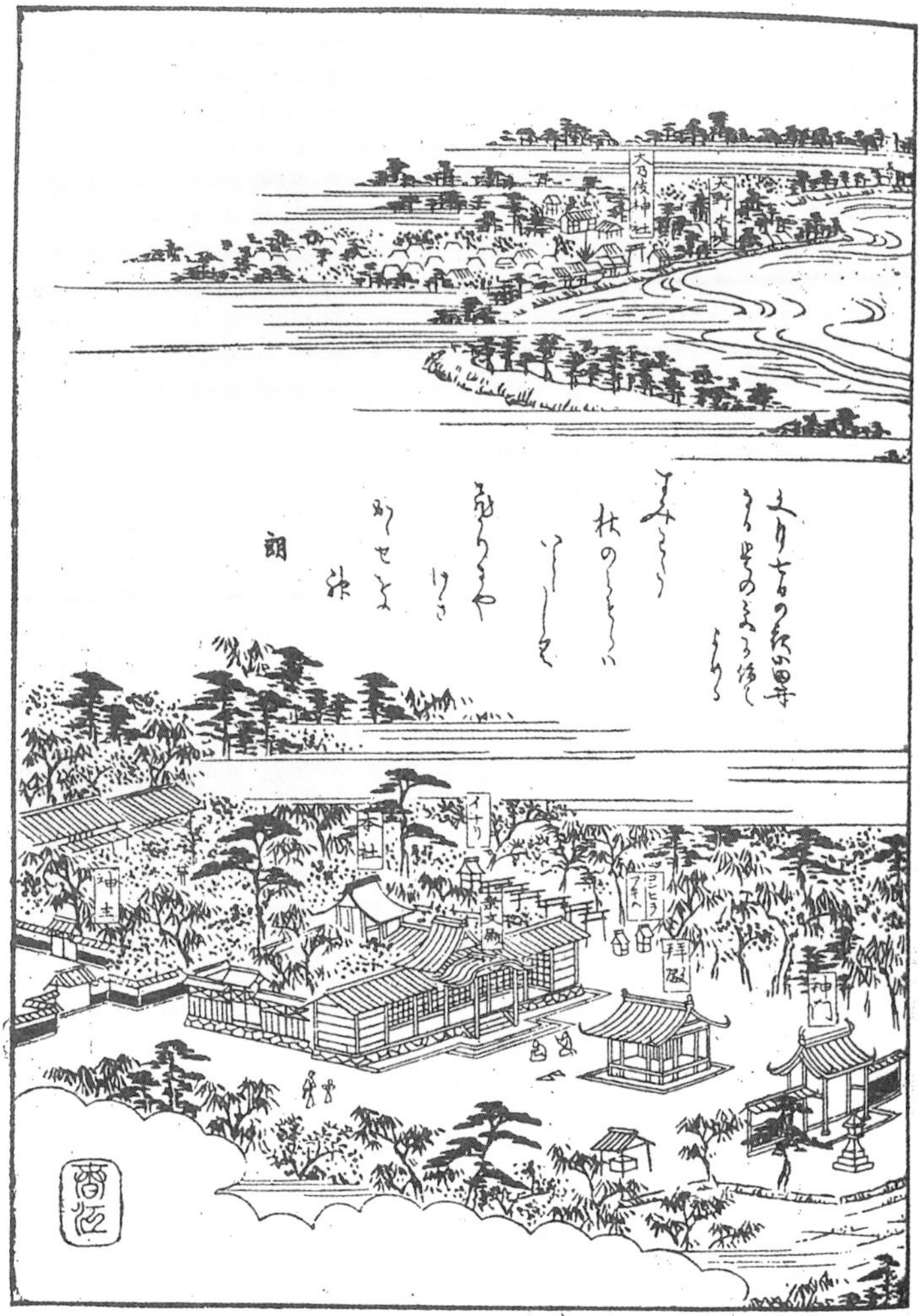

水害に悩まされた結果、たくさんの堤がつくられた。
ここを水源としてつくられた用水は名古屋西部の田畑を潤した。

神社」と集落がある。

稲生、福徳、大野木と堤が三つもあるのは、この辺りが水害に悩まされていたことを物語る証かもしれない。

「稲生渡《いのうわたし》」への道標が、現在は大乃伎神社へ移設されている。延喜式神名帳にも

大乃伎神社

記載されている古い神社だが、安永二年（一七七三）の庄内川の氾濫の時、多くのものが流されてしまい、記録がほとんど残されていない。ただ、神社の建つ場所は今も昔も変わらないようだ。

星神社は図会では星宮あるいは星大明神として紹介されている。こちらも「勧請の年月詳らかならず」、つまり創建は不詳だという。

星神社。図会では星宮の名で紹介されている

図会では暦應四年（一三四一）に右近中将藤原實秋中興としか述べていないが、星神社の由緒によると西暦九〇〇年代に編纂された延喜式に、「山田郡坂庭神社」とあるのが今の星神社だとしている。

旧暦の七月七日におこなわれる星祭（七夕祭）の歴史は古く、仁和年間（八八五―八八九）に始まったとされる。もともとは庄内川の氾濫を鎮めるため、川の神を祀ったことを起源とし、そこに奈良時代に日本へ伝わった中国の七夕行事が一体化し星祭に変化したと考えられる。図会の星宮の鳥居の前の道は一段分高くなり、堤のようにも見える。しかも、この道は大乃伎神社の前へと続いている。

階段のすぐ横にある大木は図会に描かれた当時と同じ星宮正面の堤防にある木だ。昔はこの木のすぐ上に鳥居があったが昭和 34 年の伊勢湾台風で壊れてしまったという

惣兵衛川、江川、笈瀬川の源流

稲生堤から大野木へ舟渡があって、稲生渡と呼んでいたが、春になると城下の人々がたくさん集まり、凧揚げを楽しみ、瓢《ふくべ》（ひょうたん。昔はこの中に酒を入れて持ち運んだ）を傾けた。そして絲竹《いとたけ》（琴や三味線、笛などの楽器）の調べに

遅日《ちじつ》（春の日）を過ごしたという。

　また、光音寺村の境には大きな伏越杁《ふせこしいり》があった。庄内川の水を矢田川の下を潜らせて引くためのもので、二つの杁が埋められていた。そして二つの杁の水を合流させたのが惣兵衛川（庄内用水）であった。西区を流れていた江川は惣兵衛川から水を引き、笈瀬川も惣兵衛川から引水していた。江川も笈瀬川も最後は中川（現中川運河）に注いでいた。それにしても、なぜ、矢田川の下をわざわざ潜らせて庄内川の水を引いたのだろうか。水利権が絡んでいたのだろうか。

　稲生村と名塚村の境を流れる惣兵衛川のほとりに「稲生原古戦場」がある。

　家督を狙う信長の異母弟の織田信行についた林美作守《はやしみまさかのかみ》と柴田勝家が、信長と戦った「稲生の戦い」では、長雨が降り続き、小田井《おたい》川（庄内川）が増水したところで、柴田軍が信長方の名塚城を攻めた。急を聞いた信長は、増水した小田井川を越え、林美作守を討ち取っている。

　図会では小さな森の古塚が廃れたようにあり、外に小さな松林が所々にあるだけと書いている。

矢田川（右）と庄内川（左）の合流点。この辺りに稲生渡があった

惣兵衛川

稲生原古戦場跡

庄内用水が開削されたのは元亀元年（1570）とされるが、現在の庄内用水は明治９年（1875）に黒川の開削と同時につくられた

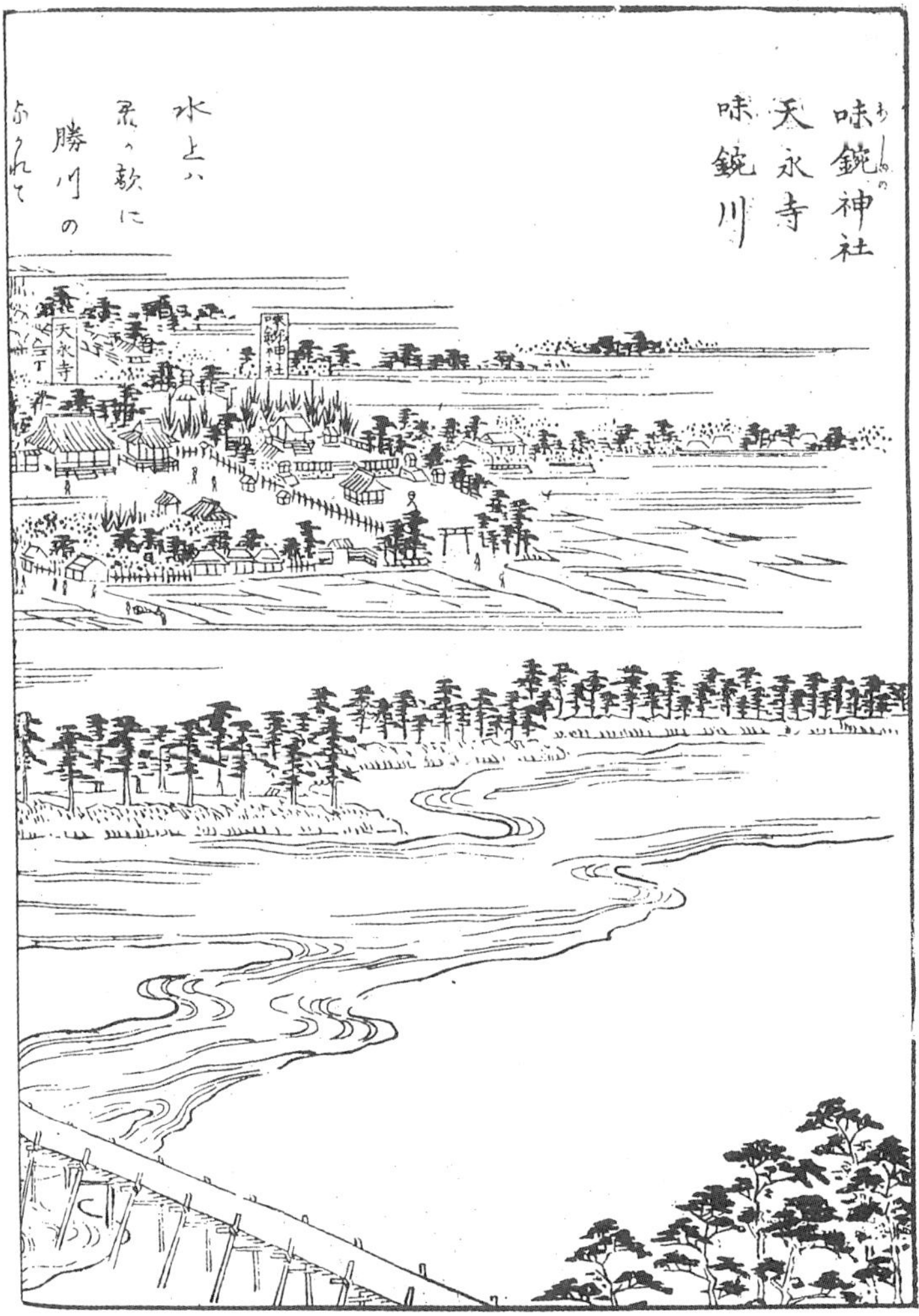

41 藩が管理する道なのに橋は意外と粗末

味鋺を味鏡と書いていたことがある

河口から上流まで名前が同じという川は江戸時代にはほとんどなかった。同じ名前が使われるようになったのは基本的には明治以降になってからだ。江戸時代までは地域ごとに川の呼び名は異なっていた。味鋺《あじま》川は味鋺村を流れている川、つまり庄内川のことだ。

味鋺村には名古屋城下から中山道の伏見宿（岐阜県御嵩町）へと通じる官道の上街道（木曽街道）が通っていた。そのため、味鋺村

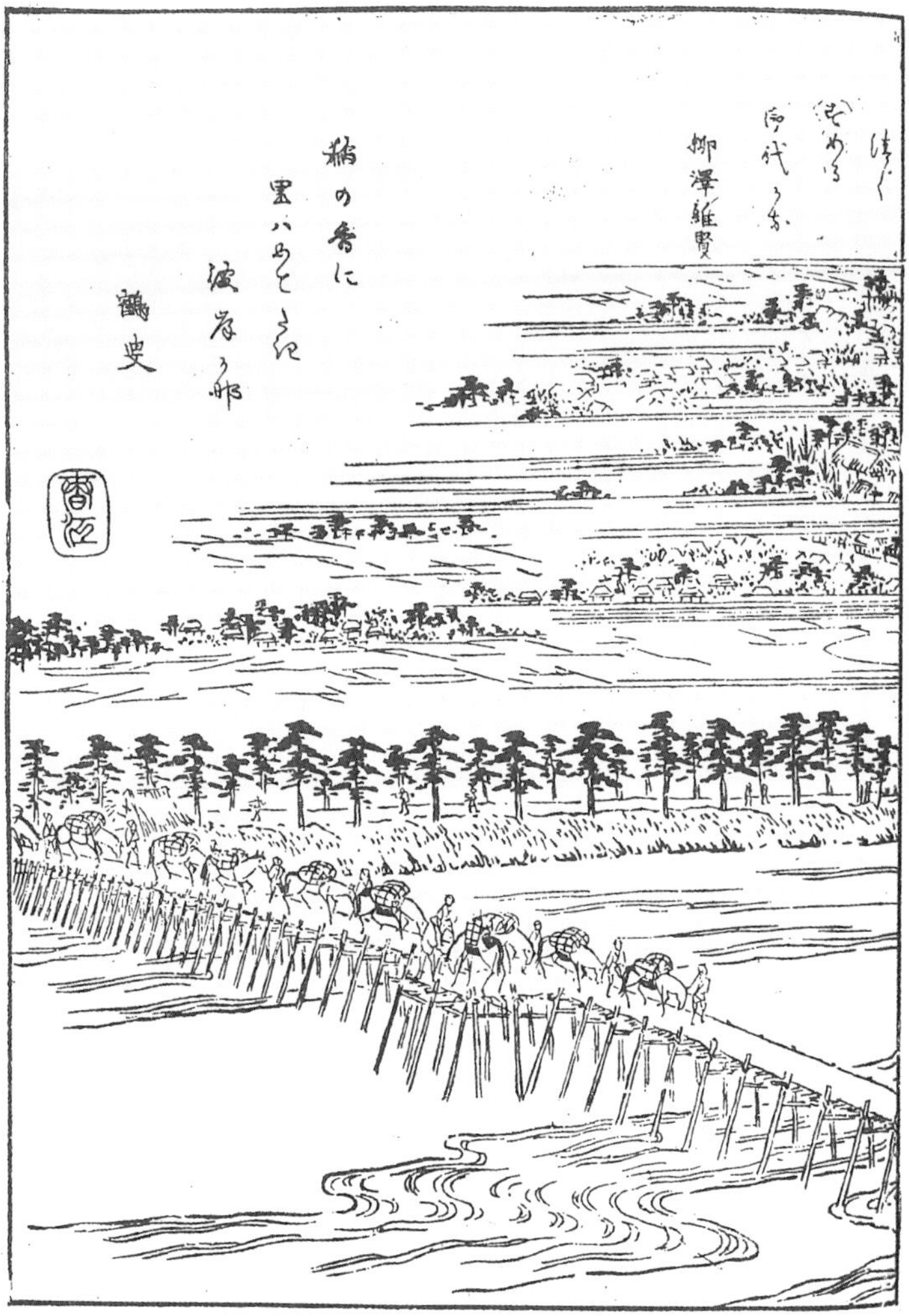

昔の旅人にとって川は大きな難所であった。橋をつくるにはお金がかかる。大井川や木曽川のような大きな川や流れの速い川は徒歩で渡るか船を使うしかない。粗末であっても橋がある道は利用しやすかったことだろう。

の農家は町屋のように軒を並べて建っていた。

味鋺はかつて「味鏡」と表記されていたことがあったという。図会によると、味鏡神社と同じ敷地にある護国院（味鋺山天永寺護国院）の本堂から西北に鏡池があり、そこから金像の

庄内川堤防道路から味鋺神社を望む

味鏡山天永寺護国院

薬師仏が現れた。これを行基法師が当寺の本尊とし、寺の山号を味《み》鏡山《きょうさん》とした。後の書で、「鋺」の文字を「鏡」と誤記することがしばしばあった。そこで尾張藩九代藩主の宗睦《むねちか》が正しい「鋺」を使えと命じたという。

　味鋺神社も延喜式神名帳に載っている古くからの神社である。ただ、幾たびかの戦火や庄内川の氾濫で多くの記録が失われ、正確なことはわからない。図会では大日《おおひる》孁尊《めのみこと》（＝天照大神）、日本武尊《やまとたけるのみこと》、建角見命《たけつぬのみこと》（＝別雷命《わけいかづちのみこと》）、天児屋根命《あまのこやねのみこと》、武甕槌命《たけみかづちのみこと》、誉田《こんだ》天皇（＝応神天皇）の六柱を祭神とすると書かれているが、もともとは物部氏の一族である宇麻志麻治命《うましまじのみこと》が祭神であったようだ。

　味鋺神社から北東へ一キロほどのところにある全長一〇〇メートル近い二子山古墳をはじめ、この地域には数多くの古墳があった。

洪水を繰り返していた庄内川

　庄内川に架かる橋は小牧街道（上街道）だ。橋の幅は荷物を載せた馬がすれ違うことができないほど狭い。途中に馬寄というか、すれ違う時の待合所が設けられている。橋には欄干もなく粗末なつくりだが官道だ。

二子山古墳

　庄内川はしばしば洪水を引き起こしている。相当に頑丈な橋をつくらなければ常に補修や架け替えをしなければならない。ただ、庄内川は名古屋城にとって惣構《そうがまえ》（城下全体を防衛する堀など）の一つとしての役割を持たせていた。頑丈な橋を築くと敵に攻められた時、軍事的な役割を果たせない。そのため、簡単な土橋のようなつくりになっていたのだろう。

　味鋺村と西隣の比良村との境には天明四年（一七八四）から天明七年（一七八七）に築かれた洗堰《あらいぜき》がある。庄内川が上流から運ばれてくる土砂によって川底が高くなり、大雨になると小田井、大野木など数十村が毎年のように水害を被っていた。そこで庄内川の堤を長さ四十間（約七三メートル）にわたり切り下げ、大雨の時は大浦沼へ分水し、さらに新川へ流すようにした。現在は洗堰公園として、野球場やビオトープなどが設置されている。

新川洗堰。庄内川（右奥）から分流した水は新川（左下）へ

周辺の池にまつわる話

　庄内川は氾濫を繰り返していた。洪水であふれ出た水がたまったためか、このあたりにはたくさんの池があった。天永寺には鏡池の外に龍が池もあったという。

　図会によると比良村の東に大海《おおみ》用池《よいけ》と蛇池があり、共に水が豊富で、多くの魚鼈《ぎょべつ》（魚やスッポンなどの水に住む生物）がいた。永禄二年（一五五九）正月、福徳村の又右衛門というものが比良から大野木へ向かい、雨池の堤を通り過ぎた頃、雨が降り出し日も暮れてきた。すると、堤の上に大蛇が横たわっていた。顔は鹿のようで、眼は星のようで紅の舌を出して、又右衛門をみていた。この話を聞いた織田信長がその蛇を退治するといって、汲桶を持たせた味鋺、比良、大野木、高田、安食《あじき》などの農夫を集め、池の水を汲みださせた。しかしなかなか池の水を汲みだすことができず、信長は刀を口にくわえ池の中へ入った。池の底まであまねくさがし求めたが大蛇を見つけることはできなかったという。

　この話から、蛇池はもともとは雨池と呼ばれていたのが、大蛇が出現したことによって蛇池と呼ばれるようになったようだ。

42 そのむかし、濃尾平野は海であった

船の帆を巻く目印になった山

織田信長が美濃を攻略するために築いたとされる小牧山城。標高八六メートルの山が、濃尾平野の中にぽつんと島のようにある。その小牧山の西に船津という地名がある。江戸時代は船津村であった。「津」には港の意味がある。

図会によると、昔、このあたりまで入海になっていて、ここに船着きの湊《みなと》があったという。そして湊を目指すときの目印の山が小牧山で、山を見て船の帆を

車窓から見える周りの風景がすべて海であったなら…。遠くには島や入り江が見える。道路も住宅もビルも工場などもない。遥か昔の濃尾平野の姿だ。

巻いたため、「帆巻山」と呼んでいたのがいつしか「蒼海変じて田となった」ので「小牧山」と呼ぶようになったとしている。

明治二十三年（一八九〇）に発行された『尾張名所図絵』の巻頭に、養老元年（七一七）のものとされ

その昔、船乗りがこの山（島）を見て帆を巻いたと伝えられる小牧山だが、今では商業施設やマンションに囲まれて車を運転していても、目印になることはほとんどない

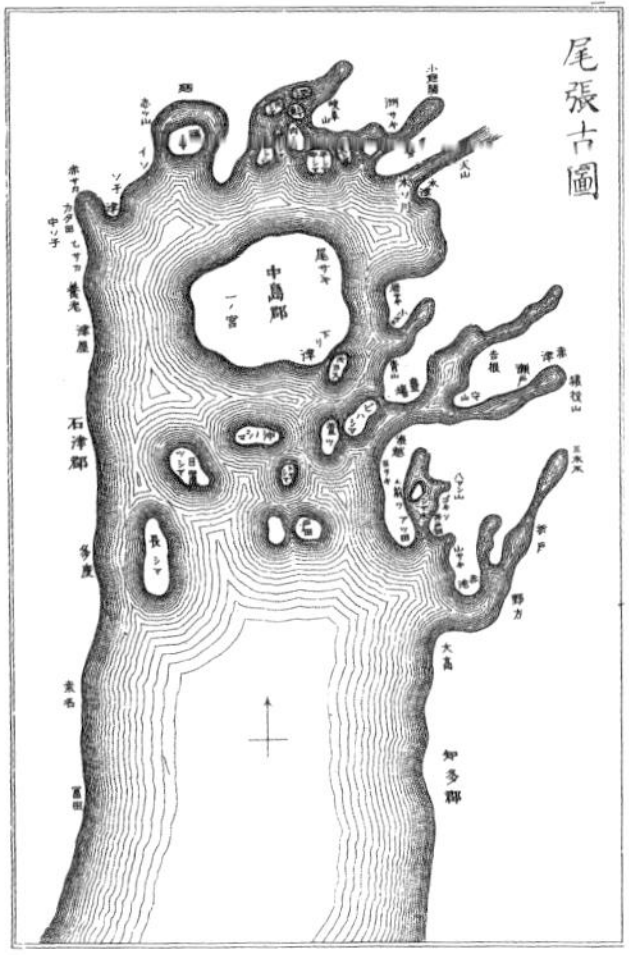

尾張古図（『尾張名所図絵』より）

る豊田市の猿投神社に伝わる尾張古図を写したと思われる絵がある。

その古図には現在の濃尾平野にあたるほぼすべてが伊勢湾として描かれている。湾内に日置、戸田、萱ツ、ビワシマ、キヨスなどと記された島が書かれている。日置とはおそらく現在の名古屋市中区の日置、ビワシマは枇杷島、キヨスは清須のことだろう。また海岸線沿いにはゴキソ、半島状のアツ田、小マキ、岩サキ、木ソ川の河口近くに犬山などと書かれている。

猿投神社に伝わっていたということ自体が本当かどうか不確かなうえ、今から一三〇〇年前に濃尾平野全体が海であったとは考えられない。ただ、津島も枇杷島もその昔は海に浮かぶ島であった。

縄文時代には今よりも海水面がかなり高く、濃尾平野全体が海であり、一方で伊勢湾が陸地になっていた時代もあるというから、小牧あたりまで船が入っていたとしても決して不思議なことではないが、それが事実であったとしても、いつごろの時代なのかということは判然としない。さらに図会では小牧山について、一名を「飛車山」ともいい、「この山平原の地に独立」し頂上からは国中を見渡すことができ、大和の香具山、畝山を彷彿とさせるという。

名古屋城築城時に石を採石した岩崎山

小牧山の東にあったのが名古屋城下から中山道の伏見宿へと通じる上街道の宿駅だ。図会でも、小牧山の麓を木津《こっつ》川が流れ、その右手に小牧宿が見える。もともとは小牧山の南の麓にあったのを東の原に移し、街道も付け替えた。木津用水は現在は合瀬川、あるいは古木津用水と呼ばれている。

岩崎山

小牧山の左に見える昔の上街道と思える道をたどっていくと龍音寺を経て岩崎山へと至る。龍音寺は間々町にあり、「オッパイ観音」として知られている間々観音のこと

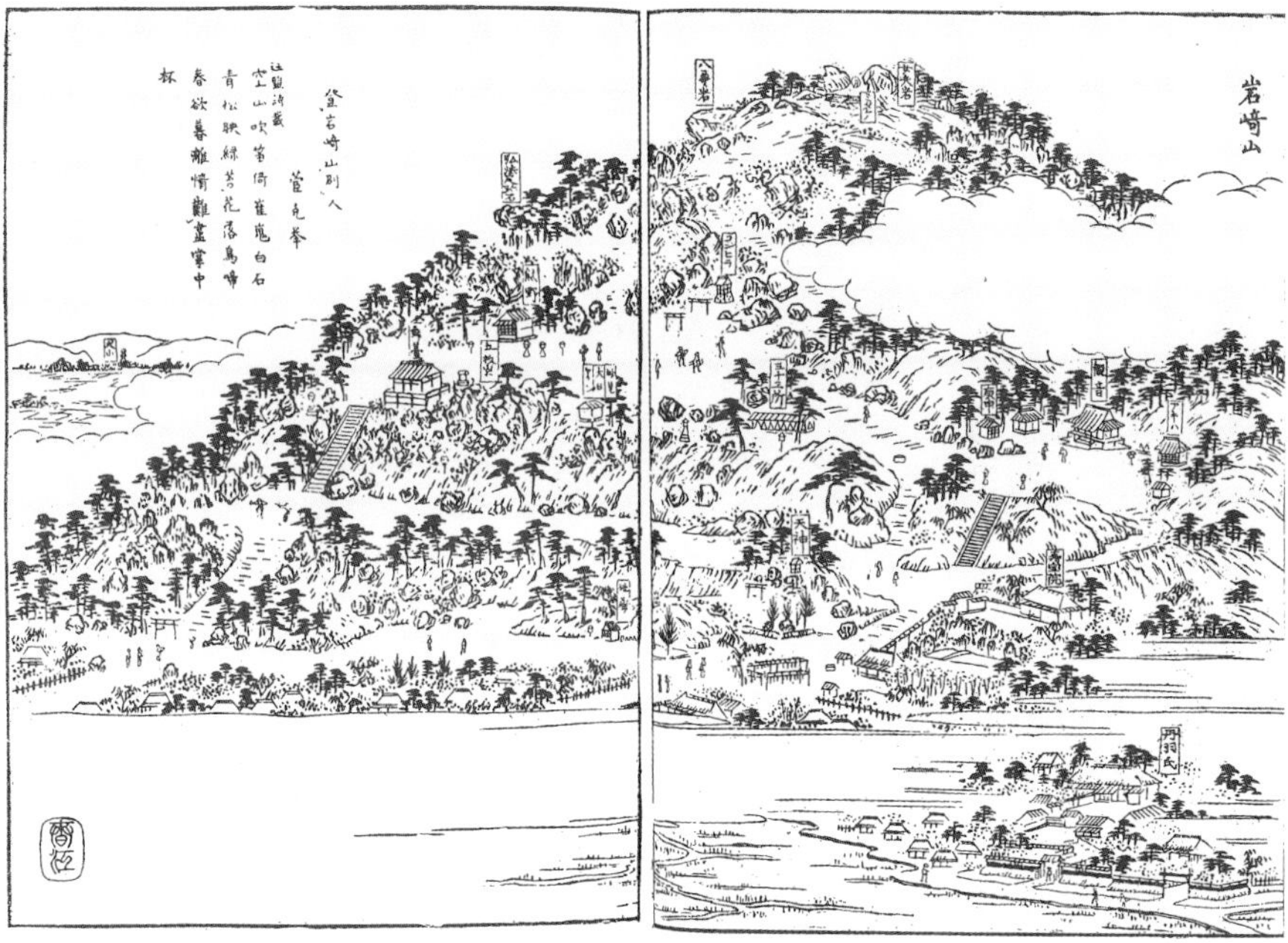

図会後編巻三「岩崎山」

熊野神社

五枚岩

だ。

　岩崎山も「小牧山の如く、平原に独立して、山上の眺望いうばかりなし」である。名古屋城築城の時、この山の石をたくさん採って石垣にした。図会「岩崎山」にも、山上近くの八尋岩、夫婦岩、弘法大師足跡石、五枚岩などの名前が見える。五枚岩は弘法大師が護摩を焚いて修業した場所で、護摩が訛って五枚になったともいわれる。ちなみに石垣の奥に入れる石や御殿などの建築物の基礎に使われる「ぐり石」は岐阜県海津市の神戸石だ。

　それほど高くはない山だが、山中にある熊野神社の拝殿は舞台のような懸け造りで長い石段があると書かれている。岩崎山のはるか遠くには犬山城が小さく描かれている。

43

山をえぐり、川の流れを変えた山津波

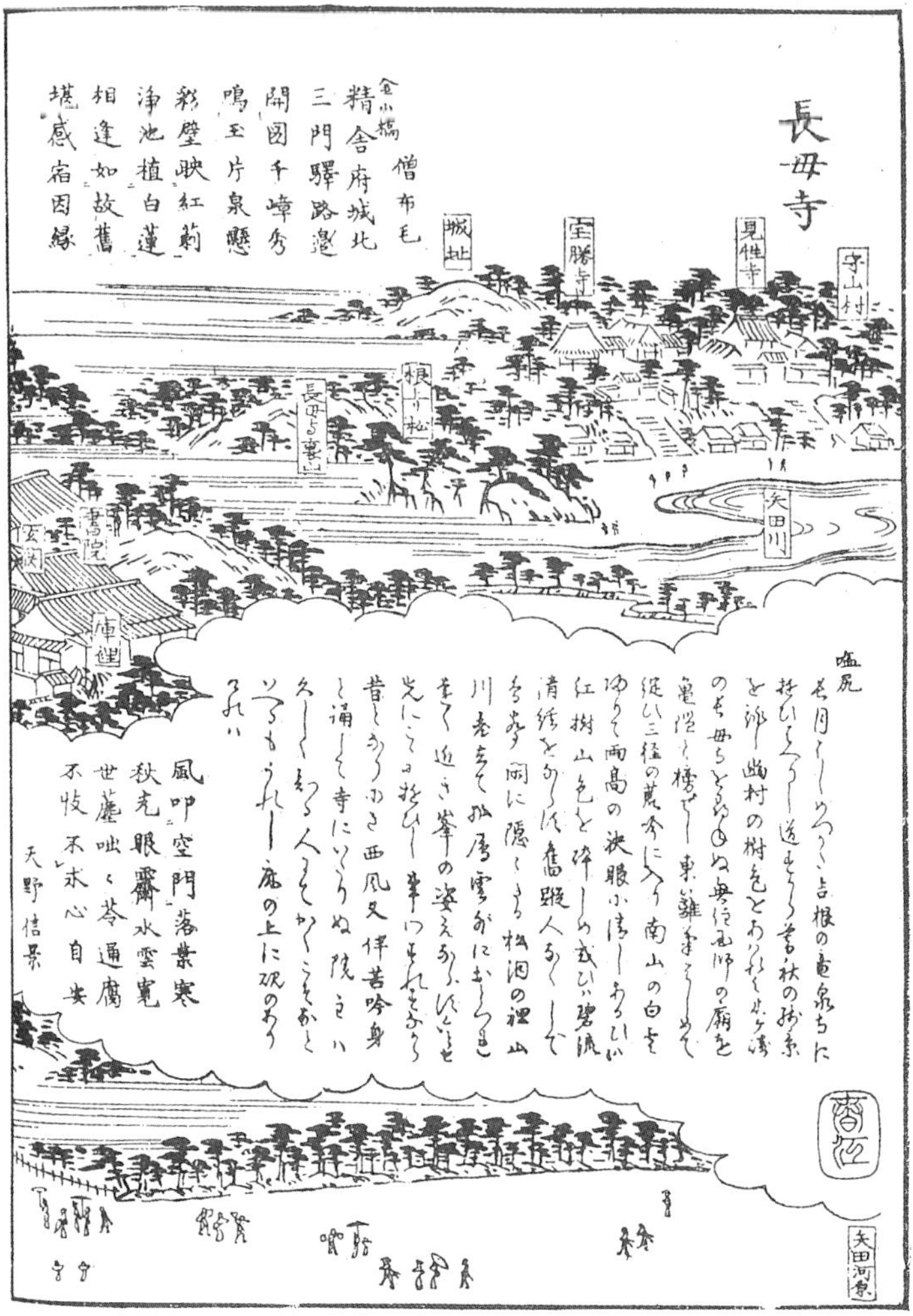

時代とともに変化する行政の境

尾張は上四郡（愛智郡、知多郡、海東郡、海西郡）と下四群（中島郡、春日井郡、葉栗郡、丹羽郡）の八つの郡で構成されている。名古屋の市章は㊇だが、これは尾張八郡を表したものだとされている。㊇はもともと尾張藩が合印として使い始めたものだ。

同じ尾張八郡とはいっても、歴史的には変遷があり、かつては海東郡と海西郡は海部郡という一つの郡であった。一方、戦国時代地図上に描かれている川の位置は、ずっと昔から変わらないように思えてしまう。しかし近代工法以前は、洪水などで流路が変わるのは当たり前のことであった。

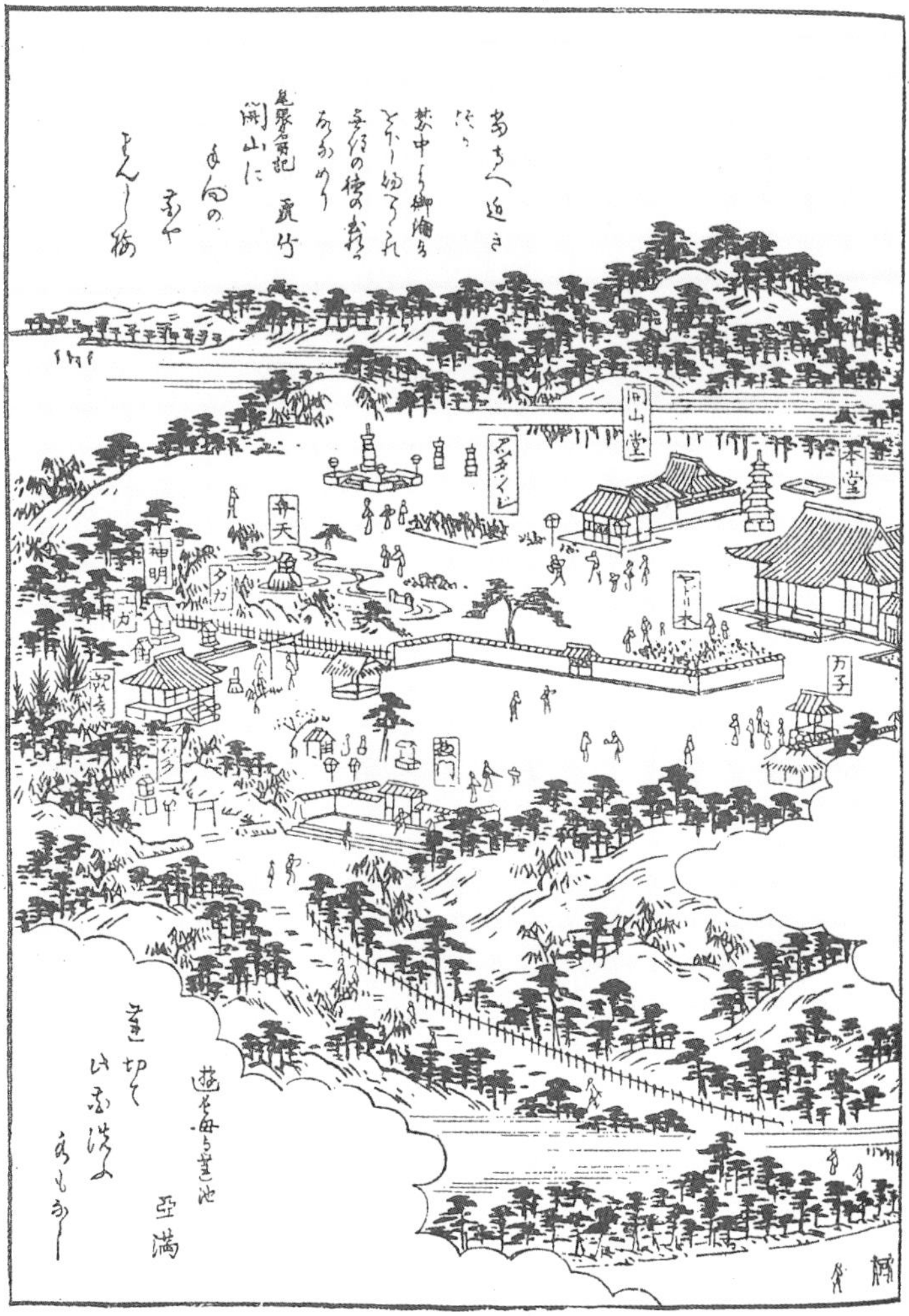

頃までは矢田川沿いの地域に山田郡があったが、分割されて愛知郡や春日井郡に組み込まれている。現在の名古屋市東区、北区、春日井市、瀬戸市などの一部だ。そうした変遷の結果、名古屋市域のなかには、愛知郡、

長母寺

知多郡、山田郡、春日井郡の一部となっていた地域もある。こうした郡や村などの境として一般的には川が使われる。

流れが変わった矢田川

絵の中ほどの右から左へと矢田川が流れている。長母寺の対岸に「長母寺裏山」の文字が見える。川を挟んで裏山というのはあまり聞いたことがない。しかも、矢田川はかなり大きな川だ。こういう場合、普通は対岸の山という。

実は矢田川の流れが変わったことで、寺と地続きの裏山だったのが、川で隔てられてしまった結果だ。図会でも矢田川を「水源は瀬戸川、山口川、香流川等の山川所々にて落合い、西に流れ、ここに至りて大河となる」と紹介している。

もともと、矢田川は寺の南（絵の下にあたるところ）を流れていたのだが、明和四年（一七六七）山津波によって寺の建っていた山の真ん中を押し流し、寺の後ろに流れを変え、門前は平沙《へいさ》（広々とした原）になってしまった。

対岸には「守山村」「見性寺」「宝勝寺」「城跡」の文字が見える。川原にも家屋が描かれているが、守山村も宝勝寺も川から一段と高い場所に建っている。矢田川が、度々洪水を繰り返していたからだろう。「城跡」とあるのは、守山崩れの舞台となったことで知られる守山城のあった場所だ。家康の祖父松平清康が天文四年（一五三五）、この城で家臣に切り殺され、その結果、大将を失った松平軍は三河へと引き返し、松平氏は今川の傘下に入った。これが守山崩れといわれている。そして清康の菩提を弔うため、大永寺（守山区）の七世大渓良沢和尚が創建したのが宝勝寺だ。

矢田川橋から西を望む。左端が長母寺、右端が宝勝寺、守山城址

宝勝寺

江戸時代の尾張の風景を活写②
～編纂に関わった人たち

図会には図（絵）を集めるという意味がある。名所図会とは絵を用いて、名所旧跡、神社仏閣の由来などを説明したガイドブックのようなものだ。その地に伝わる伝説や歴史なども、想像した絵で描かれている。

現在のガイドブックが百年、二百年後に重要な歴史資料として使われることは考えにくい。ところが『尾張名所図会』は尾張地域における歴史資料として、かなり大きな価値を持っている。

また、同書はいわゆる「稗史《はいし》」の類いといわれることがある。稗史は藩や国によってつくられた「正史」ではなく、民間の歴史、例えばその地に伝わる伝説、故事など公認されていない事柄、あるいは風俗などに関する歴史である。

しかし、『尾張名所図会』は古事記、日本書紀をはじめ、多くの歴史書、地誌、文学書などを参考として書かれている。後編の最後に「全部印書目録」として八百三十六部にも及ぶ史料が並んでいる。これだけの数の参考資料を駆使してつくられたガイドブックなど、現代では考えられない。しかも作者は、たんなる物書きではない。絵を描いたのは尾張藩士の小田切春江だが、ほかにも三十四人の画家が関わっている。文章は岡田文園（啓《ひらく》）、野口梅居（道直）。岡田文園は足軽級の身分の低い武士であったが、一万巻もの書物に埋もれるほどの勉強家であったという。野口梅居は枇杷島の青果問屋の主人であったが、やはり一万巻もの蔵書を有していたという。つまり学者が編纂した書物だといっていい。

小田切春江、岡田啓は尾張藩の正史ともいうべき、『尾張志』の制作にも関わっている。『尾張名所図会』には、言い伝えや故事などが含まれているが、いかがわしい内容ではなく、しかも、庶民も楽しく読める書であった。

愛知県図書館「貴重和本デジタルライブラリー」で『尾張名所図会』の電子画像が閲覧できる

44

龍女に導かれて見つけた聖地

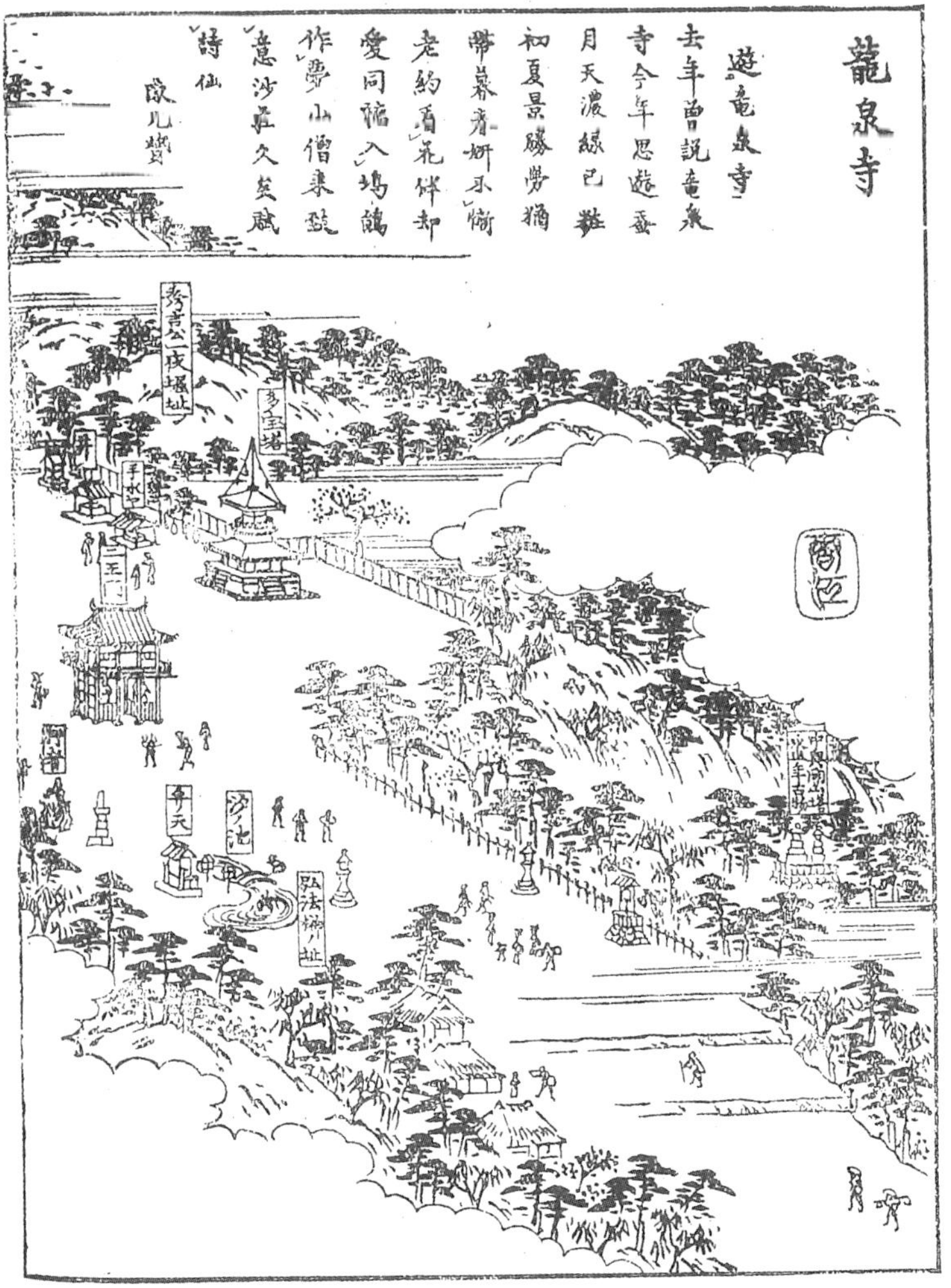

多々羅が池か、多羅々が池か

節分の頃になると、今年の恵方はどの方角だったかな、という話がでる。名古屋城が築城された時、城から見て鬼門にあたる方角に四カ寺を鎮護として定めた。これが龍泉寺（守山区）、荒子観音（中川区）、笠寺観音（南区）、甚目寺観音（あま市）の尾張四観音だ。節分の時、その年の恵方にあたる寺は盛大な豆まきを催し、ニュースでも必ずといっていいほど取り上げられる。

龍と人の関係はおもしろい。神のように扱われているが、人が龍の願いを聞き、龍がお礼に雨を降らせるという伝説も多い。また、人間の姿をして現れるときも、男性であったり女性であったりする。

図会の龍泉寺は言い伝えでは昔、伝教大師が熱田の宮で参篭していたある夜のこと、童女が現れ、ここより東北にあたる地に龍泉がある。私はその池に住む龍女である。その池の畔で経を唱えてほしいといって忽然と消えた。大師は童女が

龍泉寺

龍泉寺　多宝塔

語った場所をたずね、この山に来た。山の南西に池があり、そこから龍女が現れ、約束を守って下さり感謝します、といって悦び、これからは干ばつの時には必ず雨を降らせますと言って再び池の中に戻った。その池を「多羅々《たらら》が池」という。さらに池の中から閻《えん》浮檀金《ぶだごん》（良質の金）の馬頭観音が湧出した。大師は茅堂を建て、そこにその像を安置し、本堂を造立したという。しかし、その後、幾たびかの戦によって焼かれ、特に小牧・長久手の合戦で寺の貴重なものが多く失われたが、慶長三年（一五九八）に再興し、昔以上に繁昌するようになった。

ところで「多羅々が池」は「たたら」が誤って伝えられたようだと述べている。龍泉寺の境内を描いた図会には山門の左に「多良々ガ池アト」と記された窪地がある。江戸時代の少なくとも後期には、池はなくなっていたようだ。

龍泉寺は尾張四観音の中で最も眺望にすぐれた地であった。眼下に勝川（庄内川）を見下ろし、西

図会後編巻四「龍泉寺裏坂の眺望」

お寺から左下へ下がったところの墓地から庄内川を望む

には金の鯱をいただく名古屋城、さらに小牧山、尾張富士、本宮山など「尾北をはじめ、近国の連山波濤をなし、勝川の緑水清冷にして、広野の平遠なる篠木の村落、枰面《へいめん》に石を下せるが如く」と書いている。図会「龍泉寺」の絵の左上に「此所眺望ヨシ」と書いてある場所からの眺めが図会「龍泉寺裏坂の眺望」だ。絵には尾張富士や本宮山と思しき山、勝川の対岸には碁盤の上に置いた石のように、篠木村がある。

城東第一の絶景と賛辞しているが、龍泉寺の裏手から見る風景の構図は、基本的に当時と同じだ。

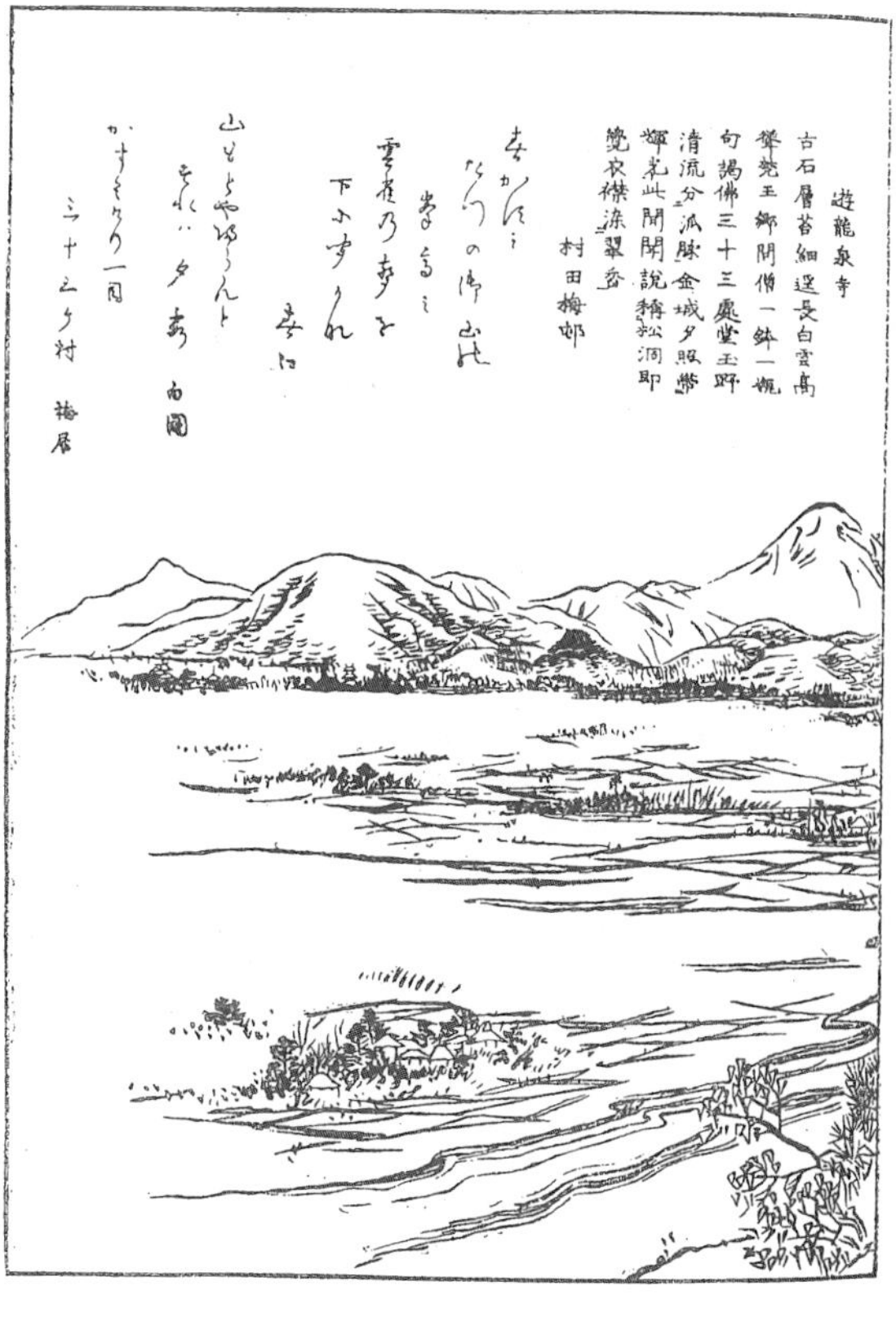

45 かつては三十六もの塔頭《たっちゅう》を持った寺

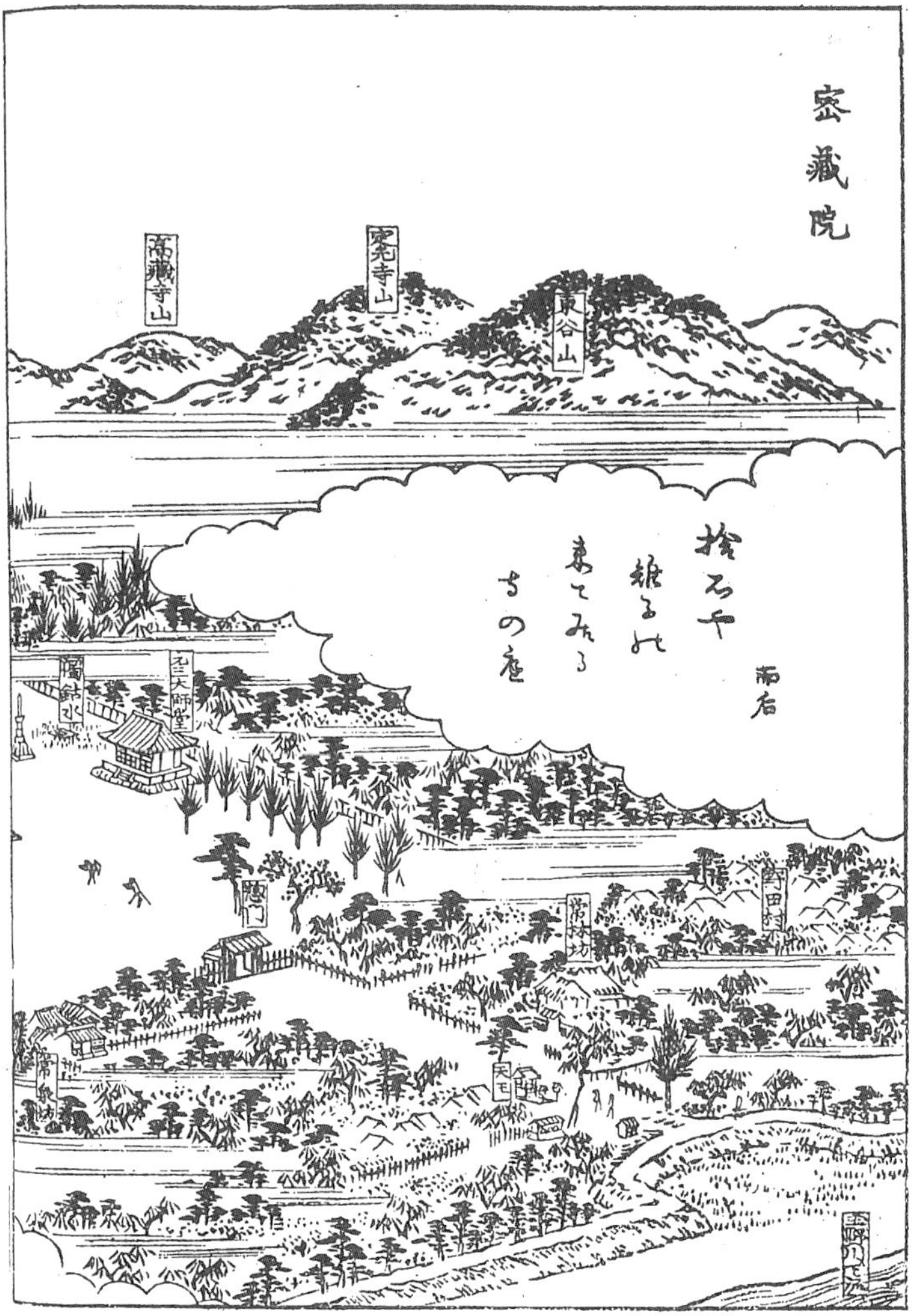

道元ゆかりの品の足跡を追う

昭和区川名山町の香積《こうじゃく》院（曹洞宗）には、永平寺を開祖した道元禅師の直筆とされる「一葉観音画像」が禅師の直綴《じきとつ》（法衣）、袈裟、応景器（食事のおわん）とともに寺宝として伝えられている。香積院が創建されたのは貞享四年（一六八七）で、道元が没した建長五年（一二五三）よりも四百年以上後である。それなのに、なぜ、香積院に道元ゆかりのものがあるのだろう。

尾張藩の菩提寺は東区にある建中寺だが、創建をしたのは二代目藩主・徳川光友である。初代藩主・徳川義直の廟所は定光寺だ。この地は義直がしばしば鷹狩りに訪れ、大変気に入っていたという。

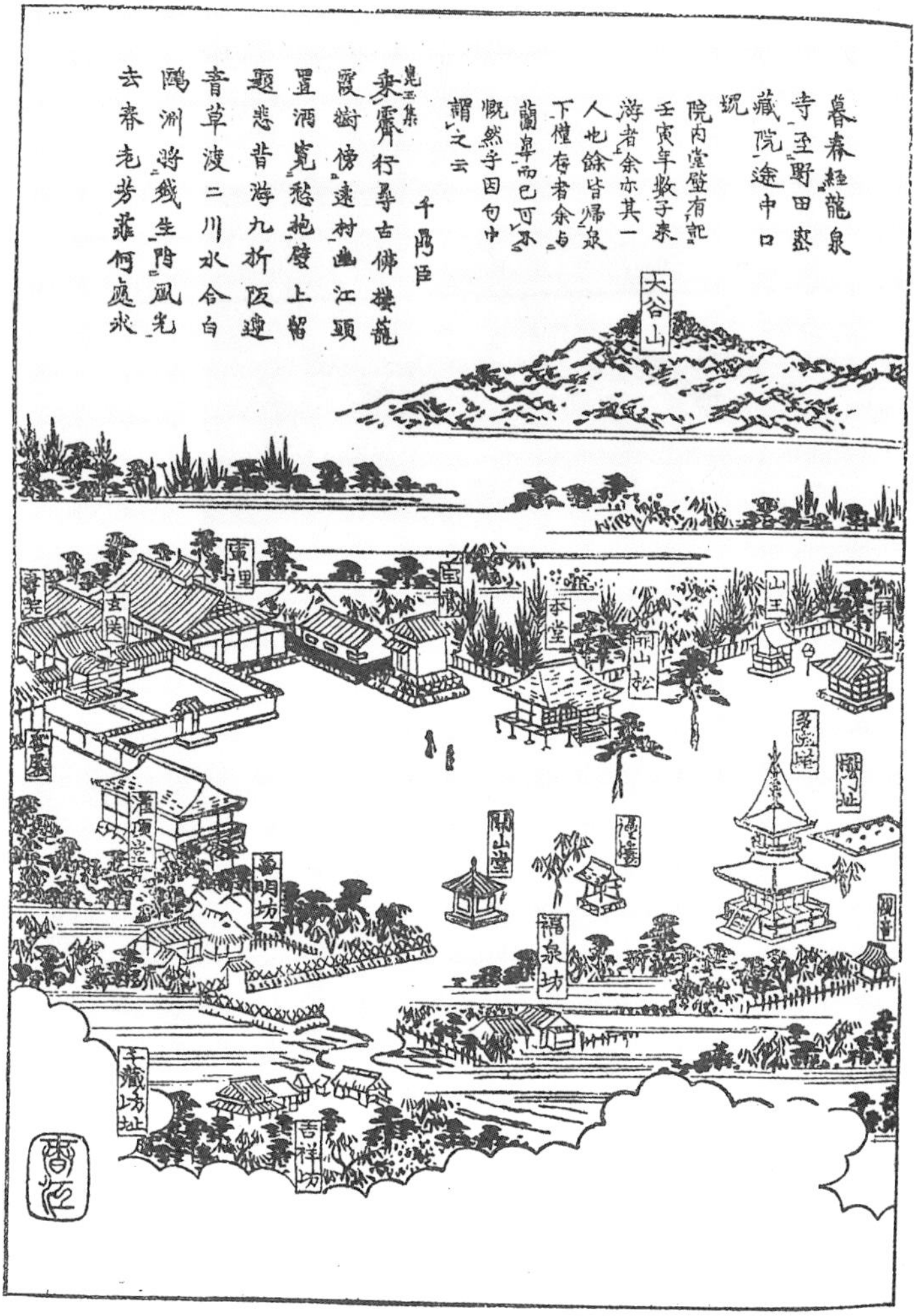

実は一葉観音画像などは、もともとは春日井市の密蔵院（天台宗）にあった。かつては三十六坊もの塔頭があったが、乱世（戦国時代）の時に荒廃し、五院だけが残った。この時、同

庄内川にかかる吉根橋から密蔵院を望む

じ天台宗の龍泉寺（守山区）が密蔵院の多くの品を引き取った。戦乱が収まった時、これらの品は密蔵院へ戻されたが、時の龍泉寺住職は道元ゆかりの品は曹洞宗の名僧が祀ることが本筋と考え、当事、名僧として名高かった雲臥《うんが》禅師が住職を務める香積院に移された。

密蔵院多宝塔

さて、図会には東谷山、定光寺山、高蔵寺山、大谷山が連なって描かれている。東谷山はかつては尾張山と呼ばれていたが、後に東谷山（当国山）と呼ぶようになったという。

定光寺は尾張藩初代藩主の徳川義直の廟所として、また景勝地として知られているが、徳川家の菩提寺ではなく、創建は室町時代である。義直はこの辺りの地でしばしば遊猟《ゆうりょう》を楽しみ、周辺の土地を寄付した。そして義直は、亡くなった時にはここに弔ってほしいと願った。

高蔵寺山は高座山のことである。高蔵寺山の南麓にあるのが高蔵寺で、本尊の薬師如来は玉野川（庄内川）の深淵より白い鹿に乗って上がって来たとされる。大谷山は東海自然歩道のコースとなっている。

ところで、庄内川はこの絵のどの辺りになるのだろうか。東谷山とその北東にある定光寺山は庄内川を挟んで密蔵院の東に位置する。庄内川を挟んでその反対側にあるのが高蔵寺山と大谷山だ。つまり庄内川は定光寺山と高蔵寺山・大谷山の間を流れ、東谷山の手前を下っていく。JR中央本線も同じく定光寺山と高蔵寺山・大谷山の間を通り、愛知環状鉄道は定光寺山と東谷山の間を通っていることになる。

絵の右下には「玉野川下流」の文字と川の一部が描かれている。また常林坊、常泉坊、福泉坊、善明坊、吉祥坊の五つの塔頭と一つの塔頭跡「千蔵坊跡」が描かれている。昔はかなりの規模の寺であったことがわかる。

46 急流に逆らい対岸へ向かう渡船

同じ川が地域によって名前を変えた

川の下流というと、一般には河口域に近い流れの穏やかなところがイメージされる。図会には玉野川（庄内川）下流だと書かれているが、かなりの急流で下流といったイメージはない。本文では水源は美濃の土岐川、雨澤川、その他の多くの谷の水を集めていると書いている。

玉野川下流と図会に書いてある場所はJR中央線の高蔵寺駅から東へ約一キロメートルほどの所だ。川の下流というと海に近い場所で流れも穏やかというイメージがあるが、どう見ても、ここは海辺からはかなりの距離がある。しかもかなり急流だ。

玉野川は岐阜県恵那市の夕立山に源を発し、愛知県内へと流れ下り、九六キロメートルの流路延長を持つ。そして名古屋市内を流れる川の中では最大規模を誇る一級河川で、庄内川と呼ばれている。また岐阜県では土岐川と呼ばれている。

海からかなり離れた山の中を流

玉野川。鹿乗橋から東をみる

玉野川（土岐川）沿いに走る中央線。かつては多くのトンネルがあり、車内に汽車の煙がよく入り込んでいた。しかし、景観の美しさは中央線随一ともいえた。

れているにもかかわらず、下流とはどういう意味なのだろうか。

　川はいくつもの川が合流しながら流れ下る。そして本流が一つの名前で統一されるようになったのは明治以降のことだ。玉野川も上流では土岐川、ここより少し下流に行けば勝川、味鋺川、庄内川、小田井川さらに下流へ行くと万場川の名前で呼ばれていた。つまり、ここでは位置関係から玉野川の下流と言っているようだ。「この川無量の白石水中に出没し、巨岩山を擁して断崖に峙《そばだ》ち老松枝を倒《さかさま》にして絶壁に聳え、激湍《げきたん》（流れの激しい早瀬）石に噴して白雪をひるがえし、清流砂を帯びて練をさらすが如し」と書いている。

今も昔も景勝の地

　JR中央線の高蔵寺と多治見の間には十三ものトンネルがあったが、この間の線路は新しくつくら

鹿乗橋

れた長大トンネルを通ることになり、昭和四十一年（一九六六）に廃線となった。短いトンネルとトンネルの間から垣間見える庄内川（玉野川）の景色は旅人の目を楽しませてくれた。

　庄内川に架かる鹿乗橋《かのり》（瀬戸市鹿乗町）は明治四十三年（一九一〇）に竣工した道路用鋼アーチ橋としては日本では最古のものだという。この橋が架かっている辺りが図会に描かれている鹿乗淵で渡のあったところだ。淵とはいっても絵ではかなりの急流として描かれている。両岸には絶壁が連なり、川の中に流を阻むようにいくつもの岩がある。人を乗せた舟は単純に川を横切るのではなく、大きくうねる川面の流れに沿って竿を差している。

　獅子岩や太鼓岩などはいまも当時の面影を残している。

ヒサシ岩？

47

旅人のやすらいだ「田毎の月」の風景

行きかう商人たちで賑わった品野村

三国とは三河、美濃、尾張のことである。「頂上に三つの石ありて国境の標《しるし》とす。春の末の頃は全山が躑躅《つつじ》の花に覆われて見事だが、樵路《せいろ》（樵《きこり》などが使う小径）も絶えた深山で、躑躅を楽しむ人もほとんどいない」という。

三国山へ至るには美濃の雨澤村から登るのが順道とするが、上品野（瀬戸市）から登ると素晴らしい景観を楽しめるとしている。品野村は上・中・下の三村に

田植えの時季にしか見ることのできない田毎の月。
信州への交易の道である伊奈海道を通る人たちも田毎の月で旅の疲れを癒したことだろう。

分かれ、共に伊奈海道（伊那街道）に通じる山村で、平地が少なく田畑は山の腹にあって棚田になっており、信州の更科の「田毎《たごと》の月」に似ているとしている。絵の右下に棚田が、左下に伊奈海道と上品野村がしるされている。

　伊奈海道は信州飯田街道

三国山山頂からの眺望

とも呼ばれた道で、一般的に知られている足助経由ではなく、名古屋の大曽根から瀬戸の品野を抜け、柿野（岐阜県土岐市）を経て東農、伊那へと通じる道である。絵には荷駄を乗せた馬も描かれ、それなりの賑わいのある道だったことがわかる。伊奈海道から右へ細い道が続いている。片草村を左に見ながら進むと「乗鞍石」が見える。高さ四間（約七・二メートル）、幅三間（約五・四メートル）の大岩で馬に乗るときの鞍の形に似ているところから名づけられたという。巨石が相対するので「はさみ石」、さらに臼石、焼飯石、五枚石などが続く。絵のほぼ中央に描かれているのが「雲見が峯」、三国山へ至る道に描かれている「スミガマ」は炭焼き窯だ。頂上には「ミノ」「オワリ」「ミカワ」の文字と「三国界石」がある。

図会の上品野村のところに描かれている伊奈海道は、左の奥へと続く細い道だと思われる

人の立っているのが、かつての伊奈海道という

左の道は上品野を通り三国山方面へと続く

周辺には多くの奇岩

上半田村と中品野村（現在の瀬戸市上半田町と中品野町の範囲とは少し異なる）の境を流れる半田川（水野川）に、小児が立っているような形をした稚児《ちご》岩がある。かつてこの川筋に住んでいた大蛇が稚児の姿をして舞踏し、人をたぶらかしていたのを、長江という者が退治し蛇の首を産神として祀ったという。その大蛇が住んでいた跡が蛇が淵、水野川の「ゑつぼ山」と呼ばれるところにあるのが「東門滝」で「奇岩所々にならびたつなかに、眼鼻石とてあたかも雙眼鼻の如き自然の穴ある大岩あり」と書いているが、東門滝や眼鼻石はいまもかつてのままの姿を

とどめている。

　さらにゑつぼ山に続いて「筆捨山」と呼ばれる山があり、東海道の筆捨山を彷彿とさせるため、名づけられたとしている。東海道の筆捨山は、狩野元信が描こうとしたが、雲や霧のため山の姿が変化し、描くことを諦めたといわれる山だ。

　この辺りの風景は「玉野川におとらぬ絶景」だと、図会は称賛している。

眼鼻石

東門滝

図会後編巻四「東門滝　眼鼻石」

48　尾張と美濃を分ける大河

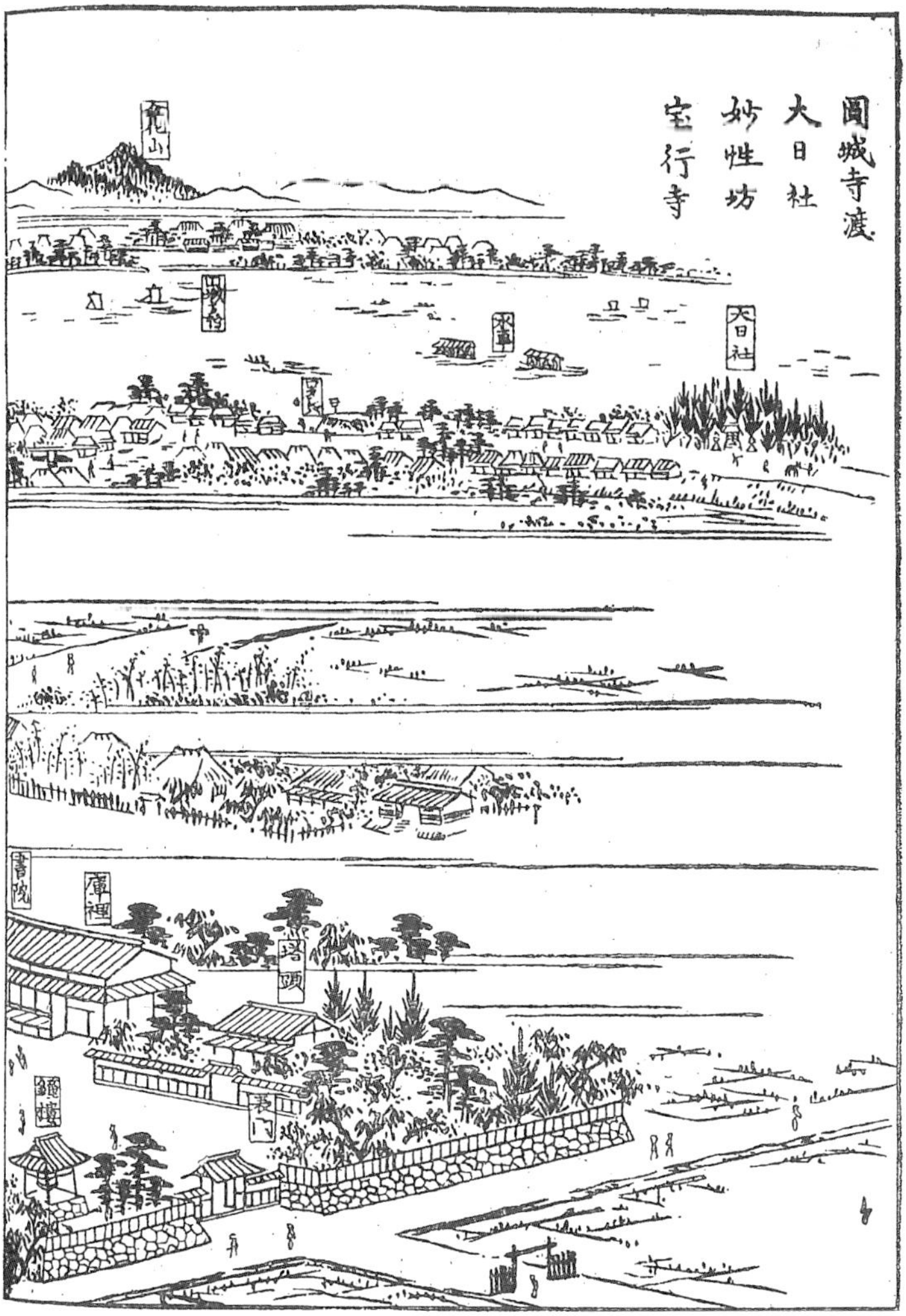

木曽川にあった多くの渡し

川は国や郡の境となることが多い。木曽川は、現在も岐阜県と愛知県の境となっているが、かつての尾張国と美濃国との境も木曽川であった。木曽川を挟み愛知県には平成十七年（二〇〇五）まで葉栗郡が、岐阜県には羽栗郡があった。

木曽川は昔から大洪水を度々引き起こし、その度に流路を変えている。天正十四年（一五八六）の洪水で、それまで一つの郡であった葉栗郡の真ん中を木曽川が

「山を越す」は危機を乗り越える、難を逃れるなどの意味で使われるが、「川を越す」とは言わない。東海道や中山道を旅する人にとって、大河を渡るのは山を越すよりも難儀であったかもしれない。

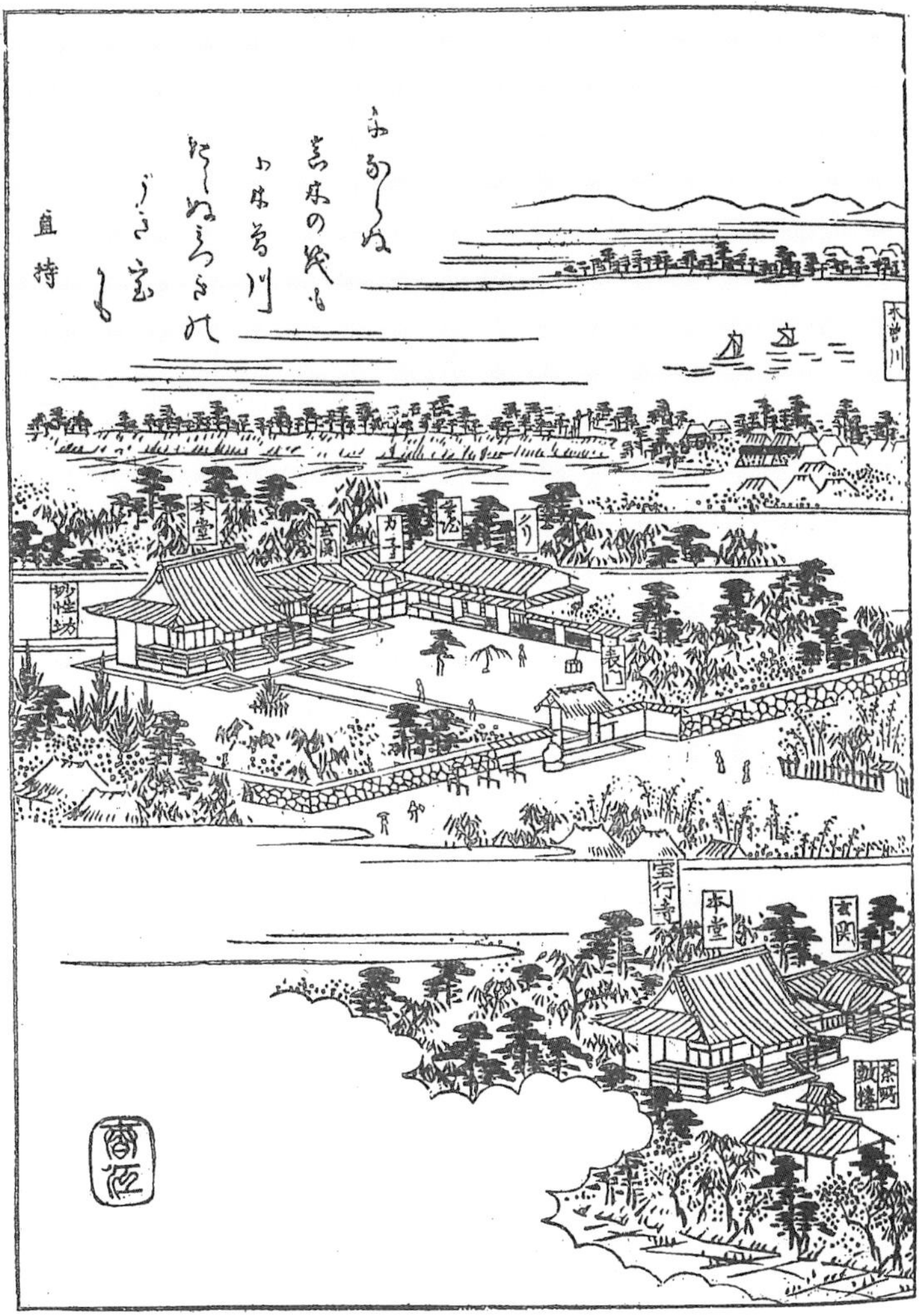

流れるようになった。そこで豊臣秀吉は尾張の葉栗郡は従来通り葉栗郡のままにして、美濃側になった葉栗郡を羽栗郡とした。図会には木曽川のはるか向こうに金花山が描かれている。もちろんこれは金華山のことだ。

円城寺渡しは美濃の円城

江南市宮田からの景色。木曽川を挟んで見える金華山

寺村の渡しで、北方の渡しともいう。関ヶ原の戦いの前に、徳川家康がここを渡ったという。円城寺村の名は岐阜県羽島郡笠松町の円城寺が由来だ。尾張名所図会は尾張について書かれた書物のため、円城寺に関しては記載がない。もともとは、親鸞に帰依した葉栗郡の河野四郎通勝らが草庵を開いたのが始まりとし、河野円城寺という。

　円城寺渡しのあった近くには新木曽川橋が架かっている。木曽川に橋か架けられたのは大正十一年（一九二二）の河田橋が初めてで、それまでは、里小牧渡し（笠松の渡し）、河田渡し、及川古田渡しなど多くの渡しがあった。もちろん明治二十年（一八八七）に完成した東海道線の鉄橋を除いての話だ。

　当時の東海道線は単線であった。明治二十三年につくられた『尾張名所図絵』では「全国屈指の大川たる木曽川に架せしものなるを以て其鞏固《きょうこ》の構造たるをしるべし。汽車烟《けむり》を揚げて毎《つね》に此橋上を飛奔駆馳（飛ぶように走る）して轟轟遠雷の響きを為すを聞くは誠に勇ましき壮観なり」と表現している。当時の人々にとって、あっと言う間に大河を越えることのできる汽車も鉄橋も、驚異的なものであった。

　しかし、江戸時代は木曽川を渡ることは大変であった。享保十三年（一七二八）ベトナムから象が日本に贈られ、江戸まで連れていくことになった。京都から東海道を進み、鈴鹿の山越えと海路となる七里の渡しを避けるため、垂井からは美濃路を進んだ。だが、美濃路には揖斐川（伊尾川）、長良川、木曽川の大河が待ち受けている。揖斐川は象を歩かせて渡ったが、長良川と木曽川は二隻の船を横に並べ、丸太で固定して双胴船のようにし、その上に板を渡して象を乗せた。いくら大きくても重いとは

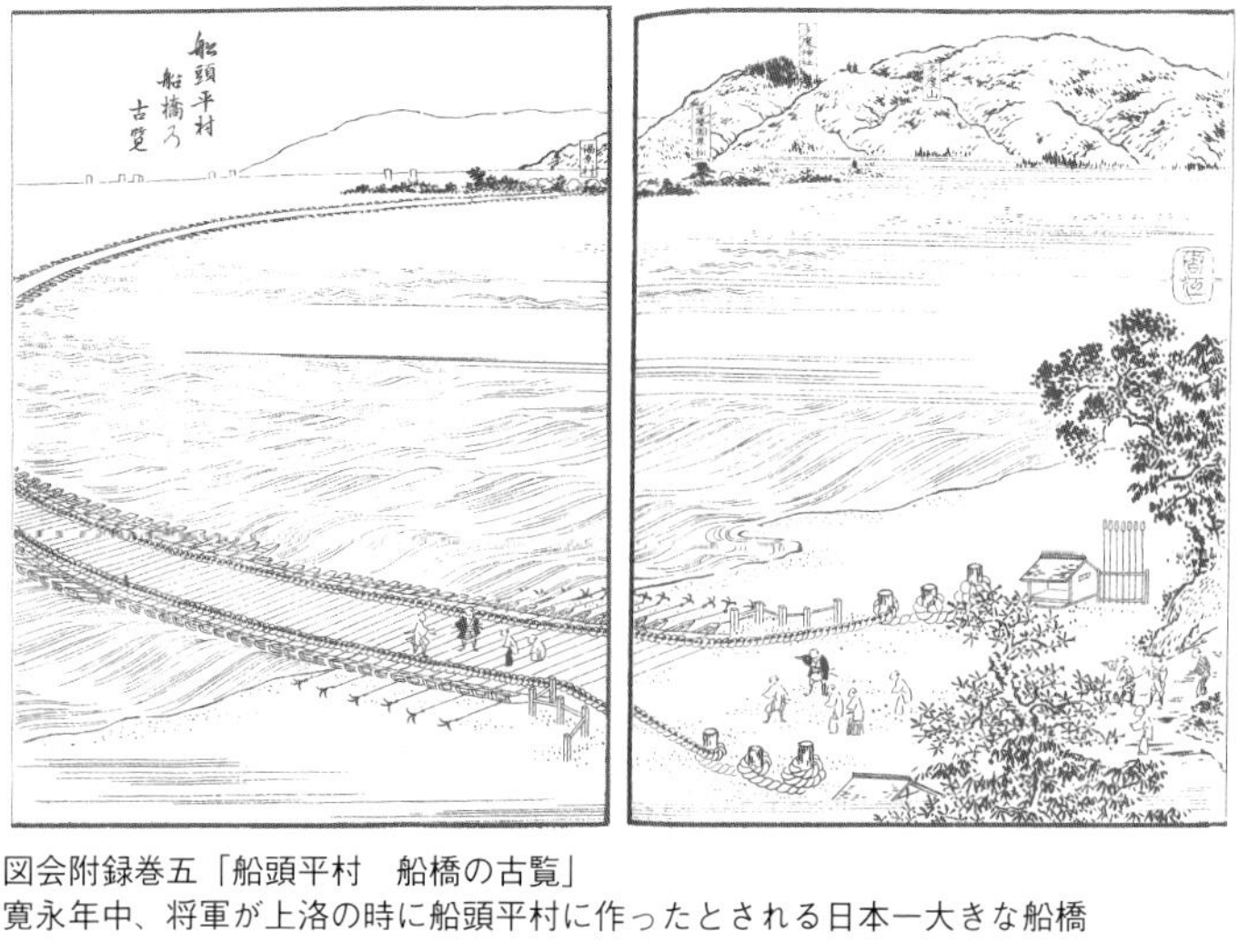

図会附録巻五「船頭平村　船橋の古覧」
寛永年中、将軍が上洛の時に船頭平村に作ったとされる日本一大きな船橋

いっても、象の一匹だけなら川を越す方法はある。しかし、一度に多くの人や物を運ぶとなると橋があった方がいい。そうした時には仮橋がつくられた。

　寛永年中（一六二四―一六四五）に将軍が上洛の時につくられたのは船橋で、これは日本で最大級の規模であったという。船橋というのは船を横にずらりと並べ、流されないように錨で固定する。並べた船の上に板を敷き、橋にするというものだ。図会の附録に「船頭平村　船橋の古覧」として木曽川下流の船頭平村から、伊勢の福原へ渡した時の絵が描かれている。

仏さまを祀る神社とは

　190ページの絵の右上の木曽川の堤の上に、こんもりとした森と「大日社」の文字が見える。ここは大日如来を祀った神社である。大日如来は密教における最高仏とされている。しかし神を祀るのは神社で、仏を祀るのが寺である。図会でも「大日如来を神社とあがむるはいかがわし」と書いているが、延喜式神名帳にも「薬師菩薩神社」や「弥勒菩薩神社」などが記載されている例があると述べている。

　大日社は小さな祠ではあるが、昔から霊験あらたかで参詣人が絶えないという。その昔、大日如来に大力を与えてほしいと祈念した左市という村人が小舟に荷を積んで木曽川を下って起《おこし》（一宮市）の渡しまできた時、朝鮮通信使のための船橋が架けられ、川を下ることができなくなっていた。そこで左市は荷を積んだままの小舟を背負って二、三町（二〇〇～三〇〇メートル）運び、再び木曽川を下っていったと伝えられている。

　川の中ほどには「水車」と書かれた船が浮かべられている。水車というと、一般には谷川のようなところで米や蕎麦などの製粉のための動力を思い起こすが、実は舟を係留し側面に水車を取りつけた「水車舟」があった。使い方は一般の水車と同じだが、明治以降も紡績などに利用され、日本の近代化の一翼を担った時期もあった。

後に祭神を大日孁貴神（おおひるめのむちのかみ：天照大神）とした大日孁社（大日社）

後編　葉栗郡◎巻五「宮田天王社　上郡　桑林」「宮田村及び近村養蚕勉励略図」「其二　製糸の図」「結城縞　織屋の図」

49

養蚕が盛んで一面に広がっていた桑畑

江南市

信州上田から取り寄せる蚕の卵

絹織物といえば高級品だ。日本でいつごろから絹がつくられるようになったのかは、よくわからないが、弥生時代の遺跡からも絹が出土しているという。その後、シルクロードを経て中国大陸や朝鮮半島から養蚕、製糸、染色などの優れた技術が日本に広まったとされている。さらに江戸時代になって各地で品質改良がおこなわれ、幕末から欧米に輸出され、その後の日本の経済発展に大きく貢献した。

地図記号は世の中の変化に合わせて新しくなったり使われなくなったりする。国土地理院が発行する地図の桑畑の記号も平成二十五年（二〇一三）からなくなり、畑と同じ表記になった。最近は桑の木を見たことがないという人も多い。

宮田天王社は川島神社の本殿左奥にある

かつてこの辺り一面は桑畑であった

しかし、第二次世界大戦後、化学繊維の発展などで日本の絹生産は衰え、養蚕に必要な桑畑を見ることはほとんどなくなった。

　養蚕は日本各地でおこなわれていたが、中でも丹羽郡と葉栗郡では「昔より村ごとに蚕を飼う事夥し」く、他村に比べ田圃に桑が植えられることが多かったという。

蚕の種（蚕の卵）は信州上田産が優良品ということで関東や中部でよく使われていた。

「三輪氏」と記された門のところにいるのは上田から宮田村（江南市宮田町）へ種を売りに来た人で、桑畑の間で草を食んでいる馬の背に蚕の種が積まれているのだろう。三輪氏は庄屋で、蚕種を売る商人の宿としても使われていた。背後に見える「宮田天王社」は三輪氏が勧請した社で、現在は「川島神社」の本殿横に摂社として祀られている。ただし、江戸時代の宮田天王社はもう少し東にあったようだ。

　図会では養蚕・製糸の様子も描かれている。まず、羽ほうきで蚕の卵を掃き落とす「初生《はつご》ハキタテ」、次が紙を敷いた丸篭で幼虫を育てる「黒子ノ時、井ジリトリカエ」で幼虫の糞で汚れた紙を取り換える。そして「蚕棚桑ヲ与フ」。蚕が一晩中、桑の葉を食べる音が聞こえていたという。蚕が繭をつくるために糸を出す状態になったところで「マユヲツクラス」場所へ急いで蚕を移動させる「熟蚕急忙」だ。マユヲツクラス場所として藁を束ねて二つに折った蔟（まぶし・ぞく）というものを使っている。

　繭がつくられたなら、そこから糸を取り出す。図会の其二（次ページ、左上）には二人の女性が繭を取り出し、さらに大きな糸車に巻き取る様子が描かれている。二人の女性の前には炭と火鉢のようなものが置かれ、その上から糸を引き出している。繭を煮たてて、ほぐすのだ。できあがった絹糸が棚に積まれている。また割田村（現一宮市）の辺りでは綿糸絹紬などが盛んで、中でも割田絹を最上名物としていた。

「其二　製糸の図」

「宮田村及び近村養蚕勉励略図」

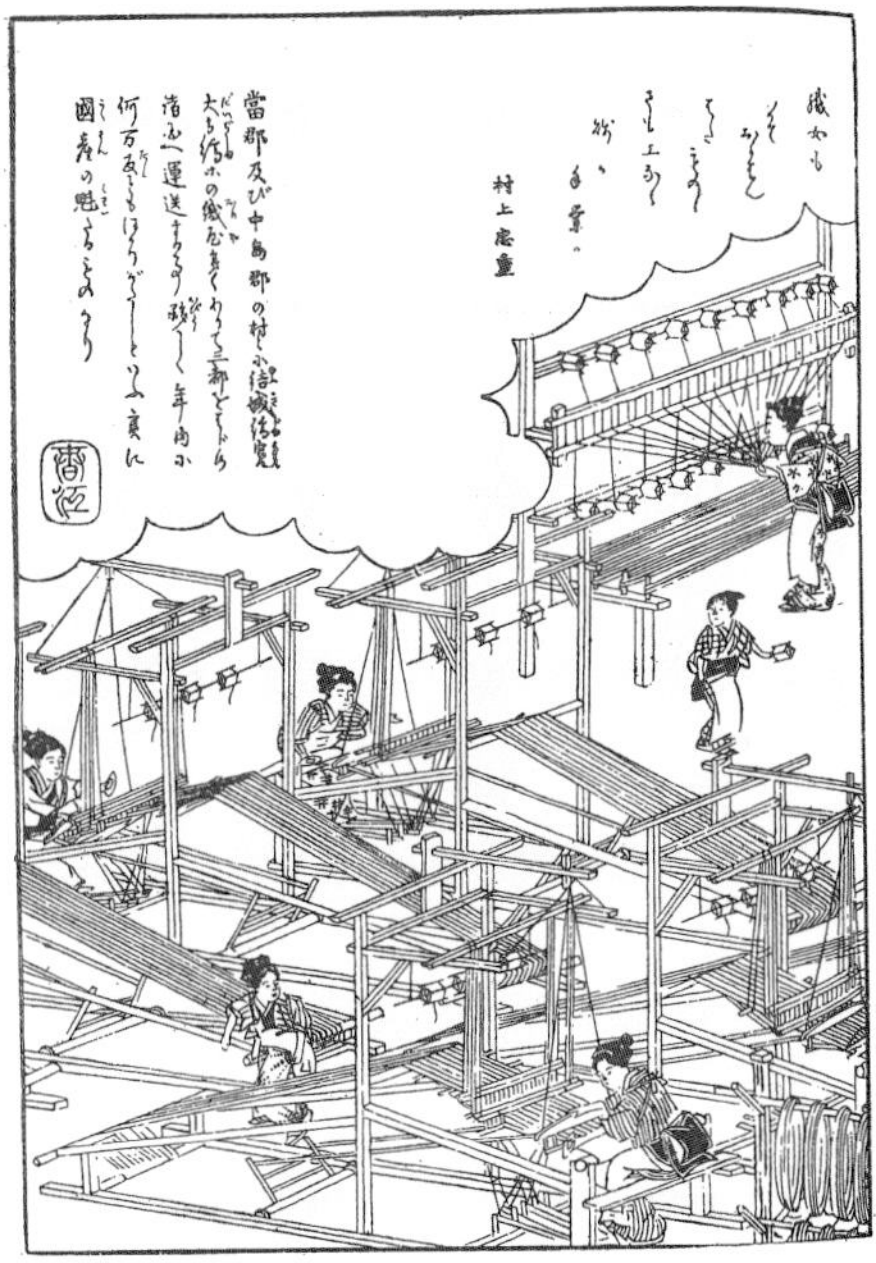
「結城縞　織屋の図」

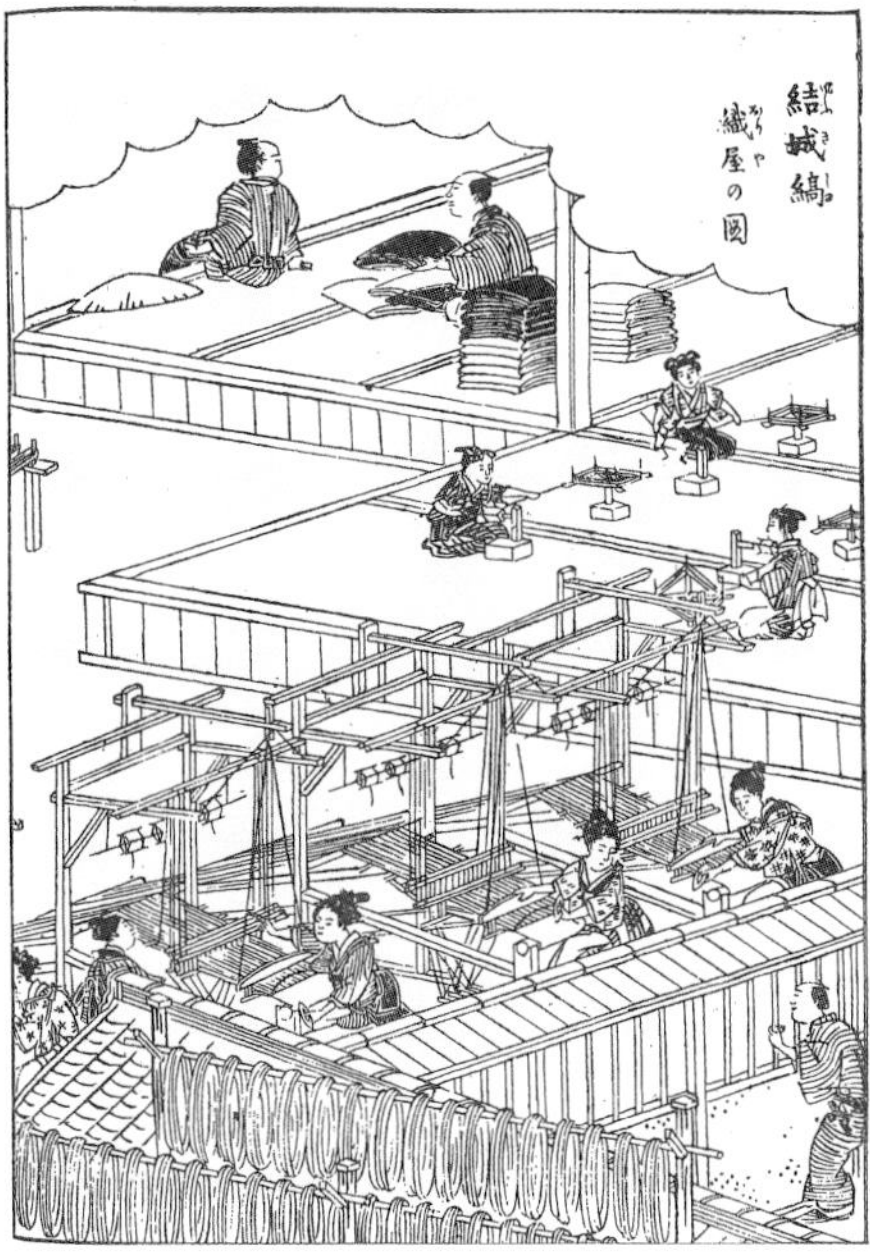

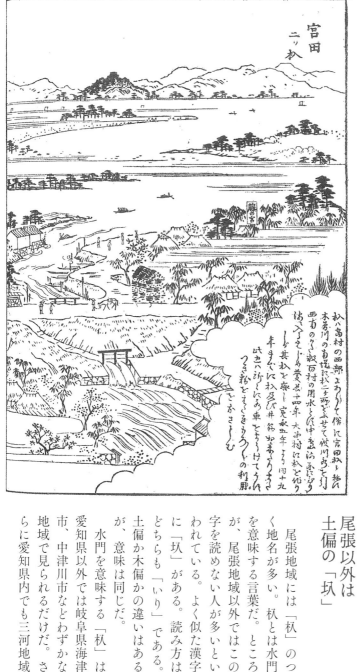

50

「杁《いり》」は尾張でつくられた和製漢字

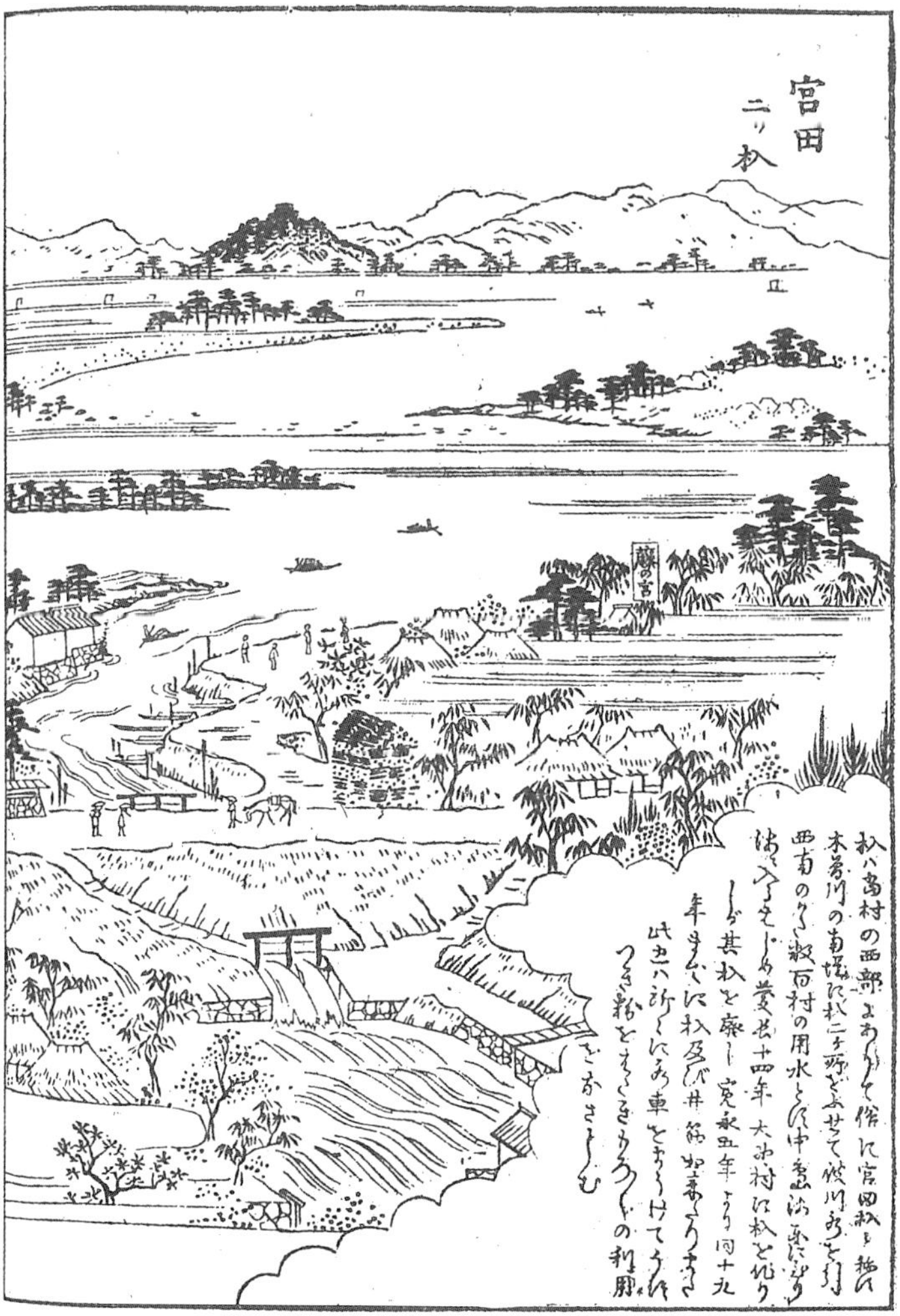

尾張以外は土偏の「圦」

尾張地域には「杁」のつく地名が多い。杁とは水門を意味する言葉だ。ところが、尾張地域以外ではこの字を読めない人が多いといわれている。よく似た漢字に「圦」がある。読み方はどちらも「いり」である。土偏か木偏かの違いはあるが、意味は同じだ。

水門を意味する「杁」は、愛知県以外では岐阜県海津市、中津川市などわずかな地域で見られるだけだ。さらに愛知県内でも三河地域

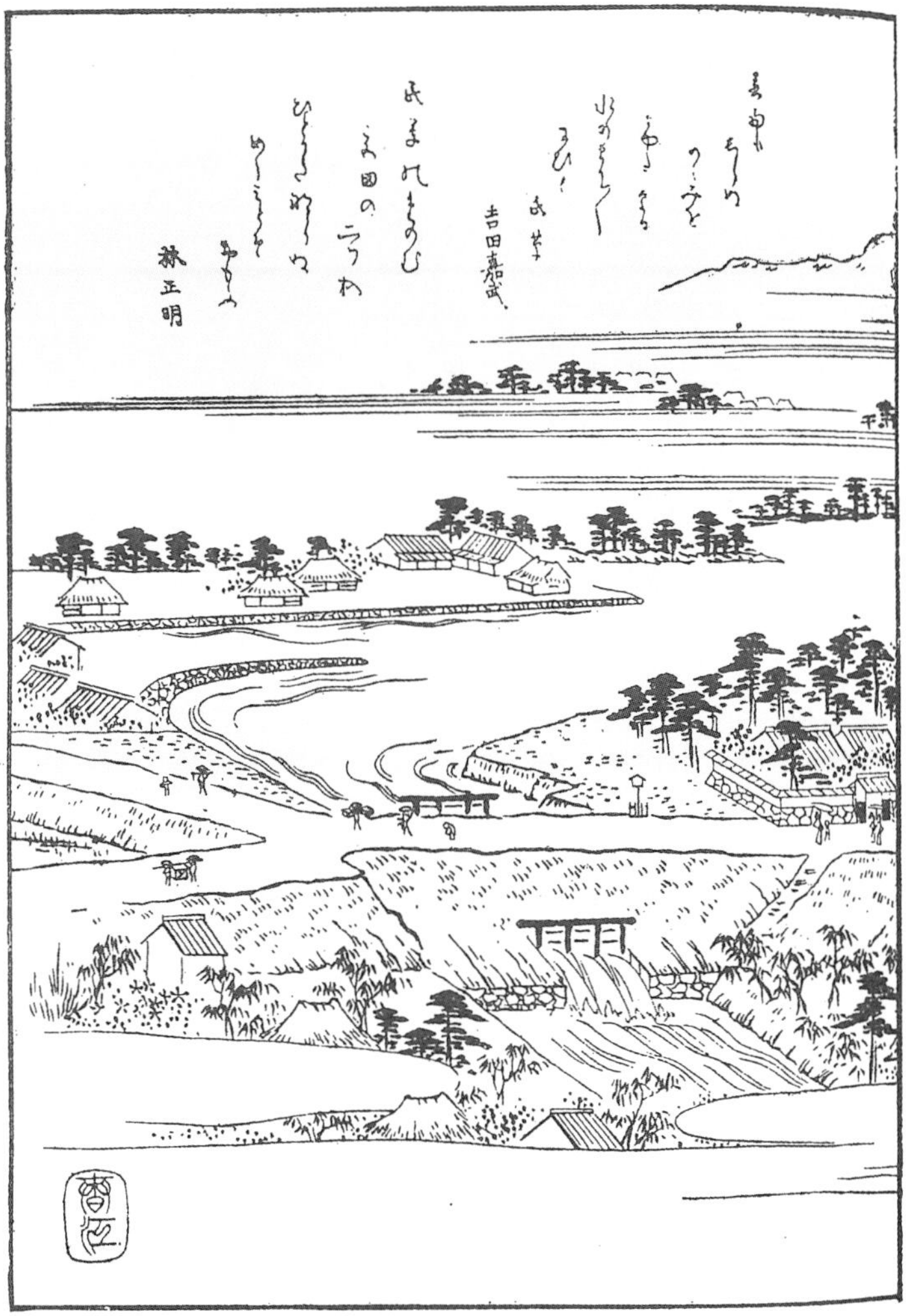

杁はため池の水を田畑へ導くための水門だ。杁から出た水は用水路へ流れる。水路を利用して水車を回せば動力源として使える。

でも見ることはなく、「杁」ではなく「圦」の字が使われるという。
　愛知県の尾張地域は広大な濃尾平野と木曽川の水のおかげで早くから農業が盛んであった。入鹿池がつくられたのは寛永十年（一六

かつての西杁

東杁。新般若用水として使われていたが、今は使用されていない

三三）、この時、入鹿の大杁もつくられた。名鉄名古屋本線の西枇杷島駅と新川橋駅の間にある「二ツ杁駅」は慶長年間（一五九六―一六一五）に二つの大きな圦をつくったことから、今も地名として残ったものだ。

正保三年（一六四六）につくられた名古屋市昭和区の隼人池の近くにある杁中は杁と杁の間にあることを意味している。つまり、江戸の初めには灌漑用のため池や用水がつくられ、同時に杁が設けられ、それまであった「いり」や「いる」という言葉に木編の「杁」の字が使われた。それに対し、幕府や他の藩では土偏の「圦」を使いだしたが、尾張藩の方が「いり」を漢字にしたのが早かった。しかし幕府の公用文書では「圦」が使われた。

一方、同じ愛知県でも三河地域では矢作川や豊川の水を農業用水として利用できるようになったのは、主に明治以降になってからである。そのため「圦」の字が使われることになった。もっとも、尾張藩でも幕府が公用する「圦」の字を使うよう、お触れが出たこともあったが、結局は使われなかったようだ。

杁の近辺につくられた多くの水車

宮田二ツ杁だが、図会の左側を西杁（宮田杁）、右側を東杁という。木曽川の水を引くため、最初に大野村に杁をつくったのは慶長十四年（一六〇九）であったが、その杁を廃止して西杁がつくられたのは寛永五年（一六二八）、東杁がつくられたのは寛永十九年（一六四二）で、それ以来「二ツ杁」と呼ばれるようになった。

図会の中にある文章には「この辺は所々に水車を設けて、うすつき粉をはたきもろもろの利用をなさしむ」とある。杁の近辺に何本もの水路をつくり、その上をまたぐように水車小屋をつくり脱穀、製粉、綿実油の生産などが行われていた。

『尾張名所図会』と『尾張名所図絵』

時々『尾張名所図会』を『尾張名所図絵』と表記しているものを見かけることがある。「会」も「絵」も、ともに「かい」、「え」とも読む。そのため尾張名所図会を図絵と区別するため「おわりめいしょずかい」と読む人もいる。読み方はともかく『尾張名所図会』と『尾張名所図絵』は別の書物である。

『尾張名所図絵』は名古屋に市制が敷かれた明治二十二年（一八八九）の翌年の十二月に発行されたガイドブックである。大きさはポケットサイズで、名古屋市域のほか、瀬戸市、一宮市、犬山市、津島市、大府市、半田市など、九十点を紹介している。

『尾張名所図会』が筆で描いた絵を基にした木版刷りであるのに対し、尾張名所図絵は写真で撮ったものを銅版画にして印刷しているため、かなり写実的な絵になっている。

著者は宮戸宗太郎、雅号は松斎、名古屋の本町で安政四年（一八五七）に生まれた日本画家で、名古屋離宮（明治二十六年から昭和五年まで名古屋城は宮内省に移管され、来名した天皇や皇后を度々迎え入れた）張付絵の修繕などもおこなっている。さらに和歌にも精通していたという。没年は明治三十九年（一九〇六）。

『尾張名所図絵』の表紙には「ILLUSTATED GUIDE BOOK OF OWARI BY M.MIYATO」などの英語表記が施され、各ページの絵の上にも「NAGOYA STATON」といった英語を併記している。

『尾張名所図絵』で名古屋市域の名所として紹介されているのは、名古屋城三の丸にあった第三師団の建物、名古屋控訴院、三井銀行、名古屋第一警察署、郵便電信局、市役所、県庁、名古屋停車場、名古屋電灯会社、名古屋紡績会社といった明治になって新しくつくられた建物が多いことだ。これらの建物で現存しているものはない。名古屋市以外の名所では、『尾張名所図会』と重なる部分も多い。

『尾張名所図絵』。愛知県庁（左）と名古屋市役所（右）

51

戦国時代、戦で重要な役割を果たした尾張北部

北の果てでも豊穣の地

名古屋は織田信長、豊臣秀吉、徳川家康を郷土出身の三英傑と呼んでいる。三人とも名古屋と深くかかわっているが、信長が生まれた場所は諸説あり、愛西市と稲沢市をまたぐ勝幡《しょばた》城との説が有力になっている。家康が生まれたのは岡崎市だ。織田家の人質となって、幼少期を名古屋で過ごしているが、その期間は二年ほどだ。現在の名古屋市域で生まれた場所がはっきりしているのは秀吉だけである。

関西や関東の人は、秀吉は大坂城を築いて天下人となったということで大阪の人、家康は江戸で幕府を開いたから東京の人と思われている。信長も清須で生まれ、安土城を築いているので、名古屋の人とは思われていない。この三人は名古屋と深いつながりを持っているが、名古屋周辺の地との関係も大きい。その中でも歴史的に特に重要だと思われるのが丹羽郡である。

図会では、丹羽郡は尾張国の北の果ての地で、春日井郡、中島郡、葉栗郡と木曽川を隔てて美濃国の各務郡、加茂郡、可児郡に隣接し、東北には山が連なっているが、西南は広く、田圃縦横した豊穣の地と紹介している。東北というのは犬山方面で、西南は江南市や一宮方面だ。

現在の丹羽郡は大口町と扶桑町だけとなっているが、かつては現在の江南市の大部分、岩倉市、犬山市、一宮市の一部が属していた。このうち一宮市は愛知県内で四番目の人口規模を誇る中核市として指定を受け、犬山市は犬山城や明治村などを有する観光地である。しかし、人口約十万人の江南市や四万八千人の岩倉市は名古屋のベッドタウンとしての位置にあり、犬山市や一宮市ほど知名度は高くない。しかし、戦国時代を語るうえで、この二つの地域は重要な意味を持っている。

丘の上にあるのが六角形の碑銘塚。岩倉街道（柳街道）も図会そのままだが、残っているのは、塚の周りだけだ

歴史が語られる時、実際の戦場になった場所は大きく取り上げられるが、戦を支えた人や彼らが拠点としていた場所の注目度はそれほど高くない。現在の岩倉市の辺りは、かつて尾張で中心的な地域であった。

秀吉が信長、小六と出会った生駒屋敷

岩倉市は戦国時代に織田家の主家である織田伊勢の守が居城し、尾張北部を支配していた。また江戸時代に土佐藩藩主となった山内一豊の生誕地としても知られている。

江南市は丹羽郡の古知野町、布袋町と葉栗郡の宮田村、草井村の四町村の合併により昭和二十九年（一九五四）に市制が敷かれた。川は江とも表記するため、木曽川の南に位置することから江南市と名づけられた。

若き日の豊臣秀吉が織田信長と出会ったのが丹羽郡小折村にあった生駒屋敷である。しかもそこには木曽川を支配していた川並衆を従えた蜂須賀《はちすか》小六《ころく》もいた。尾張を統一した信長はしばしば生駒屋敷（小折《こおり》城）を訪れていた。

生駒屋敷跡。かつてはかなり広大な敷地であったようだが、保育園の横に石碑があるだけで、遺構は一切残っていない

その頃、生駒屋敷に生駒氏の娘で土田弥平治の未亡人となったお類（吉乃）が戻ってきていた。お類は信長の側室となり、長男奇妙（信忠）、次男於茶筅（信雄《のぶかつ》）、長女於徳（徳姫）を産んだ。

永禄三年（一五六〇）の桶狭間の戦いの戦費は生駒八右衛門によって賄われた。信長が本能寺の変で自刃した二年後の天正十二年（一五八四）の小牧・長久手の戦いの時、最前線にあたる小折城を少ない兵で守っていた生駒利豊を織田信雄と徳川家康が訪れた。この時、犬山方面の秀吉勢の様子を見るため富士塚に登り、戦略を立てたといわれている。このように生駒屋敷がなかったならば、日本の歴史は大きく変わっていたかもしれない。

街道沿いに祖先の由緒武勲を伝える石碑

富士塚は図会では碑銘《ひめい》塚として紹介されている。富士塚は高さ六・五メートルの富士山に似た小山で、もともとは五世紀末ごろの豪族の古墳であったようだ。天和年間（一六八一―一六八四）に生駒氏の六代当主の利勝が初代生駒家広からの由緒や武勲を記した石

碑を、この小山の上に建てた。塚の前に旅人らしき人や駕籠が見える。この道は清須から岩倉、江南を経て犬山へ通じる岩倉街道（柳街道）だ。岩倉街道は江戸時代に入ってから、大消費地である名古屋城下へ野菜を供給するため、小田井にあった青物市場へ野菜を運ぶのを主な目的として整備された。

上品なことで知られた名産品の竹籠

江南市に松竹町の町名がある。図会によると、丹羽郡の瀬部村、島宮村，東野村などでたくさんの竹籠がつくられ各方面へ販売していた。この三村は一つの村のような形で松竹郷といわれるほど松樹、竹林が多く、竹も丈夫でさまざまに加工、しかも上品であったという。瀬部はこの松竹郷の中心だと葉栗郡の中で紹介している。現在、瀬部と島宮は一宮市内にある町名だが、東野町は江南市にある。

図会ではこれから竹籠を売りに出かけようとするのか、たくさんの籠を天秤棒に吊るして担ごうとしている人や小屋の中で細く割った竹を編んでいる人が描かれている。よく見ると、竹籠の大きさや形がいろいろだ。四角い籠、丸い籠、楕円形の籠、籠の目も荒いものや細かいものがある。籠の編み方も縦横で編んだものや篭目状のものもある。

瀬部は尾張藩附家老・成瀬氏の領地であったが石ころが多く、田は少なかった。そこでたくさん生えていた真竹を利用した竹細工がおこなわれるようになった。だが、今では竹藪はごくわずかしか残っていない。竹細工を生業とする人もいなくなってしまった。

図会後編巻六「瀬部　竹籠造」

52

犬山は猿が尾張で一番多かった

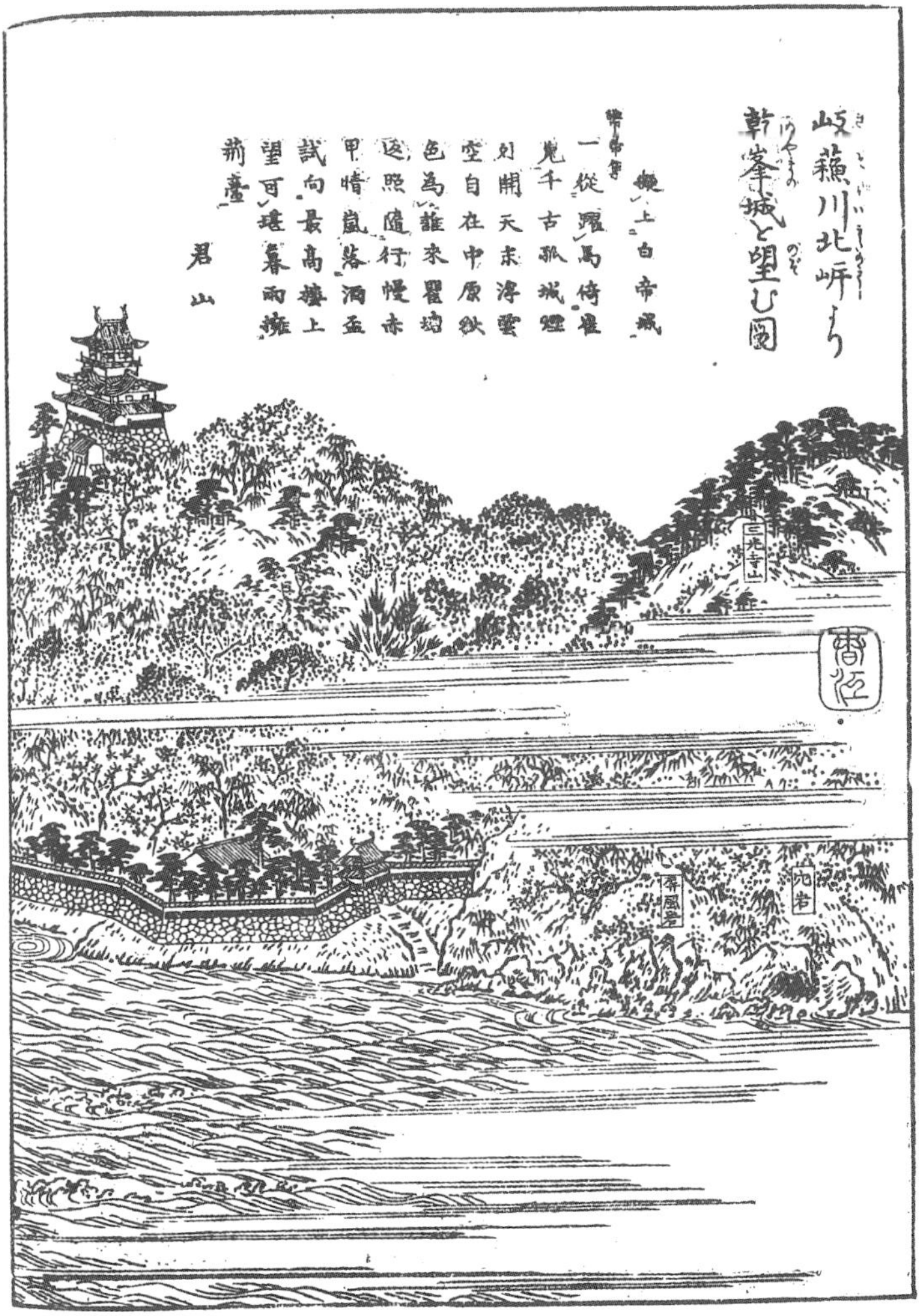

"犬山は"方角を表していた

岐蘓川は木曽川のことで、吉蘓川とも書いた。乾峯《いぬやまの》城《しろ》は犬山城のことだ。昔は乾山城とよんでいたという。乾は「いぬい」と読むがこれは、方角を表した言葉だ。

生まれた年を「子、丑、寅、卯…」といった干支で表す習慣は現代でもおこなわれている。干支は正確には十干《じっかん》十二《じゅうに》支《し》を組み合わせた六十種で構成されている。現在は生まれ年を十二支だけで言い表しているが、本来はこれに十干

尾張藩の附家老・成瀬氏の城で有名な犬山城。中国の長江沿いに建つ「白帝城」に例えられたり、ドイツのライン川に似ているとして、木曽川のこの辺りの流れは「日本ライン」とも呼ばれている。

（甲・乙・丙・丁・戊・己・庚・辛・壬・癸）が組み合わさる。明治になって太陽暦が導入されるまでは、生まれ年だけでなく、年や時間、方位などにも使われていた。例えば明治元年（慶応四年：一八六八）から始まった戊辰戦争は、戊と辰

犬山頭首工のために一見すると湖のようになって、図会のような流れは見られない

の組み合わせた年に始まったことを表している。他にも壬申《じんしん》の乱（六七二年）などがある。時刻は子《ね》の刻から始まる十二支で、一刻《いっとき》の真ん中を正刻とした。現在も正午（午後十二時）として使われている。

さらに方位も十干十二支で表していた。北が子《ね》で南を午《うま》とした。これも子午線という言葉で現在も使われている。乾とは戌《いぬ》と亥《いのしし》の間、つまり北西を表している。乾峯とは尾張の北西部の山ということである。

犬山とは狩猟をする山とも

烈しい流れの木曽川は、栗栖《くりす》の辺りから尾張へ入る。この辺りは川の中に奇岩怪岩が多く、「蜀江《しょくこう》の碧水もかくやあらんとおしはからる」と図会は書いている。蜀江は中国の揚子江上流の一つで、四

図会後編巻六「栗栖桟」

栗栖の桟があったと思われる付近。流の向こうに犬山城が小さく見える

川省の成都付近を流れる川である。
栗栖には中山道のような桟《かけはし》が架かっていた。図会によると栗栖村の字カンカケの辺りは「常に猿多く群れ来たって、往来の人に石など打つことあり。本州（尾州）の山に猿の多きはこの辺りに限れり」とある。昔から犬猿の仲というが、猿の多いところに犬山の名前とは、なんとも面白い。

栗栖の桟の辺りの木曽川

ただ、犬山には猪、鹿、兎、雉などが多かった。鹿狩り、鷹狩りなどで山に入る時は必ず猟犬を連れて行き、鳥獣を追い出させ、それを弓矢などで射った。狩猟をする山を「犬山」と呼んでいたという。

乾峯城の手前を流れる木曽川はかなりの急流だ。船を二隻、岸へ引き上げようとしている。渡だろうか。上流には内田の渡舟が小さく描かれている。「城山」（207ページ左端）と記されているのは鵜沼城跡だ。現在はこの辺りを名鉄の犬山線が通っている。

「城山」鵜沼城跡

犬山城と日の出

あとがき

名所図会に描かれた風景が、どのように変化しているのでしょうか。そのことを確認するには、同じ場所から、同じ構図で眺めてみればいいのですが、これがなかなかに難しいのです。

地図を片手にやっと探し当てた場所も、大きな建物などに遮られて見通しがきかなかったりしているため、全体を写真に撮ることができません。さらに、名所図会の構図に当てはまらないものもあります。理由はデフォルメされているからです。図会がつくられた当時でも、山や建物の陰になって見えなかったのではないか、と思われるものが描かれているところがあります。おそらく、複数の下書きを基にして一枚の絵に仕上げたのではないかと思われます。また、隣同士のように描かれているものが、実際は随分と離れていることもあります。

しかし、そうしたことはそれほど大したことではありません。限られた紙面の中に、より多くの情報を書き込むための手段であったのでしょう。しかも基本的に間違ったものが描かれているわけではありません。どの位置から見た絵なのかということより、現在の私たちにとって、『尾張名所図会』がつくられた約百八十年前と比べ、そこに何があったのか、何がどのように変わったのか、を知る方が興味も沸いてきます。

大きな災害などでもない限り、見慣れた風景が一瞬にして変化することはありません。それでも、私たちの周囲は毎日のように変化し続けています。『尾張名所図会』がつくられてからこの百八十年の間に起きたさまざまな変化は、今の暮らしを見直すきっかけになるのかもしれません。

なお、今井啓介氏が途中から撮影の応援を申し出てくださいました。名古屋市の広報におられただけに、素敵な画像をたくさん提供してくださいました。八事杁中歴史研究会代表の横井敏治氏、福井章氏、野田俊夫氏をはじめ会員の方々からも多くのことを学ばせていただきました。大変お世話になった皆様に、あらためて御礼申し上げます。

［著者略歴］
前田 栄作（まえだ・えいさく）
1950年、名古屋市生まれ。愛知大学文学部哲学科卒。フリーライター。著書に『虚飾の愛知万博』（光文社）『尾張名所図会　絵解き散歩』『完全シミュレーション　日本を滅ぼす原発大災害』（風媒社）がある。八事・杁中歴史研究会会員。

装幀／三矢千穂

尾張名所図会　謎解き散歩

2021年10月25日　第1刷発行　　（定価はカバーに表示してあります）

著　者　　前田　栄作
発行者　　山口　章

発行所　名古屋市中区大須1丁目16番29号
電話052-218-7808　FAX052-218-7709
http://www.fubaisha.com/
風媒社《ふうばいしゃ》

乱丁・落丁本はお取り替えいたします。　＊印刷・製本／シナノパブリッシングプレス
ISBN978-4-8331-0197-4

増補版
尾張名所図会　絵解き散歩
前田栄作＝文　水野鉱造＝写真

目の前に立ち現れる江戸——。江戸時代のガイドブックを片手に、まちの賑わいに耳をすまし、人々の暮らし、幽玄な自然美の面影を探してみよう！

一六〇〇円＋税

名古屋の江戸を歩く
溝口常俊＝編著

ふり返れば、そこに〈江戸〉があった——。いにしえの名古屋の風景を求めて、さまざまな絵図・古地図・古文書から、地名の変遷、寺社の姿、町割りの意味、災害の教訓などを読み解く。

一六〇〇円＋税

名古屋の明治を歩く
溝口常俊＝編著

江戸の面影が徐々に消え去り、近代的な産業都市へとめまぐるしく変化した明治時代の名古屋。洋風建築、繁華街、城と駅などにまつわる転換期の風景や世相・風俗を読み解き、近代名古屋のルーツを探る。

一六〇〇円＋税